JN167845

新たな地球文明の詩《うた》を

タゴールと世界市民を語る

バラティ・ムカジー
BHARATI MUKHERJEE
池田大作
DAISAKU IKEDA

ムカジー博士（中央）と会見する池田SGI会長夫妻　©Seikyo Shimbun

発刊にあたって

本書は、月刊誌「灯台」に連載されたバラティ・ムカジー博士と池田大作SGI（創価学会インタナショナル）会長との対談「新たな地球文明の詩《うた》を――タゴールと世界市民を語る」（二〇一一年八月号～一三年二月号、六月号～九月号）を基に、再編集・一部加筆したものです。

ムカジー博士と池田会長の出会いは、二〇〇四年二月二十四日、東京でした。そこでは、インドを代表する詩人タゴールの思想、古代インドの政治哲学、また、女性の力《ちから》を生かす社会のあり方などが語り合われ、以来、二人は幾重《いくえ》にも交流を深めてきました。

ムカジー博士は、カルカッタ大学で博士号《はくしごう》を取得され、同大学教授を経《へ》てラビンドラ・バラティ大学の副総長に就任《しゅうにん》し、学術の振興《しんこう》、英才の育成に貢献《こうけん》しました。同大学は、タゴールの生誕百周年を記念して設立され、キャンパス内にタゴールの生家《せいか》が現存《げんそん》するなど、「タゴールの精神を継《つ》ぐ大学」の一つです。博士は副総長退任後も、アジア協会永久会員、インド政治学会永久会員などを兼務《けんむ》し、幅広《はばひろ》く活躍《かつやく》してこられました。

一方の池田会長は、百九十二カ国・地域に広がる仏教団体の会長として、各国を歴訪《れきほう》し、指導者や識者《しきしゃ》と平和の対話を重《かさ》ねてきました。創価大学、アメリカ創価大学、創価学園などの教育機関、民主音楽協会、東洋哲学研究所、東京富士美術館等を創立し、教育・文化の交流に尽《じん》力《りょく》されています。

両者の対談は、往復書簡《しょかん》等によって行《おこな》われ、生命の尊厳《そんげん》や人類愛を謳《うた》ったタゴールの詩や人生、共生の地球社会へ導《みちび》く教育の力《ちから》、人間と環境、対話の精神、女性が輝《かがや》く世紀など、広範《こうはん》なテーマについて意見交換がなされました。

本書が、多くの読者や次代を担《にな》う若い方々にとって、啓発《けいはつ》の契機《けいき》となることを念願してやみません。

なお、ムカジー博士は、二〇一三年十二月、逝去《せいきょ》されました（享年《きょうねん》七十一歳）。この場をお借りして心よりご冥福《めいふく》をお祈り申し上げます。

著者《ちょしゃ》のお二人とともに、本書の発刊に際して多大なご尽力を賜《たまわ》りましたムカジー博士御息女《ごそくじょ》のチャンドラバリ・チャクラボルティさんに心から謝意《しゃい》を表《ひょう》します。

第三文明社編集部

新たな地球文明の詩《うた》を——タゴールと世界市民を語る

目次

第三章 信念と行動の人 タゴール

第四章 「生命の尊厳」を時代精神に

第五章 青年の力と情熱の連帯

［凡例］

一、引用文は、読みやすくするため編集部でふりがなをつけたもの、また現代表記に改めた箇所がある。
一、引用文中の編集部による注は（＝ ）内に記した。
一、語句注は＊を付し、巻末に五十音順で列記した。
一、引用・参照文献は、（番号）を付し、巻末に列記した。
一、文中に登場する人物の肩書は対談当時のもの。
一、固有名詞は、各言語による異同を考慮し、それぞれ表記を整えた。

〈対談者紹介〉

池田大作

1928年、東京都生まれ。創価学会名誉会長。創価学会インタナショナル（SGI）会長。創価大学、アメリカ創価大学、創価女子短期大学、創価学園、民主音楽協会、東洋哲学研究所等を創立。国連平和賞、桂冠詩人の称号など受賞。『人間革命』（全12巻）、『新・人間革命』（現27巻）をはじめ著書多数。また世界の識者との対話を重ね『二十一世紀への対話』（A. J. トインビー博士）、『二十世紀の精神の教訓』（M. S. ゴルバチョフ元ソ連大統領）など多くの対談集がある。

バラティ・ムカジー

1942年～2013年。西ベンガル州立ラビンドラ・バラティ大学元副総長。西ベンガル州企画委員会元メンバー。アジア協会永久会員、インド政治学学会永久会員、西ベンガル州政治学学会永久会員、政治経済学ジャーナル永久会員などを歴任。専門は、インド政治、女性問題、古代インドの政治哲学。著書に『外交におけるカウティリアの概念：新解釈』『インドにおける政治文化とリーダーシップ』『インド的視座における地域主義』『古代インド政治思想』がある。

PHOTO：©Seikyo Shimbun

第一章

「大いなる未来」を見つめて

1 人類を結ぶ文化と芸術の懸け橋

偉大な哲学の国　文化大恩の国——インド

池田　「おお　大いなる人間がやって来る——」
「日の出の山頂に　新しい生命への希望をいだいて
怖《おそ》れるな　怖れるなと、呼ばわる声がする。
人間の出現に勝利あれかしと、
広大な空に　勝利の讃歌《さんか》がこだまする」
私が愛誦《あいしょう》してきたタゴールの詩「最後のうた」(1)の一節です。
「大いなる人間」を創《つく》るものこそ、教育です。そして「大いなる人間」こそが、「大いなる未来」を創ります。

今回、尊敬《そんけい》するムカジー博士と、インドの詩聖《しせい》タゴールをめぐって語り合うことになり、これほど嬉《うれ》しいことはありません。

貴国《きこく》インドは仏教発祥《はっしょう》の地であり、私どもにとっては文化大恩《だいおん》の国です。精神的にも、これまで、どれほど多大な恩恵《おんけい》を受けてきたか計《はか》り知れません。

そして、インドは今や世界の大国であり、二十一世紀の行く手の鍵《かぎ》を握《にぎ》っています。さらに、貴国は偉大な哲学《てつがく》の国です。私は今までも、貴国の釈尊《*しゃくそん》、ガンジー*の非暴力《ひぼうりょく》の思想《しそう》、哲学等をめぐって貴国の識者《しきしゃ》の方々と対話してきました。

貴国の文化、精神性から学ぶべきことはあまりにも多い。タゴールも、東洋と西洋の融合《ゆうごう》を求めました。タゴールは、偉大な「ベンガル人*」であり、傑出《けっしゅつ》した「インド人」でした。そして同時に、人類の友たる「世界市民」でありました。

心ある人たちは、新たなる地球文明の精神の大光《たいこう》を真剣に求めています。

このたびのムカジー博士との対談を通し、日本の皆さん、とりわけ青年たちや女性の方々と、そして世界の友と、タゴールの偉大な精神の宝を分かち合いたいのです。

ムカジー　温《あたた》かなお言葉、ありがとうございます。

タゴールは大海のようなスケールを持った人物です。

そのタゴールの全貌《ぜんぼう》をつかむことは極《きわ》めて困難《こんなん》です。専門家ではない私とタゴールをめぐる対談を編《あ》んでくださる池田会長のご厚意《こうい》と信頼に深く感謝いたします。

池田会長は、世界の指導者と対話を展開してこられた卓越《たくえつ》した学識者です。

またタゴールの哲学的・文化的業績《ぎょうせき》を深く研究しておられます。私にはタゴールという星が会長の歩《あゆ》む道を照らしている——そのようにも感じられるのです。池田会長との対談は、私にとりまして無上の栄誉《えいよ》です。

ラビンドラ・バラティ大学の設立と精神的源泉

池田　真実の学究《がっきゅう》の人は謙虚《けんきょ》です。ムカジー博士は、古代インドの政治哲学を専攻《せんこう》し、カルカッタ大学で博士号《はくしごう》を取得され、教壇《きょうだん》に立ってこられました。

タゴールの生誕百周年を記念して設立された、名門ラビンドラ・バラティ大学の副総長を務《つと》められ、詩聖の魂《たましい》を継《つ》いで教育に人生を捧《ささ》げておられます。

本年（二〇一一年）は、タゴールの生誕百五十周年の佳節《かせつ》です。

百五十年前の一八六一年五月七日、現在のコルカタ（旧・カルカッタ）市でタゴールは生まれました。このタゴールが誕生した居宅《きょたく》は、今も「タゴールの家」として貴大学のキャンパスに現存《げんそん》していますね。
私も一九七九年二月、貴大学を訪問させていただいたことを、懐《なつ》かしく思い出します。日本とインドは文化的にも深い繋《つな》がりを持っています。友好の未来へ、私はあたかもガンジスの大河《たいが》の源《みなもと》をなす一滴《いってき》として教育、学術交流を進める思いでした。

ムカジー　会長の深き思いに感銘《かんめい》しました。ラビンドラ・バラティ大学の最初のキャンパスは、タゴール一族が代々暮らしてきたコルカタ市のジョラサンコ*にある、タクルバリ（タゴールの家）の敷地内にあります。

名家であったタゴール家の人々はベンガルの文化遺産継承《いさんけいしょう》に際立《きわだ》った貢献《こうけん》をしています。アジア初のノーベル賞受賞者であるタゴールはこの家で生まれ、生涯の大半（約四十年間）をここで過ごし、死を迎《むか》えたのです。

この「タゴールの家」は詩人の生誕百周年を記念して、一九六一年に西ベンガル州政府によって買い上げられました。その地にラビンドラ・バラティ大学を設立するためです。

ラビンドラ・バラティ大学は、一九六二年に開学しました。その精神的淵源《えんげん》は、西ベンガル州立舞踊《ぶよう》・演劇・音楽・視覚芸術アカデミーにあります。これは、インドにおける最初の州立アカデミーで、一九六五年からは本学の一部として機能しています。

ノーベル文学賞を受賞したラビンドラナート・タゴール（1926年9月、当時65歳）
©Archivi Alinari,Firenze/amanaimages

かつては本学の全学部が、「タゴールの家」のあるジョラサンコ・キャンパスに集約されていたのですが、学部数が増えたため、*エメラルド・バウアー・キャンパスが新たに設立されました。

この「タゴールの家」は、タゴールが十代の頃、国民的愛唱歌「*バンデー・マータラム」（母よ、汝《なんじ》に最敬礼《さいけいれい》）を作った偉大な作家・思想家《しそうか》であるバンキムチャンドラ・*チャットパディヤーイに出会った歴史的な場所です。チャットパディヤーイがタゴールの才能を祝福し、「あなたはインドで最《もっと》も偉大な詩人となるでしょう」と語ったのも、この家でした。

現在、ジョラサンコ・キャンパスの大部分を占める博物館である「タゴールの家」は、我が大学の誇《ほこ》りとなっています。

池田　詩心《しごころ》の復権《ふっけん》こそ、人間の復権の鍵《かぎ》です。実《じつ》は先日、貴大学で語学研修に参加した創価大学の学生から報告が届きました。

すべての授業を終えて、閉講式《へいこうしき》が「タゴールの家」で行《おこな》われました。そこでは、創価大学生がタゴールの作詞・作曲した歌――いわゆるタゴール・ソングと踊りを披露《ひろう》し、先生方に感謝の思いを伝えました。

そして、「タゴールの家」の博物館を見学した学生たちは、私が貴大学を訪問した折に贈呈《ぞうてい》した書籍や、二〇〇四年に創大生からムカジー博士に贈られた「創価友誼之証《ゆうぎのしょう》」などが展示されているのを目《ま》の当《あ》たりにし、驚《おどろ》いたそうです。学生たちをこのように歓待《かんたい》していただき、創立者として、心から感謝申し上げます。何よりも詩人の魂《たましい》を留《とど》めた家を訪《おとず》れた体験は、生涯の宝になるに違いありません。

博物館には、タゴールがアインシュタイン博士*やキュリー夫人*などと交流を結んでいた足跡《そくせき》も展示されており、皆《みな》、大変に感激しておりました。

ムカジー　博物館の正面の建物は「マハーリシ・バヴァン」（大聖《たいせい》の館《やかた》）として知られています。そこには、「ヴィチトラ」と呼ばれる広々とした翼棟《よくとう》があり、そこはタゴールの生涯およびベンガル・ルネサンス*に関する重要な資料が所蔵された記念展示室となっています。この博物館には、タゴール自身が描いた絵画《かいが》や、タゴール家の人々の肖像画《しょうぞうが》、私物などが展示されているギャラリーも複数、設置されています。

「ヴィチトラ」は非常に重要な場所で、タゴールはここで、ガンジーをはじめとする当時の傑《けっ》出《しゅつ》した人物たちと会っています。ガンジーは、ここで上演された演劇『ダク・ゴル』(郵便局)を鑑賞《かんしょう》した際、涙《なみだ》を流したといわれています。

また、横山大観《たいかん》*や菱田春草《ひしだしゅんそう》*といった日本の画家たちも、ジョラサンコの「タゴールの家」を訪《おとず》れています。

一九一七年、ともに芸術家だったタゴールの二人の甥《おい》、ゴゴネンドロナトとオボニンドロナト、およびナンダラル・ボース、ジャミニ・ロイ、ラムキンカル・ベイジなどが、このジョラサンコの「タゴールの家」でヴィチトラ芸術工芸学校を発足《ほっそく》させました。

日本人画家、荒井寛方《あらいかんぽう》*などもタゴールに招《まね》かれて来印《らいいん》し、ヴィチトラ芸術工芸学校で教壇《きょうだん》に立ちました。

日印の友好百年を記念して、二〇〇六年には、「ジョラサンコ・タクルバリと日本」という名を冠《かん》したギャラリーも設置されました。

そこにはさまざまな時期にタゴールが家族と撮った写真や、アインシュタインをはじめ、マハトマ・ガンジー、チャンドラ・ボース*、モティラル・ネルー（インドの初代首相ジャワハルラール・ネルー*の父）、ロマン・ロラン*など同世代の著名人《ちょめいじん》と一緒に写っている写真も飾《かざ》られています。

池田　一九七九年の二月、「ジョラサンコ・キャンパス」を訪問させていただいた折、タゴールが日本を訪問し、日本の文化からも影響《えいきょう》を受けていたことも縷々《るる》、伺《うかが》いました。歓迎《かんげい》の行事では、可憐《かれん》な女子学生らが民族舞踊《みんぞくぶよう》を披露《ひろう》してくれました。その時に聴《き》いた、タゴール・ソングの美しい音律は、今も耳朶《じだ》に残っております。

この友好の縁《えにし》も深き貴大学から二十五年後の二〇〇四年二月、「名誉《めいよ》文学博士号《はくしごう》」を拝受《はいじゅ》しました。ムカジー博士をはじめ諸先生方が、わざわざ来日してくださったことは生涯、忘れません。無上の光栄です。あらためて心から御礼《おんれい》を申し上げます。

貴大学は、「芸術学部」「美術学部」「視覚芸術学部」を擁《よう》する芸術と文化の殿堂《でんどう》です。通信教育まで含《ふく》めると総学生数はおよそ三万人を数えます。芸術の心を大切にし、民衆に広げる教育こそ、真に〝豊かな国〟を築《きず》く光源《こうげん》です。

タゴールは、詩聖《しせい》として知られていますが、自身で絵を描き、歌を作り、演劇の脚本《きゃくほん》を書いて俳優まで演じる「万能《ばんのう》の人」でした。

インドの国歌も、原詩・原曲はタゴールです。お隣《となり》のバングラデシュの国歌も、そうです。

〝平和を築くために、紛争《ふんそう》の危機を訴《うった》えることも大事であるが、芸術や音楽こそ、平和の心を養《やしな》い、平和を築く原動力《げんどうりょく》となる〟と主張した識者《しきしゃ》がいました。まったく同感です。

貴大学の学生は、タゴールの音楽や絵画《かいが》や詩とどのように接し、タゴールの精神をどのように学び、継承《けいしょう》しているのでしょうか。

ムカジー　そうですね。通常の授業のほかに、それぞれの学部でタゴールに関するセミナーや講習会、研究会が開かれています。

また、創立記念日やタゴールの誕生日（カビ・プラナム）、八月七日のタゴールの追悼日《ついとうび》（カビ・スマラン）、春祭り、植樹祭、「ラクシャー・バンダン」*（ヒンズー教の祭り）などたくさんの行事があり、そこでは常にタゴールの歌、踊り、詩や散文に接することができます。

さらに設備の整った「タゴール研究センター」では、優秀な教師たちの指導のもと、タゴールの驚《おどろ》くべき多種多彩《たしゅたさい》な才能の研究をすることができます。タゴールの文化的功績を学ぶ授業は全学生の必須科目《ひっすかもく》となっています。

博物館では、タゴールが受賞したノーベル賞や署名入りの書籍、写真、絵画、また身の回りにあった品々を見ることができます。図書館では、他にはないタゴールの珠玉《しゅぎょく》の著作《ちょさく》を読むこともできます。教師との触れ合いを通してタゴールの精神は学生の心に吹き込まれ、また教員たちの作品の多くにもタゴールの精神が表現されています。

卒業生の多くは美術や音楽の教師になったり、あるいは映画・テレビ・オペラ界で活躍《かつやく》しております。それ以外の卒業生も、主に文化的分野で活躍しています。

〝美〟の信奉者 タゴールの芸術観

池田 タゴールの精神を誇《ほこ》り高く受《う》け継《つ》ぎ、キャンパスと大学生活に生き生きと脈動《みゃくどう》させ、息《いき》づかせているのですね。

タゴールの芸術観を思うとき、印象的《いんしょうてき》なエピソードがあります。

――ある時、中国を訪問したタゴールは中国人の詩人と親しくなり、共に旅をしました。車で走っていると、その詩人が興奮気味《こうふんぎみ》にタゴールの肘《ひじ》を突《つ》っつきました。

「ごらんなさい。あそこに驢馬《ろば》が行きますよ」(2)

タゴールは、この時の心情を感慨深《かんがいぶか》く綴《つづ》っています。

「驢馬というのは、とくに人目を惹《ひ》くような美やよさをもっているものではありませんが、ただそこに驢馬がいるというだけで、その生きものが詩人の心に大きな感動を与え、詩人はそのために興奮していたにちがいありません[2]」と。

タゴールは、「ただ存在しているというそれだけの理由で、物を愛する[2]」ことこそ、高貴《こうき》な芸術家の愛であると結論したのです。

芸術家でなくても、さまざまな日常生活での光景のなかに「美」を発見し、愛することは、誰《だれ》もが少なからず体験することでありましょう。それはまさに〝詩人の目〟で見ているのです。

仏法では「五眼《ごげん》」すなわち「肉眼《にくげん》」「天眼《てんげん》」「慧眼《えげん》」「法眼《ほうげん》」「仏眼《ぶつげん》」という五つの次元《じげん》の眼《まなこ》を説いています。芸術家の眼は、このなかでも「慧眼」――変化する物事のなかに、真理を洞察《どうさつ》し、発見する智慧《ちえ》の眼に通じるともいえるでしょうか。そうした智慧を人々のため、社会のために高い目的観をもって生かす道を教えているのです。

自分のことで恐縮《きょうしゅく》ですが、私も折に触れて自然の美をカメラに収めてきました。もちろん、プロの写真家ではありませんので、同志を激励《げきれい》するために訪《おとず》れたあの地、この地で、また日常の生活のなかで、心に残る瞬間《しゅんかん》瞬間にシャッターを切ってきました。写真も、庶民《しょみん》文化の一つと思っております。

インドのコルカタでも、私の拙《つたな》い作品を展示した「自然との対話」写真展（二〇〇四年五月）

を、貴大学が共催者《きょうさいしゃ》になってくださり、開催《かいさい》していただきました。あらためて感謝申し上げます。

ムカジー　私は写真展の開幕式《かいまくしき》で次のように申し上げました。

「偉大な人物に出会い、大海に包み込まれるような感覚を私は人生で二度経験しました。一度目は、学生のころに初めてタゴールの作品を読み、深い感動を覚《おぼ》えた時です。

そして二度目は、二〇〇四年、ラビンドラ・バラティ大学の名誉学位記《めいよがくいき》を授与《じゅよ》するために渡日《とにち》し、池田会長にお会いした時です。

父親のような温《あたた》かさと尊敬《そんけい》をもって迎《むか》えてくださった会長の人格《じんかく》の大きさに心を打たれました。

その時の対話を通し、会長の深き思考《しこう》、豊かな才能、タゴールへの深い尊敬心、平和への信念《しんねん》、人類への慈愛《じあい》に〝何と素晴らしい人物であろうか〟と強く感動したのです。

タゴールは、機械文明が繁栄《はんえい》しつつあるなかで、自然の美しさに今一度目を向けよと訴《うった》えました。池田会長のなかにも、その姿勢を見る思いがいたします。

撮影された写真を拝見し、会長の限りない創造性を垣間《かいま》見ることができました」と。

池田　過分《かぶん》なお言葉です。私のことはともかく、タゴールが「自然の美」「世界の美」「宇宙《うちゅう》の

ラビンドラ・バラティ大学「名誉文学博士号」の授与式での、ムカジー博士と池田SGI会長（2004年2月、東京）　©Seikyo Shimbun

美」を芸術で表現してきたことに疑いはありません。芸術は、人間と自然と宇宙が根底《こんてい》において一体である――〝全一《ぜんいつ》なるもの〟への希求《ききゅう》ともいえます。

タゴールには、仏法の「悟達《ごだつ》」に通じていくような、「タゴールの家」での青年時代の体験がありました。『わが回想《かいそう》』という自伝で彼は綴《つづ》っています。

「私がバルコニーに立っていると、通行人のそれぞれの歩きぶりや姿や顔つきが、それが誰《だれ》であろうと、すべて異常なまでにすばらしく見えた――宇宙の海の波の上をみんなが流れて過ぎてゆくように。子供の時から私はただ自分の眼だけで見ていたのに、いまや私は自分の意識《いしき》全体で見はじめたのだ(3)」

「どのようにして突然に私の心がその扉をさっと開いて世界の民衆をして、互いに挨拶《あいさつ》しながらそこに躍《おど》りこませたのか、私は知らない――」(3)

この啓示的《けいじてき》な体験は、タゴールの大いなる転機《てんき》になっていますね。

ムカジー　タゴールは、イギリスの詩人ジョン・キーツ*と同じく、熱烈《ねつれつ》な「美」の信奉者《しんぽうしゃ》でした。「美は真理であり、真理は美である」。その信念《しんねん》が平和を導《みちび》き、宇宙《うちゅう》との一体感を生み出すのです。

池田　キーツといえば叙事詩《じょじし》『エンディミオン』の一節が有名ですね。

「美しきものはとこしえに歓《よろこ》びである。

そのめでたさはいや増すばかり」(4)

「美」を見るとき、「美」に触れるとき、人間には歓びが湧《わ》き上がります。「美」の価値は、生命の創造性の証《あかし》でもあります。

タゴールも、一九二〇年九月、第一次世界大戦後のフランスのパリを訪《おとず》れた時、友人に宛《あ》てた手紙のなかで、こう綴《つづ》っています。

「悪の力《ちから》は文字どおり、無法者《むほうもの》です」「真の善は悪の否定にあるのではなく、悪の征服《せいふく》にあるのです。それは混沌《こんとん》の擾乱《じょうらん》を美の舞踏《ぶとう》に変える奇蹟《きせき》なのです。真の教育はそうした奇蹟の力であり、そうした創造の理想なのです(5)」

私も、こうした教育観に共鳴《きょうめい》します。

戦時中、人権を蹂躪《じゅうりん》する軍部政府と戦い、獄死《ごくし》した創価学会の牧口常三郎《つねさぶろう》*初代会長も、創価教育とは「あらゆる環境に順応《じゅんのう》し、利を生じ害を除き善を就《しゅう》し悪を避《さ》け美に化《か》し醜《しゅう》を去る等、如何《いか》なる方面にでも活路を開拓《かいたく》して進行することの出来《でき》る能力を持たせんとするのである(6)」と主張しました。

すなわち、「美」と「利」と「善」の価値創造を成しゆく人材育成にこそ、創価教育の眼目《がんもく》はあります。

人間の善性《ぜんせい》を触発《しょくはつ》し、人間と人間を結ぶ「美」の力を発現するのが、優《すぐ》れた文化であり、芸術でありましょう。

音楽や舞踊《ぶよう》などの芸術を、タゴールは教育の場において、どのように生かそうとしたのでしょうか。

タゴールが思い描いた理想の大学像

ムカジー　タゴールの教育モデルは、全人的《ぜんじんてき》な教育を中心に置いていました。タゴールによれば、大学は「インド文化の中心」でなければなりませんでした。この「文化」という言葉が、キーワードになります。

人間生活に分断《ぶんだん》が起こっていることに気づいていたタゴールは、それは人間が芸術を軽視しているためだと信じていました。

タゴールはミューズ*（芸術の女神）の力《ちから》を自《みずか》ら伝道していかねばならないという考えを持っていました。

彼は、音楽や舞踊《ぶよう》や芸術が人間を内面から洗練《せんれん》していくと固《かた》く信じていたのです。

タゴールが思い描《えが》いた理想の大学においては、「音楽や芸術が、たんにそこに存在していると認識されるだけの学問ではなく、栄誉《えいよ》ある座《ざ》を与えられる学問」でなければならなかったのです。

そして、「異《こと》なる時代に、インドの各地や社会の各階層に散らばってしまった、さまざまな音楽の系統や芸術の流派を、一つの体系として研究しなければならない」と考えていました。

この方針に基づいて創設され、発展してきたのが、ラビンドラ・バラティ大学です。

本学のモットーは、このタゴールの理念に従《したが》って、インドの言語の歴史や社会経済の歴史と矛盾《むじゅん》しない形で、インドの文化遺産《いさん》の統合を促進《そくしん》することです。また、さまざまな分野における指導、教育、研究を提供する大学として、より効果的に機能していくことを目的としています。そして、高まりつつある社会のニーズに応《こた》える高等教育を提供することを目指しています。

　本学があるコルカタ市は、インドの「文化の都」として知られています。本学では、舞台芸術（音楽・舞踊・演劇等）、および視覚芸術（絵画《かいが》・彫刻《ちょうこく》・グラフィック等）における体系的で厳格《げんかく》な訓練《くんれん》の授業も行《おこな》っていますし、修士課程《しゅうしかてい》・博士課程《はくしかてい》も設《もう》けています。本学が提供する教育カリキュラムの文化的要素は、インドのみならず、南アジア地域の要求水準を満《み》たすものです。


池田　貴大学がどれほど崇高《すうこう》な伝統精神のもとに発展してきたかが、よくわかります。芸術の興隆《こうりゅう》は、平和と人々の幸福の確立と一体です。

　タゴールは、大学を、平和を志向するための重要な「中心」機関としても位置づけておりました。そして、「異なる民族《みんぞく》が互いに知り合う機会を設けること[7]」が必要であると訴《うった》え、そのような場所の一つとして大学を挙げています。

「真理の共通の探究に協力しあえ、共通の遺産を分かちあえる大学、さらに自分の属《ぞく》する特定の人種のみならず全人類のために、全世界の芸術家が美の形式を創造し、科学者が宇宙《うちゅう》の神秘を明らかにし、哲学者《てつがくしゃ》が存在の問題を解決し、聖者《せいじゃ》が精神世界の真実を自らの生き方とするものであることを認識し得る大学[7]」――これがタゴールの理想でした。

こうした大学の本来的使命は、形態こそ違え、どの国も共通のものではないでしょうか。

ムカジー　同感です。タゴールの思想《しそう》を非常に深く内面化していらっしゃる池田会長の見解に、全面的に賛同いたします。

音楽には、人種や国家、民族《みんぞく》の境界はありません。タゴール自身、「ビジネスの世界には依然として対立がはびこっている」「文化の世界にはそのような障害《しょうがい》はない」と主張しています。

従《したが》ってタゴールは、教育機関とは学生たちの内面の浄化《じょうか》に努《つと》めることによって、優しさと平和を愛する心を育て、人間的な価値を高める能力を身につけさせる場所であらねばならない、と考えました。また学生たちの人間主義を育《はぐく》むことによって、タゴールが言うところの宇宙《うちゅう》との合一《ごういつ》を打ち立てる手助けができるようにしていくのが教育機関であると考えていました。

そこでは、音楽・舞踊《ぶよう》・詩歌《しいか》・芸術はいずれの教育課程をも極《きわ》めて人間的なものに変えていくために重要な役割を果たし、学生は皆《みな》「平和の使者」となるのです。

タゴールが提唱した音楽・舞踊・芸術の教育的意義は、そこにあったのです。

池田　優《すぐ》れた音楽や芸術は、世界の共有財産であり、共通語ともいえます。さまざまな文化・芸術団体がそうした思いで活動しています。

私も、「芸術を民衆に開き、文化で世界を結びゆく」との理念で民主音楽協会（民音）を創立いたしました。

もう五十年以上前になりますが、一九六一年の一月下旬、私は初のアジア歴訪《れきほう》の平和旅に出発しました。貴国《きこく》インドを巡《めぐ》った後、長兄《ちょうけい》が戦死したビルマ（現・ミャンマー）も訪問しました。ラングーン（現・ヤンゴン）市内の墓地で長兄をはじめ、戦争で犠牲《ぎせい》になったすべての方々の冥福《めいふく》を祈り、追善法要《ついぜんほうよう》を行《おこな》いました。

冷戦下の激動の時代でした。その直後の二月九日、タイのバンコクを訪《おとず》れた私は、民音の設立構想を同志に語りました。

「真実の世界平和の基盤《きばん》となるのは、民族や国家、イデオロギーを超えた、人間と人間の交流による相互《そうご》理解です。そのために必要なのは、芸術、文化の交流ではないだろうか」と。

まったくのゼロからのスタートでしたが、私の胸中には、「最高の文化国家の建設」という恩師・戸田城聖《じょうせい》創価学会第二代会長*の構想がありました。夢物語のように聞く人も多くいました。しかし私は、〝芸術は特定の人たちの独占物《どくせんぶつ》ではない〟〝一般庶民《しょみん》が一流の芸術を愛し、味わってこそ、一流の文化国家となる〟という信念《しんねん》でした。

民音創立の二年後（一九六五年）には、イタリアのミラノ・スカラ座の日本招聘《しょうへい》が計画され、折衝《せっしょう》が始まりました。誰《だれ》も実現できなかった壮大《そうだい》な交流です。当時、「呼べるわけがない。夢物語だ」との声も聞かれました。初交渉《はつこうしょう》から十六年後、スカラ座の歴史的な日本公演が実現しました。

現在、民音の交流国は百三カ国・地域にまで拡大し、演奏会も七万三千回を数え、鑑賞者《かんしょうしゃ》は延《の》べ一億一千万人（二〇一一年当時）を超えました。

タゴールの智慧の大海へ 大いなる希望の対話を！

ムカジー 東京の民音文化センターを訪《おとず》れた時のことを思い起こします。さまざまな楽器を拝見し、とても驚《おどろ》きました。さらに、友好のメダルをいただくという栄誉《えいよ》にも浴《よく》しました。民音を訪問して、池田会長がタゴールの音楽観と近いお考えを持っていらっしゃることがよくわかりました。

概括《がいかつ》して申し上げれば、現在、タゴールの精神を継承《けいしょう》する学術機関としては、ラビンドラ・バラティ大学と、ヴィシュヴァ・バラティ大学（通称《つうしょう》・タゴール国際大学）が、その二大支柱《しちゅう》となっています。

当初、私がラビンドラ・バラティ大学に着任したのは、教師としてではありませんでした。私はそれまでの約二十三年間、カルカッタ大学で教壇《きょうだん》に立っていました。

ミラノ・スカラ座のカルロ・マリア・バディーニ総裁（右）と会談する池田SGI会長。この3カ月後、スカラ座の日本初公演が実現（1981年6月、イタリア）
©Seikyo Shimbun

そして二〇〇二年に、ラビンドラ・バラティ大学の副総長に任命され、大学運営の執行部に加わったのです。

ですが、教員生活が長かったため、再び教壇に立ちたいとの、やみがたい思いがありました。

若き知性と接することによって、私自身も常に若々しい息吹《いぶき》で知識や最新の情報を探究し続けているという実感を持つことができます。もちろん副総長は重責《じゅうせき》で毎日が多忙《たぼう》でしたが、教職復帰への熱い思いから、週に幾《いく》つかでも授業を担当させてほしい旨《むね》を申し出たのです。

学部長は快《こころよ》く、週に二つの授業を担当させてくれました。私は懐《なつ》かしい教職に復帰できたことが嬉《うれ》しく、若い人々に接し、彼らの輝《かがや》く顔を見ると心が和《なご》む思いでした。

池田　青年を愛し、青年と共に進まれる真の人間教育者のお言葉です。未来は青年に託《たく》すしかありません。ゆえに、私も青年の育成にすべての力《ちから》を注《そそ》いでいます。

傑出《けっしゅつ》した人間教育者であったタゴールは「若者の詩人」でもあり、「若さへの讃歌《さんか》」を歌いあげました。

一九二四年、タゴールは中国の学生に呼びかけています。

「若い友たちよ、わたしは年齢《ねんれい》の隔《へだ》たりを超えて、あなたがたの知性と熱意にかがやく若々しい顔をみつめている。わたしは年老い、すでに落日《らくじつ》の岸辺《きしべ》に近づいている。そしてあなたがたは、昇《のぼ》りゆく太陽とともに向こう岸に立っている。わたしの心は、みなさんの心へと手をさしのべて、祝福をおくる」

「わたしたちの生きているこの時代が、人類の歴史のもっとも偉大な時代の一つに属《ぞく》しているということは、あなたがたにとってなんという歓《よろこ》びであり、なんという責任のあることだろう！」(8)

ここには、深き平和への信念《しんねん》と人間教育者の魂《たましい》の発光があります。

ムカジー　世界は今、暴力《ぼうりょく》の暗雲《あんうん》に覆《おお》われています。だからこそ、タゴールの哲学《てつがく》が求められ

ムカジー博士と創価大学の学生たち（2004年2月、東京）　©Seikyo Shimbun

ているのです。

タゴールのメッセージは、人類を絶滅《ぜつめつ》から救う上で極《きわ》めて重要です。

二〇一一年のタゴール生誕一五〇年祭の折には、UGC（大学助成委員会）の協力を得て、西ベンガル州政府とインド中央政府はタゴールの哲学を宣揚《せんよう》する多くの行事を開催《かいさい》しました。

国連も、同趣旨《どうしゅし》のプログラムを幾《いく》つか実施《じっし》しました。

「オール・インディア・ラジオ」や「インド国営テレビ」もタゴールに関する番組を連日放送しました。さまざまな学術団体やその他の団体も公開講座を開き、専門家がタゴールの多彩な才能について論議《ろんぎ》を交《か》わしました。

国連をはじめとして、全世界がこの佳節《かせつ》の意義を認識していました。また池田会長からすでに詳《くわ》しく伺《うかが》っております通り、会長の指揮のもと、日本の皆さんにタゴールを紹介する重責《じゅうせき》をＳＧＩ（創価学会インタナショナル）が担《にな》ってくださいました。

池田会長のような偉大な方と対話する機会に恵まれ、感謝で胸がいっぱいです。

私にとって会長は、そびえ立つ「ヒマラヤ」のように大きな存在なのです。

会長こそ「教師のなかの教師」です。私自身は、ひそやかに大海へと流れ込む小川です。

タゴールに想《おも》いをめぐらせる機会を与えてくださった尊敬《そんけい》する池田会長に心から感謝申し上げます。

池田　あまりにも過分《かぶん》なお言葉です。こちらこそ、偉大な教育者であられ、古代インドの政治哲学《てつがく》の権威《けんい》であられるムカジー博士との語らいは、大きな喜びです。

世界の青年たちのために！　縦横《じゅうおう》に語りましょう。タゴールの智慧《ちえ》の大海へと、今こそ帆《ほ》を張り、船出するのです！

2

若き可能性を育む教育

「機械的」な教育に反発した少年時代

池田　「政治的な連帯《れんたい》は、決して長続きをしない。文化的な連帯にこそ永続性がある」――。これは、私が一九七九年二月、コルカタ市内に立つ貴ラビンドラ・バラティ大学を訪問した折に、当時のP・C・グプタ副総長が歓迎《かんげい》の挨拶《あいさつ》で強調されていた点です。

グプタ副総長は、タゴールが一九一六年、日本に約三カ月滞在《たいざい》し、和歌や俳句などの日本文学にも興味《きょうみ》を示したことなど、印象的《いんしょうてき》なエピソードを語ってくださいました。

私は教職員、また学生さんたちの英邁《えいまい》な姿のなかに、タゴールの普遍《ふへん》的ヒューマニズムの思《し》想《そう》を受《う》け継《つ》いでいる誇《ほこ》りを感じました。

二十世紀が開幕した一九〇一年、タゴールは自《みずか》らの夢を託《たく》した学舎《がくしゃ》を創立しました。それは、貴ラビンドラ・バラティ大学とともに、詩聖《しせい》の教育哲学《てつがく》を継承《けいしょう》する双璧《そうへき》ともいうべき、現在のヴィシュヴァ・バラティ大学の淵源《えんげん》となった学校です。当初、わずか五人の生徒から始まった学舎《がくしゃ》でしたが、全人格《ぜんじんかく》教育を目指す崇高《すうこう》な理念を持ったものでした。

なぜ、タゴールは自《みず》ら学校を創立したのか。その理由には、彼の青春時代の体験が大きく関係しているといわれています。タゴールは、いったい、どのような少年だったのでしょうか。

ムカジー ラビンドラナート・タゴール（＝ベンガル語読みでは、「ロビンドロナト・タクル」とも表記）は大家族の家に生まれました。

父デベンドロナト・タゴールと母シャロダ・デビには十五人の子どもがいました。ラビンドラナートは十四番目で、七人の兄と六人の姉、そして弟が一人いました。

タゴールは、幼少期、家族からほとんど手をかけられない、目立たない子どもでした。当時の上流階級の家庭の慣例《かんれい》に従《したが》い、彼の世話をしたのは召使《めしつか》いたちだったのです。そのうちの一人はよく、タゴールに与えられるべき食べ物とミルクの大半を自分が口にしていました。

少年タゴールには、仲間や友人はいませんでした。一日中、南向きのバルコニーに座って、大自然の美しさに見入《みい》っていました。

彼には、木々が自分に語りかけ、木《こ》の葉《は》が囁《ささや》きかけてくるように感じられました。庭の池の

ラビンドラ・バラティ大学「ジョラサンコ・キャンパス」に立つ「タゴールの家」（インド・コルカタ）
〈提供＝Bharat Soka Gakkai〉

水面に輝《かがや》く陽光《ようこう》がゆらめく様子《ようす》は、タゴールに多くのものを想像させました。

池田　緑と光に包まれた詩人の揺籃《ようらん》――そこが貴大学のキャンパスに今も大切に保存されている「タゴールの家」ですね。タゴールの自然観を考える上で、こうした幼少期の生活は一つのテーマになりますね。

ムカジー　少年タゴールにはもう一人、同じ年頃のシャイアムという養育係がいました。シャイアムは毎日、タゴールの周りにチョークで線を引き、その線の外へ出るのを禁じました。タゴールはインドの古典*『ラーマーヤナ』のなかで、ラクシュマナが巡《めぐ》らせた魔《ま》よけの囲いをシーター姫が踏み越えたために不幸に見舞《みま》われたという物語を知っていました。

このためタゴールは、シャイアムが引いた線からは出ようとはしませんでした。

このような「捕らわれの状態」には、良い面もありました。若きタゴールの心は大自然の優しさや孤独、静謐《せいひつ》を味わうことができるようになり、それが将来の詩人としての基盤《きばん》となりました。タゴールはこの少年時代に、大自然を善《よ》き友とする独自《どくじ》の世界を築《きず》いたのです。

池田　なるほど。当時の生活の「良い面」といえば、タゴールは、かつて村の学校の校長だったこともある、召使《めしつか》いのイスワールとの思い出を自伝（『わが回想《かいそう》』）に綴《つづ》っていますね。

「校長さん」は、毎夕《まいゆう》、タゴールや家の少年たちを集めて、古代インドの叙事詩《じょじし》である『ラーマーヤナ』と『マハーバーラタ』*のなかから物語を朗読してくれました。

「校長さん」の語る、英雄《えいゆう》たちの勇敢《ゆうかん》な冒険《ぼうけん》、スリリングな展開に胸弾《むねはず》ませる様子《ようす》を、タゴールは「張りつめた静寂《せいじゃく》が支配しているそのほの暗い灯《あかり》をつけた部屋《へや》が、熱心な期待で今にも破《は》裂《れっ》しそうだった」(1)と書き残しています。

こうした読み聞かせは大事ですね。かつて対談したイギリスの歴史学者アーノルド・J・トインビー*博士も、五歳の頃、お母さんが毎晩のように枕元《まくらもと》で歴史の本を読んでくれたことが、のちに大歴史家になる揺籃《ようらん》になったと伺《うかが》ったことがあります。

一方で、タゴールは自身の受けた抑圧的《よくあつてき》な学校教育に大きな嫌悪感《けんおかん》を抱《いだ》いており、「十三歳のとき、学校へ行くのを止《や》めてしまった」(2)といいます。

また、「わたしは少年時代に、人間の最《もっと》も残酷《ざんこく》で、人を台なしにする誤謬《ごびゅう》の一つである、教育課程の機械的圧力を体験しましたので、子供たちが、その中にいても、自由でありうる学校を創《つく》ることがわたしの義務であると感じました」(3)とも記《しる》しています。自分が体験した「機械的」な教育制度への反発が、タゴールの教育にかける情熱の原点になったようですね。

このことは、時代も社会も違うとはいえ、現代の教育に示唆《しさ》的な話です。

ムカジー　まさにその通りです。タゴールは学校でも家庭でも、旧来《きゅうらい》の教育形態に従《したが》うことはできませんでした。

生来《せいらい》、行儀《ぎょうぎ》のよい子どもではありましたが、学校でも家庭でも正規《せいき》の教育にまったく関心を示さなかったタゴールは、きょうだいにとって心配のタネとなりました。家庭教師に教わることは、タゴールには苦痛《くつう》そのものでしかなく、家にやってくる家庭教師の黒い傘《かさ》が見えるとすぐに寝床《ねどこ》へ入ってしまうのです。そんな幼少期の体験をタゴールは、後に、物語やエッセーや詩歌《しいか》に描《えが》いています。

池田　象徴《しょうちょう》的なエピソードですね。

タゴールは少年時代、英語の勉強が大嫌《だいきら》いだったようです。しかし、それは「教育課程の機械的圧力」への反発でもあったのでしょう。教育の実《みの》りは短絡的《たんらくてき》な物差《ものさ》しでは測《はか》れません。生徒一人一人は異《こと》なる輝《かがや》きと個性を持っています。後にタゴールは、ベンガル語の詩集『ギタンジャリ』*や長編・短編小説、戯曲《ぎきょく》や詩歌《しいか》を、自《みずか》ら英文に書き直すほど堪能《たんのう》な英語力を持つことになります。

ムカジー　そうなのです。タゴールは後年、英語を習得しています。父親から英語のほかに、サンスクリット（特に『ウパニシャッド』*の勉強に必要）や天文学を学びました。

それに加えて、少年タゴールは、高名な演奏家であったジャドゥ・バットや、著名《ちょめい》な音楽家でもあった彼自身の兄ジョティリンドロナトなどの優《すぐ》れた教師から、定期的に音楽のレッスンを受ける機会にも恵まれました。その訓練によって、のちにタゴールは自らの詩歌に曲をつけていくようになったのです。タゴールのような技能を持ち合わせている詩人はほとんどいませんでした。

また、タゴールは、身体を鍛《きた》えるためにレスリングをはじめとする運動の指導を父から受けていました。

これらすべての活動は、少年タゴールの修練《しゅうれん》と成長に一定の役割を果たしたのです。

タゴールが正規《せいき》の教育を嫌《きら》っていたといっても、何の教育も受けなかったというわけではありません。独学の人であり、独自《どくじ》のやり方で学んでいったのです。ベンガル語で韻《いん》を踏んだ「雨降《ジョルポレ》り、葉揺《パタノレ》れ」(4)という一文を読んだ時、タゴールの眼前《がんぜん》に新しい世界が開かれました。

彼自身の言葉によれば、「その瞬間《しゅんかん》、創造的な表現の領域に触れた私は、もはや教室の中で文字の綴《つづ》りに頭を悩ます学生ではなくなっていた」のです。

こうして自然を描《えが》き上げる詩歌の魅力《みりょく》を知ったタゴールは、ベンガル語に興味《きょうみ》を持ち、ベンガル語入門のレッスンを受けるようになりました。

池田　「青年は教えられるより、刺激《しげき》されることを欲《ほっ》する」(5)とは、ゲーテ*の言葉です。タゴールの才能の開花も、まさにそうだったのでしょう。

タゴールは、「雨降《ジョルポレ》り、葉揺《パタノレ》れ」の一節について、こうも述懐《じゅっかい》していますね。

――「これは私にとってまさしく大詩人の最初の詩であった。その日の喜びが帰ってくる毎《ごと》に、今でも私は、なぜにリズムが詩にはかくも必要であるかを理解する。それあるが故《ゆえ》に、言葉は結末に達して、しかも終わらないのだ。外に出た言葉は終わるが、その響《ひび》きは終わらない」(1)

詩とは、この宇宙《うちゅう》にある生命のリズムであり、尊厳性《そんげんせい》を直感的に感じ、そのまま表現したものともいえます。宇宙《うちゅう》は音律《おんりつ》に満《み》ちています。

世界最高峰《さいこうほう》のヴァイオリン奏者ユーディー・メニューイン氏*と対談した際に、氏は私どもが唱える「南無妙法蓮華経《なんみょうほうれんげきょう》」の音声、リズムに感嘆《かんたん》しておられました。

「『南無妙法蓮華経』の『NAM』という音に、強い印象《いんしょう》を受けます。『M』とは命の源《みなもと》というか、『マザー（MOTHER）』の音、子供が一番、最初に覚《おぼ》える『マー（お母さん）、マー』という音に通じます」

「口ずさみやすいし、心地《ここち》よい音律です」と。

私どもが信奉《しんぽう》する日蓮大聖人《にちれんだいしょうにん》は「南無とは梵語《ぼんご》」（『日蓮大聖人御書《ごしょ》全集』〈創価学会版〉七〇八ページ。以下『御書』と略す）と述《の》べておりますが、古代インドにおいて使用されたサンスクリットの「ナマス」の音写が「南無」です。

「仏教発祥《はっしょう》」の大恩《だいおん》ある貴国《きこく》に由来する音律が今、世界に平和の祈りとなって響《ひび》き渡っているのです。

マハトマ・ガンジーも、道場（アシュラム）での祈りの一つに、この「南無妙法蓮華経」を取り入れていたことを、貴国の仏教研究の大家《たいか》であり、インド文化国際アカデミー理事長のロケッシュ・チャンドラ博士*が話されていました。チャンドラ博士のお父様はヴェーダ語の世界的権威《けんい》であり、独立《どくりつ》の闘士《とうし》でもあられ、ガンジーと親交が深かったのです。

話を戻しますが、少年時代のタゴールは、両親からどのような影響《えいきょう》を受けたのでしょうか。

特に彼は、母親を早くに亡《な》くしていますね。

タゴールの〝生〟と〝死〟への眼差し

ムカジー　はい。タゴールは、十三歳で母親を亡くしました。少年タゴールは、母を失《うしな》った大きな寂《さび》しさを感じていました。後年、彼は母を回想《かいそう》する詩を書いています。

「私は母を思い出すことができません
ただ時おり　遊んでいるふとした瞬間に
私のおもちゃの上に
あの調べが舞いおりる
それは母が　私の揺《ゆ》りかごを揺らしながら
口ずさんでいた調べ

私は母を思い出すことができません

初秋《しょしゅう》の朝早く　シウリ（＝ジャスミン）の花の香りが空中にただよう
寺院の朝の礼拝《らいはい》の香りが　母の香りとして
私のもとをおとずれる

私は母を思い出すことができません
寝室の窓から
遠い空の青さに視線を送るときだけは
私の顔をみつめる母のまなざしの静けさが
蒼穹《そうきゅう》に広がるのを感じるのです」

母の葬儀《そうぎ》の記憶は少年タゴールの心に深く刻《きざ》まれました。母親が亡《な》くなったのは夜のことでした。朝になると、母の遺体《いたい》は屋敷《やしき》内から運び出され、少年タゴールは、母の遺体が高価な絹《きぬ》のサリーや装身具《そうしんぐ》、芳《かんば》しい花々で飾《かざ》られ、御香の甘い香りに包まれていることに驚《おどろ》きました。これがタゴールにとって初めての死との出合いでした。母の遺体が安置《あんち》されているさまを目《ま》の当《あ》たりにした体験は、少年に大きな影響《えいきょう》を与えました。おそらくそうした理由から、少年には人間の死が人々の言うような恐《おそ》ろしい出来事《できごと》とは思えなかったのでしょう。死は清純《せいじゅん》で、静《せい》穏《おん》で安《やす》らかなものであると感じられたのです。

死とは荘厳《そうごん》なものである、というタゴールの捉《とら》え方はその後の人生において、死とは彼の敬《けい》愛《あい》する神（シャイアム）である、という考えにまで至りました。

このような認識を後年、詩人タゴールは数多くの作品、とりわけ詩歌《しいか》に描《えが》き出しています。


池田　シャロダ・デビは、子どもの可能性をどこまでも信じる優しい母親だったようです。

タゴールは少年時代、母の前で『ラーマーヤナ』の一節をサンスクリットで吟唱《ぎんしょう》し、大喜びされたことを自伝に生き生きと綴《つづ》っています。母からの称讃《しょうさん》を得て、さらに学ぶ意欲《いよく》を増していったのでしょう。

また、タゴールは「生」と「死」をめぐり、こう歌っています。

「私は死を生命あふれるものとして歓迎《かんげい》しよう」

「死の中に覆《おお》われている果てしない生命に
私の心は魅《み》せられるだろう」(6)

「生」と同様に、「死」を従容《しょうよう》と、あるがままに受け止めていたことがうかがわれます。

タゴールは、母の逝去《せいきょ》に接して、若き心に「永遠の生命」を感じとったのでしょうか。

人類の教師の一人といわれる釈尊《しゃくそん》は、生後一週間にして母親を失《うしな》っています。のちに恵まれた王子の地位も捨てて、生老病死《しょうろうびょうし》という根本《こんぽん》問題を解決する道を求めて出家《しゅっけ》しますが、母親が自分を産《う》んでからすぐに亡《な》くなったことの寂《さび》しさや苦しみなどが背景の一つにあったと推測《すいそく》されます。それほど母の存在は大きい。

釈尊《しゃくそん》は、菩提樹《ぼだいじゅ》のもとでの悟達《ごだつ》において、すべての人々の生死流転《しょうじるてん》の様相《ようそう》を明瞭《めいりょう》に洞察《どうさつ》しました。そして、*法華経《ほけきょう》において、永遠の生命観を指し示しました。

また、十三世紀、日本に出現した日蓮大聖人《にちれんだいしょうにん》は「法性《ほっしょう》の大地を生死《しょうじ》生死と転《め》ぐり行くなり」（『御書《ごしょ》』七二四ページ）、「我等《われら》が生死は今始めたる生死に非《あら》ず本来本有《ほんらいほんぬ》の生死なり」（同七七三ページ）と説いております。

深義《じんぎ》は略しますが、「本来本有」――あるがままの「生」であり、「死」であり、大宇宙《だいうちゅう》とともに、生命は「生死」「生死」を繰《く》り返《かえ》し、無始無終《むしむしゅう》であると明かしているのです。

ムカジー　タゴールが母親から大きな影響《えいきょう》を受けていたこと、また詩人が生と死を平静に受容《じゅよう》していたことを、池田会長は鋭く洞察されています。

ここで、会長が述《の》べられた仏教の視点からみた「死」の概念《がいねん》に関して、私から若干《じゃっかん》付け加えさせていただければと思います。

ヒンズー教も、仏教と同じく*「真我《しんが》」が無始無終に生と死を繰り返すという生命の永続性を教えています。

『*バガヴァッド・ギーター』には、近親との戦いに参加することを渋《しぶ》る英雄アルジュナを参戦させようとした聖者クリシュナ（ヴィシュヌ神の化身《けしん》）が「生と死に相違《そうい》はない」と言って促《うなが》したことが書かれています。すなわち、死ぬのは肉体であり、魂《たましい》ではない。服がぼろぼろになったら、それを脱《ぬ》ぎ捨《す》てて、新しい服を着ればよい。同じように、肉体が衰《おとろ》えたら、「*アートマン」（魂、我、真我）は肉体を脱ぎ捨てて、新しい肉体を手に入れるのだと。

このように、あらゆる偉大な宗教の基本的な価値観《かちかん》や理念が非常に類似《るいじ》しているということは本当に興味深《きょうみぶか》いことです。


池田　私からも付言《ふげん》すれば、日蓮大聖人は、「本有の生死」観に基づいて、「生死を見て厭離《えんり》するを迷《まよい》と云《い》い始覚《しかく》と云うなりさて本有の生死と知見《ちけん》するを悟《さとり》と云い本覚《ほんがく》と云うなり」（『御書』七五四ページ）と述べています。

人間が「生死」を見て恐《おそ》れ、目をそむけ、その苦から逃《のが》れようとするのは「迷い」であり、一方、生死の本質を深く洞察し、永遠の生命観に立脚《りっきゃく》する人生こそ「悟《さと》り」に通ずるといえます。

かつて私はハーバード大学での講演（「21世紀文明と大乗仏教」一九九三年九月）で、この法理に則《のっと》って、「生も歓喜《かんき》、死も歓喜」という仏法の透徹《とうてつ》した生死観を訴《うった》え、多くの賛同と共鳴の声をいただきました。

「生死観」は、その人の哲学《てつがく》と行動の核心《かくしん》をなすものです。一人一人の人間の生き方の根底《こんてい》に、確たる生死観、生命観を打ち立てていくことから、尽きせぬ歓喜の人生が開かれていきます。ひいては、新たな生命尊厳《そんげん》の文明の創造の道までも開かれていくと考えます。そうした意味からも、タゴールの詩は興味深《きょうみぶか》い。

では、父親からの影響《えいきょう》はどうでしょうか。

父デベンドロナトからの影響

ムカジー　タゴールの父デベンドロナトは、息子《むすこ》に大きな感化を与えました。デベンドロナトは信仰心《しんこうしん》の篤《あつ》い崇高《すうこう》な精神を持った人物で、聖人のような有徳《うとく》の人生を送り、「マハーリシ」(大聖《たいせい》)と呼ばれました。

デベンドロナトは、亡《な》き父ダルカナトが残した一族の負債《ふさい》の返済義務を進んで引き受けました。このようなことはなかなかできることではありません。それによって、デベンドロナトとその家族は、極《きわ》めて質素な節約生活を送らなければなりませんでした。父親のそのような道徳的模範《もはん》の行動は、少年タゴールに大きな影響を与えました。

父親は、後年、瞑想《めいそう》のために建てた小さな仮寓《かぐう》があるボルプルのシャ*ンティニケタンのような人里離れた場所で、多くの時間を過ごしました。

ある時、父は少年タゴールをシャンティニケタンに連れていきました。開かれた原野と寂《さび》しい景色《けしき》に、若きタゴールは強い印象《いんしょう》を受け、後に、この地にヴィシュヴァ・バラティ大学を創立しています。大自然に対するタゴールの情熱的な愛情は、この訪問に端《たん》を発《はっ》しているのです。

父親はいつも、早朝に起床《きしょう》して礼拝をしていましたが、タゴールにもそれに加わるよう求めました。このことは、タゴールに、生涯にわたる早起きの習慣《しゅうかん》を身につけさせたのです。

池田　シャンティニケタンとは、「平和の郷《さと》」という意味で、この麗《うるわ》しい名前自体、父親の命名だそうですね。

二〇〇六年五月、私はこの地に立つヴィシュヴァ・バラティ大学のS・K・バ*スー副総長と東京でお会いしました。

その折、バスー副総長は「彼（タゴール）の教育思想《しそう》には、常に『広がり』『多様性《たようせい》』そして『深さ』がありました。おそらく、一九〇一年にシャンティニケタンの地に学校を創立した当初のタゴールの教育思想は、彼の詩的情感を反映するものだったのでしょう」と語られていました。

また、「タゴールの教育理念の中心を成していたのは、『人格《じんかく》』の重要性でした。タゴールによると、教育機関の基本的な任務とは、人格形成の過程《かてい》において、あらゆる生徒の優《すぐ》れた美徳《びとく》を引き出していくということでした」とも強調されていました。

タゴールが家も蔵書《ぞうしょ》も売り払って学校を創立した当初、彼の教育にかける真情《しんじょう》を理解する人は少なく、冷笑《れいしょう》や中傷《ちゅうしょう》さえ浴《あ》びせられた。そのなかで、タゴールは信念《しんねん》を貫《つらぬ》き通し、未来を照らす教育の光をもたらしていきました。タゴールが、学校の創立に情熱を注《そそ》いだのも、少年時代に刻《きざ》んだ父との黄金《おうごん》の思い出があったればこそでしょう。

ムカジー　父親の卓越《たくえつ》した人格《じんかく》にタゴールは称讃《しょうさん》と尊敬《そんけい》を寄せていました。タゴールは父の信《しん》仰心《こうしん》、哲学《てつがく》的見解、強固な意志を受《う》け継《つ》いでいます。

ここで述《の》べておきたいのは、父親は、当時の大衆信仰であったヒンズー教の特徴《とくちょう》である偶像《ぐうぞう》崇拝《すうはい》を支持しなかったことです。ブラフマ・サマージ*として知られる新たな信仰共同体《きょうどうたい》を発展させましたが、これは偶像崇拝をするものではなく、一神教《いっしんきょう》の枠組《わくぐ》みのなかで自《みずか》ら着想を得た神に対する深い帰依《きえ》に基づく信仰でした。タゴールは、父親のこうした信仰からも影響《えいきょう》を受けています。

父親は高い道徳観・倫理観《りんり》を持った人物でした。彼はまた、よき家長《かちょう》たる監督者《かんとくしゃ》でもあり、強固な意志の力《ちから》をもって大家族をまとめました。

控《ひか》えめで人々の長所を正しく評価する人でもありました。タゴールが十代で初めて自作の詩を詠《よ》み上げた時、大いに喜び、感激した父親は、息子に五百ルピー紙幣《しへい》を与えたといわれています。

現実的かつ実務的な感覚も備《そな》えていた父親は、その才覚《さいかく》によって一族の所有地・財産を管理していました。タゴールは後年、東ベンガル（現・バングラデシュ）のシライドホ*の領地の管理を任《まか》されていますが、父から受け継いだこの資質《ししつ》を生かして、見事な管理手腕《しゅわん》を発揮していました。

タゴールは領主として、効率よく租税《そぜい》の徴収《ちょうしゅう》を行《おこな》いました。他方、タゴールは、父から受け継いだ精神性をいかんなく発揮して、農耕《のうこう》に従事《じゅうじ》する貧《まず》しい領民たちには優しく寛大《かんだい》な処遇《しょぐう》をしています。父親が備えていた高潔《こうけつ》な資質やその他の特質が、タゴールの人格《じんかく》形成に大きく寄《き》与《よ》していたといえるでしょう。

少年タゴールを大きく育んだヒマラヤへの親子旅

池田　まさに、父から子への精神の松明《たいまつ》の継承《けいしょう》です。タゴールはイギリス留学後、三十歳の時、幾《いく》たびも東ベンガルのシライドホに行き、農村を歩き、人々と語り合い、若き地主《じぬし》として生活し、その経験が彼を人間として、詩人として、大きくしたといわれていますね。

ところで、タゴールは少年時代に、父と共にヒマラヤを旅しています。

私も一九九五年の十月、ネパールのトリブバン大学等を訪問した折、首都カトマンズの郊外《こうがい》の丘《おか》で、夕明かりに浮かぶ、壮大《そうだい》なヒマラヤの高峰《こうほう》を仰《あお》ぎ見たことがあります。この時の光景は忘れられません。

その丘には、地元の村の子どもたちがいました。皆《みな》、利発《りはつ》そうで、かわいかった。曇《くも》りない瞳《ひとみ》が印象的《いんしょうてき》でした。私は、子どもたちに語りました。

「＊仏陀《ぶっだ》は、偉大なヒマラヤを見て育ったんです。あの山々のような人間になろうと頑張《がんば》ったのです。堂々とそびえる勝利の人へと、自分自身をつくり上げたのです」

創価教育の父・牧口初代会長は、山や自然が人格《じんかく》形成に及《およ》ぼす気宇広大《きうこうだい》な影響《えいきょう》を強調していました。タゴール少年にとっても、父と共に旅した日々は、素晴らしい経験となったに違いあ

雪を頂いた高峰が連なる雄大なヒマラヤの風景　©Seikyo Shimbun

りません。

ムカジー　ええ。父親は、一年を通じて、かなり長い期間をヒマラヤで過ごし、時には、少年タゴールを伴《ともな》うこともありました。ヒマラヤへの旅は、タゴールの将来の生活を形成する上で、非常に大きな影響を与えました。

父が息子をヒマラヤに連れていったのは、タゴールが「*聖紐式《せいちゅうしき》」（ウパナヤナ）を終えた後のことでした。その途次《とじ》の最初にタゴール父子《おやこ》が訪《おとず》れたボルプルのシャンティニケタンでは、父親が瞑想《めいそう》のために建てた隠れ家に数日滞在《たいざい》しました。辺境の荒涼《こうりょう》とした大自然に触れたタゴールは、強く心を動かされました。

タゴール父子はさらに（インド北西部の）パ

ンジャブ州へと向かい、タゴールはそこで初めてヒマラヤ山麓《さんろく》に滞在《たいざい》しました。雪に覆《おお》われた森林での生活を通じて、少年の胸中には大自然の荘厳《そうごん》さと美が深く刻《きざ》み込《こ》まれました。

池田　こんなエピソードもありますね。旅のなかで、タゴールの父は、自分が愛読していた聖典『バガヴァッド・ギーター』のなかで、特に「お気に入りの詩」に印《しるし》を付け、その詩を、タゴール少年に「翻訳《ほんやく》して、写すように」(1)依頼した。「家では私はとるにたりない少年にすぎなかったが、ここではこんな重要な役目を任《まか》されたので、私はその地位に誇《ほこ》りを感じたものだった」(1)とタゴールは綴《つづ》っています。

ほかにも、小銭の管理や貴重《きちょう》な金時計《きんどけい》を巻く役目など、父は十一歳のタゴールにさまざまな仕事を託《たく》したといいます。

父は、アメリカの思想家《しそうか》ベンジャミン・フランクリン*の生涯を語って聞かせ、夜には星空の下で天文学を息子《むすこ》タゴールに教えました。

こうした教育に対する父親の姿勢が、タゴールの教育の理想となったことは想像に難《かた》くありません。

「私は認《みと》めるが、父はその生涯の最後まで決して私たちの自主性をはばむことはなかった。私は何度も父の好みや意見に合わないことを言ったりしたりしたものだ。一言で父は私を止めることができたけれど、彼は私が内部から自制するようになるのを待つ方を選んだ」

「たとえ横道にそれたとしても真実は再び見つけられるが、外側からの強制や盲目的《もうもくてき》な容認では、実質的には真実の道を閉ざしてしまうということも父は知っていたのである」(1)

こうした言葉からは、自《みずか》らの行動をもって範《はん》を示していった父親の姿が偲《しの》ばれます。

私の恩師である戸田第二代会長も、子育てに励《はげ》む親御《おやご》さんに、よく言われていました。

「子どもは、いつも理想をもって引っ張っていってあげなさい」

「世界、社会に貢献《こうけん》させることを目標において、わが子を愛していきなさい」

さらに、「両親が子どもから信用される、りっぱな親になってほしい。親がりっぱであれば、かならず子どもは親のいうことを聞く」とも言われていました。

子どもは親の鏡であり、ともどもに成長していくことが、最高の教育であることを忘れてはならないでしょう。

3 東西を結ぶ哲学

数学の優れた人材を数多く輩出するインド

池田　インドの誇《ほこ》るべき発展の源泉の一つは「頭脳」、すなわち「人材」といわれます。科学技術と教育によって国を興《おこ》す——そのために、ネルー初代首相は、インド工科大学（IIT）などの教育機関を設立していったと伺《うかが》っています。

ネルー首相については、私の恩師である戸田第二代会長も注目し、「一度、お会いしたいな。会えば、すぐ話が通じるだろう」と言われていたことを鮮明《せんめい》に覚《おぼ》えています。

戸田会長は、アジアの指導者に、仏法を基調にした人間主義の機関紙「聖教新聞」を送られたことがあります。その際、中国の周恩来総理、*フィリピンのラモン・マグサイサイ*大統領らとともに、恩師より直々《じきじき》に名前が挙がったのが、ネルー首相でした。インドに脈々と流れ通《かよ》う

インドのラジブ・ガンジー首相（右）と会見する池田SGI会長（1985年11月、東京）
©Seikyo Shimbun

非暴力《ひぼうりょく》と慈悲《じひ》の精神に、恩師は深い敬意《けいい》を抱《いだ》いておりました。

そうした崇高《すうこう》な精神と、青年の教育にかける信念《しんねん》は、ネルー首相のお孫《まご》さんにあたる若き*ラジブ・ガンジー首相と東京でお会いした時にも、私は強く感じました。一九八五年の秋十一月でした。

ムカジー　私にもネルー首相との個人的な思い出があります。

私が十一歳か十二歳だった時のことですが、インドで大洪水《だいこうずい》がありました。ちょうどその年に、ネルー首相にお会いする機会がありました。

私の学校には、最《もっと》も成績優秀な生徒に奨学《しょうがく》金《きん》が与えられる制度があり、その年は私に奨学金が授与《じゅよ》されました。その奨学金《しょうがくきん》の六十ルピーを、首相が設立した洪水復興基金《こうずいふっこうききん》に寄付《きふ》することを決めました。

そのことを聞いたネルー首相は、まだ子どもであった私に会ってくださったのです。ネルー首相が私におっしゃったことを覚《おぼ》えています。「かわいいお嬢《じょう》さん。あなたの望みは何ですか」

私は答えました。「この奨学金を首相の洪水復興基金に寄付させていただきたいのです」ネルー首相は、とても喜び、何度も褒《ほ》めてくださりながら、「インドの子どもたち皆《みな》が、あなたのような行《おこな》いをしてくれることを期待しています」とおっしゃってくださいました。私にとって、忘れ難《がた》い瞬間《しゅんかん》でした。

池田　一幅《いっぷく》の名画のような光景が浮かんできます。

ネルー首相も、未来を担《にな》う世代の健気《けなげ》な姿に希望を見いだし、さぞかし励《はげ》まされる思いだったに違いありません。

若い力《ちから》は、新しい希望と前進をもたらします。貴国《きこく》は、三十歳以下の若い世代が人口の半数以上を占めるともいわれ、まことに未来性に富《と》んでいます。インド創価学会も青年の活躍《かつやく》が光っています。優秀な英才が実《じつ》に多い。今や貴国は、世界の「頭脳」の一翼《いちよく》を堂々と担う存在です。

日本でも、インドの数学教育が注目されています。例えば、日本の小学校では、かけ算を「九九」で覚《おぼ》えます。インドでは、小学生も「一九×一九」まで暗記しているそうですね。「インド式計算法」として、日本でも大変に話題になりました。

もともと、数学の「ゼロ」（0）という概念《がいねん》も、インドの発見といわれていますね。

ムカジー　数学的才能は、インドが継承《けいしょう》してきた誇《ほこ》るべき財産です。

あらゆる数学的計算の鍵《かぎ》となる数字のゼロの概念は、諸説ありますが、十二世紀のインドの数学者バースカラーチャーリヤ*によって考案されました。古代インドでは、ヴェーダ*の儀式《ぎしき》の祭壇《さいだん》を造るために精密《せいみつ》な計算が求められ、幾何学《きかがく》や三角法の正しい知識が必要とされたのです。

もちろん、ほかにも、バースカラーチャーリヤの娘《むすめ》リラヴァーティや、ヴァラーハミヒラ*、カナ*、さらに最近では、世界的にも有名なラーマヌジャン*など、数学に基づく占星術《せんせいじゅつ》や、天文学の計算において驚《おどろ》くべき才能を発揮した数学者たちがインドには存在しました。

今日《こんにち》、多くのインドの学生たちが国際数学オリンピックなどで優秀な成績を収めているのも、こうした知的伝統の継承によるものといえましょう。

池田　実《じつ》は、私の恩師は数学の大家でした。戦前に執筆《しっぴつ》した『推理式指導算術《すいりしきさんじゅつ》』という参考書は、百万部を超えるベストセラーになりました。しかしながら、弟子の私は数学が苦手《にがて》で、若い頃から苦労しました（笑）。

モスクワ大学の総長であり、数学者であるサドーヴニチィ*総長は、「『数』は、文明の発展の法則、性格を内包《ないほう》しているといえます（1）」と語っていました。ゼロの概念《がいねん》を発見した貴国《きこく》の文明の先見性《せんけんせい》は実に素晴らしい。

ゼロはサンスクリットでもヒンディー語でも「シューニャ」（sūnya）と表《あらわ》されますね。この言葉が仏教の重要な法理「空《くう》」と同じ言葉だということに、奥深い哲学性《てつがくせい》を感じます。

ムカジー　サンスクリットより派生したベンガル語でも、ゼロは「シューニャ」と表されます。ベンガル語の「シューニャ」には、「空」という意味があり、仏教の重要な法理に類似《るいじ》しています。しかし「シューニャ」には別の意味合いもあります。ゼロには始まりも終わりもないということから、「完全な全体性」を意味しているのです。

それにしても、池田会長のような優《すぐ》れた知力と洞察力《どうさつりょく》を備《そな》えられ、すべてにわたって卓越《たくえつ》された方が、数学の分野では恩師に及《およ》ばなかったということは、大変興味深《きょうみぶか》いことです。私も戸田会長にお会いしたかったと、つくづく思います。というのも、私は数学にある程度通じており、母も算数をとても得意としていたからです。

池田　貴国は、偉大な哲学の国、教育の国です。

先ほど名前の出た近代インドの天才数学者ラーマヌジャンが、若き日に書いた一通の手紙は、「数学史上もっとも有名な手紙(2)」といわれているそうですね。

ケンブリッジ大学の世界的な数学者ハーディ*に送られた手紙は、次のような書き出しで始まります。

「自己紹介をさせて下さい。私はマドラス港湾信託局《こうわんしんたくきょく》経理部《けいりぶ》の年俸《ねんぽう》20ポンドの事務官です。年齢《ねんれい》は23歳であります。大学には進学しませんでしたが、普通教育は受けました。学校を卒業して以来、これまで寸暇《すんか》を惜《お》しんで数学の研究に専念してまいりました。大学の専門課程のような正規《せいき》の高等教育を受けてはいませんが、独学で新しい研究の道を切り拓《ひら》いてまいりました(2)」

この手紙に添付《てんぷ》されていた未知《みち》の数式に、大数学者のハーディは驚愕《きょうがく》します。

哲学者のバートランド・ラッセル*は、その時の模様を「ハーディとリトルウッド*は大変興奮《こうふん》していました。というのも彼らは第2のニュートン*を発見したというのです(2)」と記しています。

インドでは、このラーマヌジャンの如《ごと》く、数学の分野で非常に優れた人材が数多く輩出《はいしゅつ》されてきました。

数学や情報技術の教育についてては、タゴールはどのように情熱を傾《かたむ》けたのでしょうか。

ムカジー　ラーマヌジャンの非凡《ひぼん》な数学的才能についての池田会長の見解に、賛同いたします。私はラーマヌジャンを誇《ほこ》りに思っております。

タゴールが独自《どくじ》に創設した教育制度を理解するためには、当時のインドで一般的であった教育制度について知っておく必要があります。インドを支配していた大英帝国《だいえいていこく》は、非常に慎重《しんちょう》で、数学や高度な科学をインドの教育課程に導入《どうにゅう》することはしませんでした。英語と文化的教養が突出《とっしゅつ》した教育カリキュラムを作ったのです。インド国民を、近代的科学知識から遠ざけておくことが、帝国としての戦略でした。

しかしながら、タゴールは時代のはるか先を見通しており、西洋諸国のみならず、日本、中国、イラン、アフガニスタンといった東洋や中東の国々が、進んだ科学技術を駆使《くし》して、見事に発展していることを知り、驚愕《きょうがく》しました。

インドではこうした知識の欠如《けつじょ》が、民衆を底知れぬ貧困《ひんこん》に陥《おとしい》れていたのです。そこでタゴールはヴィシュヴァ・バラティ大学のカリキュラムに、英語と一般教養に加えて、基礎《きそ》科学と数学を導入しました。当時の状況を考えれば、これは極《きわ》めて独創的《どくそうてき》で、先見《せんけん》の明《めい》が光るものだったといえます。

タゴールは、長男のロティンドロナトを、農業技術を学ばせるためにアメリカに留学させました。今日《こんにち》のような情報テクノロジーの知識は存在していませんでしたが、時代を先取りした驚《おどろ》くべき才能によってタゴールは、国の発展のためには、情報がいかに有益《ゆうえき》かつ必要であるかをよく理解していました。

タゴールは、世界中から科学者をヴィシュヴァ・バラティ大学へ招《まね》いては、学生たちに最新の知識や情報を習得させました。また自身も広く海外へ赴《おもむ》き、先々で知識を収集し、その情報を講演・演説・随筆・著書などを通じて国民に紹介しています。

池田　若い時に、最先端《さいせんたん》の科学者や優《すぐ》れた知性の講演を身近に聴《き》いた体験などは、深く心に沈殿《ちんでん》して残っていくものですね。

一九二二年に来日したアインシュタイン博士は、慶應義塾《けいおうぎじゅく》大学で六時間に及《およ》ぶ「相対性理論」の講義を行《おこな》いました。滞在《たいざい》中、最初の講義でした。当時、二十二歳だった戸田会長は、師と仰《あお》ぐ牧口初代会長と共に直接、受講できたことを生涯、誇りとされ、その模様を何度も私たち青年に語ってくれました。そして、「若いうちから、どんどん一流の人物に会い、一流の世界に触れていくことだ。そのことが将来、かけがえのない財産となる」と言われていました。

創価学園や創価大学にも、またアメリカ創価大学（ＳＵＡ）にも、世界のリーダーやノーベル賞受賞者などが相次《あいつ》いで来訪《らいほう》してくださっています。ムカジー博士にも深い歴史を刻《きざ》んでいただきました。一級の知性や人格《じんかく》との出会いは、それ自体が偉大な教育になると、私は感謝しております。

ムカジー　素晴らしいことです。偉大な思想家《しそうか》や文化人たちと出会い、その話を聴《き》き、交流をする機会を得ることは、学生たちの知性を鋭敏《えいびん》にし、思索《しさく》を豊かなものにします。

タゴールの教育思想は、学生たちが主体的に対話を継続《けいぞく》していく必要性を強調するものでした。学生たちは、豊かな自然環境の中で、教師たちと親しく関《かか》わり合いながら、自身の問いに対する解答を探求していくべきなのです。

大自然の中で、学生に完全な自由を謳歌《おうか》させるタゴールの教育モデルが目指すものは、学生たちに自身の疑問に対する答えを模索させながら、生来の能力と特質のあらゆる側面を完成に導《みちび》くことでした。その目的実現のためには、数学の学習が大きな手助けとなります。というのも数学は、演繹的《えんえきてき》・帰納《きのう》的思考法を正確に身につけさせてくれるからです。タゴールが唱えたこのような教育モデルは、インドの子どもたちに本来備《そな》わっている数学的才能を開発する上で、非常に効果的です。

これらの能力は物理学のような基礎《きそ》科学、さらには、今日《こんにち》の「サイバー時代」の基盤《きばん》である情報技術にとって重要な、コンピューター科学のさらなる研究への道を開く上で、ますます大事な役割を果たしています。こうして、インドの若者たちの数学的能力は、世界中で高い評価を受けるようになり、今や世界の労働市場での占有《せんゆう》の割合は、各国の垂涎《すいぜん》の的《まと》になっているようです。

池田　おっしゃる通りですね。今や数学等の分野で、貴国《きこく》の人々の能力や特質が大いに発揮されています。

「あらゆる数学は哲学《てつがく》的思索《しさく》に帰着する」(3)とは、イタリア・ルネサンスの〝万能の人〟レオナルド・ダ・ヴィンチ*の洞察《どうさつ》です。貴国インドは、悠久《ゆうきゅう》の歴史のなかで、その良き模範《もはん》を示してきました。また、未来への偉大な可能性を秘めています。

そうした面も、日本は貴国から学びつつ、協力し合って進まねばなりません。

師のように深い愛情を学生に！

池田　さて、ムカジー博士は、ラビンドラ・バラティ大学の副総長を務《つと》め、「女性の世紀」の大道を切り開いてこられました。

ムカジー博士を育《はぐく》まれた師匠《ししょう》は、どのような方だったのでしょうか。

ムカジー　大学までの学生時代を通じて、私自身もタゴールが言うような「グル」（恩師）と呼ぶにふさわしい何人かの教育者に恵まれました。

私が、カルカッタ（現・コルカタ）で名門の四年制の公立大学（ブラボーン女子大学）の学生であった時のことです。学長は、後に、西ベンガル州で女性初の副総長になったラーマ・チョウドリ教授でした。

ある日、一人の横暴《おうぼう》な教師から屈辱的《くつじょくてき》な扱《あつか》いを受けた私は、もうその授業は受けまいと衝《しょう》動《どう》的に決め、その意思を手紙にしたためてチョウドリ学長宛《あ》てに送りました。この授業は選択科目《かもく》だったので、履修《りしゅう》しなくてもよかったのです。

ところが大変に驚《おどろ》いたことに、手紙を送った翌朝、学長室へ呼ばれました。チョウドリ学長は、私の決断をいたく心配され、これは、最終試験の成績を下げ、将来に影響《えいきょう》を与えかねない行為《こうい》であり、考え直すようにと繰《く》り返《かえ》し説得してくださいました。

私は、何百人もいる学生の一人にすぎません。大学の学長にとって、一学生が一選択科目を放棄《ほうき》することは、切迫《せっぱく》した重大事ではないはずです。この時私は、有名大学の最高責任者が、平凡《へいぼん》で未熟《みじゅく》な一学生をそこまで心配され、悩んでくださる姿に圧倒《あっとう》され、深く感動したのです。

慈愛《じあい》と思いやりに満《み》ちた、あの時のチョウドリ学長のお顔を今でも覚《おぼ》えています。我が娘《むすめ》の将来を案じる母親のようでした。その時、私は決意しました。いつか自分も教育者になって、チョウドリ学長のように深い愛情を学生たちに注《そそ》ごう、と。

池田　感動しました。一人の学生の心情に深く寄《よ》り添《そ》い、慈愛を注がれたチョウドリ学長――ここに真の教育者の姿があります。師匠と弟子の関係は、教室の中だけで築《きず》かれるものではありません。

まだ戦後まもない頃、私は戸田会長の会社で働いていました。しかし、経済状況が悪化し、先生の事業も行《ゆ》き詰《づ》まるなか、その打開に奔走《ほんそう》し、夜学を断念《だんねん》せざるを得なくなったことがありました。

先生は「私が全部、教えてやるからな」と、最初は毎週日曜、後には毎朝のように、万般《ばんぱん》の学問を一対一で個人教授してくださいました。

恩師はよく言われていました。

「仏法を持《たも》っているからといって、独善《どくぜん》的になってはならない。あらゆる学問、あらゆる文学、あらゆる一流の思想家《しそうか》たちの持論・論調を、勉強することが、とくに大事である」。そして、それが、より仏法を理解する上で不可欠《ふかけつ》である、と。

恩師は、この師弟の鍛錬《たんれん》の場を、「いうなれば、戸田大学だよ」と、深く意義づけてくださった。ある日の朝は、私が寝坊《ねぼう》して、先生が待ってくださっていたこともあります。それはそれは、厳《きび》しい薫陶《くんとう》の毎日でしたが、今日《こんにち》の私があるのは、すべて先生のおかげです。

また、戸田先生は、しばしば、私たち青年を景勝《けいしょう》の地などに連れて行かれ、浩然《こうぜん》の気を養《やしな》いつつ、野外研修をしてくださいました。そうした折、恩師は、遠くアジアの平和と安定を願う真情《しんじょう》と、インドの未来に寄せる大いなる期待を語っておりました。

ムカジー　池田会長が今、述《の》べてくださったように、青年の人格《じんかく》形成に心を砕《くだ》いた戸田会長は、まさにタゴールが描《えが》いた良き師の姿そのものであると思います。その意味で、教育への賢明《けんめい》な視野と深い使命を持ち、池田会長のような優《すぐ》れた弟子を育《はぐく》まれた師匠《ししょう》である戸田会長に、心からの讃辞《さんじ》を贈ります。

池田会長ご自身と戸田会長の師弟関係は、タゴールが理想とした教育のあり方に、とりわけタゴールが願った教師と学生との関係に、極《きわ》めて類似《るいじ》していると思います。

池田　恐縮《きょうしゅく》です。今、振り返っても、恩師への感謝の念は尽きません。

タゴールは、「わたしの意見としては、われわれは古代インドの教育の原理に従《したが》うべきだ。すなわち、学生と教師は共に、しかも自然な環境の中で暮らす。そして学生は純潔《ブラフマチャリヤ》な生活を実行することによって自《みずか》らの教育を完成する。これらの原理は、人間性の永遠の真理に基づいているので、われわれの境遇《きょうぐう》が時代とともにどんなに変化しても、その意義を少しも失《うしな》うことがない」(4)と語っています。

現代社会では、こうした教育環境を望むのは困難《こんなん》な場合もあるでしょうが、それでも私は、タゴールの教育思想《しそう》に大きな共感を覚《おぼ》えます。

本年（二〇一一年）、創立十周年を迎《むか》えたアメリカ創価大学も、カリフォルニア州オレンジ郡の温暖で豊かな自然の中にキャンパスがあります。全寮制《ぜんりょうせい》で、学生たちは寝食《しんしょく》を共にして学問研鑽《けんさん》に励《はげ》み、友情を深め合っています。また、学生と教員の「対話」を重視した教育を行《おこな》ってきました。

対話は、人間を人間たらしめるものです。対話は、教える側《がわ》も、学ぶ側も、互いの足元を照らし、ともどもに未来へ歩《あゆ》むべき道を見いだすための灯台です。

ムカジー　アメリカ創価大学では、カリフォルニアの美しい自然環境の中で、教師と学生とが生活を共にしながら知識の探求に励んでいることを、私はたいへんに嬉《うれ》しく思います。その教育モデルは、タゴールが一世紀ほど前に唱えたものと驚《おどろ》くほど似ています。

二〇〇四年に日本を訪問した折、私は光栄にも創価大学と創価学園を訪問する機会に恵まれました。緑豊かな美しい自然に囲まれたキャンパス、深い思索《しさく》を育《はぐく》む学舎《がくしゃ》とキャンパスの佇《たたず》まい、礼儀正しいなかにも、生き生きと笑《え》みを絶《た》やさぬ学生の皆さん――私はすべてに深い感銘《かんめい》を受けました。

タゴールの詩を朗読してくれた生徒たちの目に涙《なみだ》が浮かんでいる様子《ようす》からは、彼らがタゴールの思想《しそう》を自身のものとして理解していることが、はっきりとわかりました。それもすべて、創立者である池田会長の教育理念の確かさを物語るものです。その教育理念の力《ちから》が、学生たちの心を躍動《やくどう》させていると私は実感しました。

池田　ムカジー博士は、東京の創価学園では、学園生の質問にも丁寧《ていねい》に答えてくださいました。当時の学園生も、大きく成長しております。今でもムカジー博士の言葉を深く胸に刻《きざ》んでいるとの声も届いております。

そこで、この機会にあらためて東西の創価学園生に、博士からメッセージを寄せていただけないでしょうか。創立者として、ぜひお願いいたします。

ムカジー　規律を重んじ、明るくて礼儀正しい創価学園の生徒の皆さんが、今も私を覚《おぼ》えていてくださるとお聞きして、嬉《うれ》しい気持ちでいっぱいです。

あの時、創価学園生たちは、心和《なご》む演奏や暗唱で私を喜ばせてくれました。

創価学園を訪問するムカジー博士（2004年2月、東京）　©Seikyo Shimbun

　やがて満開の花を咲《さ》かせるみずみずしい新《しん》芽《め》ともいうべき、あのかわいい生徒たちのことを、私は決して忘れないでしょう。

　尊敬《そんけい》する池田会長、すでに歴史に名を残されたあなたのような方が、あの生徒たちを導《みちび》き、支えておられるのに、私としては、どんなメッセージを贈ったらよいのでしょう。

　ですが、是非《ぜひ》にとおっしゃってくださるのであれば、次の言葉を贈らせていただきたいと思います。

「目覚《めざ》めなさい。立ち上がりなさい。

　目標に到達《とうたつ》するまで立ち止まってはなりません。

　どんな人をも愛しなさい。他の人々のよさを認《みと》めなさい。正直《しょうじき》でありなさい。年上の人や先生方を尊敬《そんけい》しなさい。勇敢《ゆうかん》でありなさい。

どんな困難《こんなん》に直面しても決然と立ち向かいなさい。逆境に出あおうとも、恐《おそ》れてはなりません。

どんなに小さなものにも、生命あるものにも生命なきものにも、優しく接してください。あなたのなかに全世界があることを感じ、世界のなかにあなた自身がいることを知ってください。行く手に待ち受ける争《あらそ》いや矛盾《むじゅん》を、はねのけて進んでください。平和こそがあなたの最終の目標です。どうかタゴールのような、理想の世界市民になってください」

心豊かな対話で「世界市民」育む教育を!

池田 温《あたた》かい励《はげ》ましのお言葉に感謝いたします。かつて、バングラデシュ出身で国連事務次長を務《つと》められたアンワルル・チョウドリ博士*から、タゴールはアメリカ創価大学の近郊《きんこう》のサンタ・バーバラを訪《おとず》れたことがあると伺《うかが》い、不思議なご縁《えん》を感じたことがあります。

チョウドリ博士は、「タゴールはインドと世界を結びつけることを目指していました(5)」とも語られていました。

独創的《どくそうてき》な地理学者であった牧口初代会長も、「世界のなかの自分」「人類の一体性」という視点を強調していました。

二十世紀の初頭、日本が偏狭《へんきょう》な国家主義に傾《かたむ》きゆく時代にあって、牧口会長は、日本を、〝太平洋通り〟に軒《のき》を並べる一国として位置づけ、「太平洋通り〇〇丁目」といった表現をしています。すなわち、太平洋沿岸の遠い諸国も、〝海で結ばれた隣国《りんごく》〟として、壮大《そうだい》な人類友好の未来を展望していたのです。

私たち東洋の諸民族《しょみんぞく》の哲学《てつがく》の精髄《せいずい》は、生命の尊厳性《そんげんせい》を教え、人間と人間、民族と民族が共生《きょうせい》していくべきことを促《うなが》しています。また人間も自然の一部であるとして、人間と自然が共生していく道を指し示しています。

釈尊《しゃくそん》は自己自身を探究し、生命の真実を究《きわ》めていくなかで、自身と宇宙《うちゅう》の森羅万象《しんらばんしょう》を貫《つらぬ》く「法」（ダルマ）を悟《さと》りました。そして、すべての事象は「縁《よ》りて起こる」、すなわち、何らかの縁によって生起し、何一つ孤立して存在するものはないと認識する「縁起《えんぎ》」の理法を説き明かしました。それは、万物は互いに支え合っているという相資相依性《そうしそういせい》を示したともいえます。私たち自身の生命は、いわば内なる「小宇宙」であり、外なる「大宇宙」と関連していると捉《とら》えていくのです。人間と自然、宇宙も深い次元《じげん》で不二《ふに》なのです。今日《こんにち》的な意味での共生・共存《きょうぞん》の思想《しそう》の基盤《きばん》も、ここに見いだすことができます。

ムカジー　「真の世界市民」とは、自分を特定の国家の一市民と見なすのではなく、世界全体を自分の国として受け止める人のことです。世界の人々がすべて、自分の家族のような存在となります。ですから、決して排他主義者《はいたしゅぎしゃ》でなく、偏狭《へんきょう》な民族優越《みんぞくゆうえつ》主義者でもありません。タゴールは、インド人として生まれましたが、視野と使命においては「世界市民」でした。

タゴールは、すべての現象世界は「普遍的《ふへんてき》な法」の顕《あらわ》れであり、この世界の森羅万象《しんらばんしょう》は、一つの根源的エネルギーから生じていると考えていました。この真理を覚知《かくち》して初めて、生と死を繰《く》り返《かえ》しながら永続していくプロセスが理解できるのです。

先に述《の》べたような「一体性」を探求し続けることを可能にするのは、理想的な教育と腐敗《ふはい》な き文化であるとタゴールは考えていました。タゴールが理想とした教育は、「完成された人間」を目指して人間をつくることでした。それは学ぶ者の側《がわ》に、万物が人間と同じであるとの捉《とら》え方を育《はぐく》みながら、「人類の一体性」に目覚《めざ》めさせていく教育です。

教師と学生の信頼関係、互いへの敬意、創造的な対話、純潔《じゅんけつ》と静穏《せいおん》、大自然との親近性、奥底《おうてい》の精神性――これらはいずれもコスモロジカル・ヒューマニズム（宇宙大《うちゅうだい》の人間主義）の意識《いしき》をもたらし、学生の心に、一体性の精神の火を灯《とも》すのです。タゴールは、これこそが偏狭なナショナリズムの境界を越え、「世界主義」の方向へと向かうための唯一の方途《ほうと》であると考えました。この教育手法によって、あらゆる分断《ぶんだん》が取り払われ、人々の間《あいだ》に「人類は一体」との精神が芽生《めば》え、その時、インド古来《こらい》の格言《かくげん》「一体となることは平和、一体となることこそ善なるゆえに」を実現しようとする欲求がすべての人の心に根付くと、タゴールは信じていたのです。

池田　ムカジー博士の慧眼《けいがん》に心から賛同します。

＊大乗《だいじょう》仏教の精髄《せいずい》である法華経《ほけきょう》では、すべての人々の生命に最極《さいごく》の尊厳性《そんげんせい》――「仏性《ぶっしょう》」を見いだし、本質的な生命の平等観《びょうどうかん》を示しています。

当時のインドのなかで、釈尊《しゃくそん》が革命的な人間観を説いたことを、タゴールも高く評価していたことは有名です。

自他共《じたとも》の尊厳、万物の生命の連関《れんかん》に目覚めさせゆく釈尊の対話は、千差万別《せんさばんべつ》の相手の人間性や境遇《きょうぐう》に合わせて縦横無尽《じゅうおうむじん》に展開されました。法華経の譬喩品《ひゆほん》に「種種《しゅじゅ》の縁《えん》　譬喩を以《もっ》て巧《たく》みに言説《げんせつ》したまう」と説かれる通りの、まさに人間教育の究極の芸術でもありました。

そうした釈尊の教団の人々は「四方《しほう》の人」と呼ばれ、東西南北の隔《へだ》てなく人々を受け入れ、人間主義の対話を広げていったことはご存じの通りです。

そして釈尊は「四方の人」であったとともに、「雪山の人」「ヒマラヤの人」でもあり、我が故郷をこよなく愛する人でもありました。現実の地域や社会という「大地」に立ちつつ、確固《かっこ》たる人類的視野を広げていったのです。

　こうした深き人間観に立った対話のあり方は、教育においても、大いなる示唆《しさ》を与えると考えます。

ムカジー　学生と教師が忌憚《きたん》なく行《おこな》う自由な対話は、互いの心を豊かにし、視野を広げていきます。この対話によって、私たちは互いに共有する人間性を回復し、新たなる活力を得ることができます。さらには、私たちの秘めた力《ちから》、知恵、連帯《れんたい》といった能力を覚醒《かくせい》することによって、良い行いをするという生来《せいらい》の力を発揮することができるのです。

　タゴールが描《えが》いた壮大《そうだい》なビジョン。それは、インドが世界人類の聖地として、何世紀にもわたって幾重《いくえ》にも根深く広がってしまった人間家族を分断《ぶんだん》する差異《さい》を埋《う》め、融和《ゆうわ》を進める重要な役割を担《にな》うことでした。タゴールは歌いました。

「ここには　アーリヤ人　ここには　非アーリヤ人
　ここでは　ドラヴィダ人　中国人――
サカ族　フン族の群　パターン人に蒙古《もうこ》人が、
　一つの体に　融《と》け合った

国立インディラ・ガンジー芸術センターで開催された「世界の子どもたちのための平和の文化の建設」展（2006年4月、インド・ニューデリー）　©Seikyo Shimbun

今　西方の門が開いた
　そこから　すべてのものは　贈り物を
もたらす
　与え　また受け
　　出あい　交《まじ》りあい、帰っていかない
――」(6)

真の世界市民を育《はぐく》むための教育は、タゴールが理想とする教育の精神に添《そ》うことであると私は思います。その教育のカリキュラムにおいては、何よりも「世界共同体《きょうどうたい》」の一員として生きることを教えるべきです。それによって学生たちは「人類は一体」との精神を身につけ、世界平和の使者に育ちゆくことができると思います。

池田　タゴールは「私は人類の諸問題《しょもんだい》の根本《こんぽん》

解決は教育にあると確信する」(7)と結論しました。

「人類は一体」との自覚《じかく》を培《つちか》い、「世界市民」を育成する教育が、今日《こんにち》ほど求められている時はありません。

具体的には、「人権」「平和」「環境」「開発」といったテーマについて理解を深め、意識《いしき》を高めていく必要があります。そうした観点《かんてん》から、私は「国連世界市民教育の10年」の実施《じっし》を提唱（一九八七年）したこともあります。

また、私どもSGIは、国連を支援《しえん》するNGO（非政府機関）ですが、さまざまな団体と連《れん》携《けい》しながら、一九九五年にスタートした「人権教育のための国連10年」の啓蒙《けいもう》を推進し、さらに二〇〇〇年の「平和の文化のための国際年」、二〇〇一年から始まった「世界の子どもたちのための平和の文化と非暴力《ひぼうりょく》のための国際の10年」の活動を支援してきました。

環境問題については、他のNGOと協力して「持続可能な開発のための教育の10年」の制定を呼びかけました。国連総会で正式に採択《さいたく》され、二〇〇五年に開始されてからは、世界各地で展示やセミナーを開催《かいさい》し、環境教育運動を広げてきました。これらは、さらなる「世界市民」の自覚と行動を促《うなが》すものです。

インドでも、二〇〇六年四月、首都ニューデリーで「世界の子どもたちのための平和の文化の建設」展、二〇一〇年十月、グジャラート州・アーメダバードでの環境展示「希望の種子——持続可能性のビジョンと変革へのステップ」等を開催し、多くの反響《はんきょう》が寄せられました。

ムカジー　古代インドを統合したマウリヤ朝*のアショーカ王*は、互いに尊敬《そんけい》し合い、励《はげ》まし合うことを常に強調していました。教育とは、人類全体への愛情を育《はぐく》み、知恵《ちえ》の人生を送ることを促すべきものです。教育は、人格《じんかく》を育み、創造性を活発にし、愛と平和の心を強くするための知的な基盤《きばん》を与えるべきものです。それによって学生たちは、世界的視野に立った人間主義と、社会全体の向上を目指して、主体的に貢献《こうけん》する人へと成長していきます。

結論として、理想的な教育制度とは、タゴールが提唱したような精神的教育のモデルと、世界中の多様《たよう》な文化を創造的に融合《ゆうごう》したものといえるでしょう。こうした教育によって、世界の子どもたちは、「真の世界市民」の役割を担《にな》っていくことができます。

第二章

「女性が輝く世紀」の実現へ

1

母こそ人類愛と平和の原点

歴史を刻む「タゴールの家」

池田　今回は、「タゴール家」のルーツと歴史について光を当てていきたいと思います。
　育った環境や精神風土《ふうど》を知ることは、人物とその哲学《てつがく》を深く知る上で、大きな参考になります。読者も、その時代のインドに行ったような気持ちで読めるでしょうから（笑い）。

ムカジー　本当にその通りです。私たちの人間性や性格、哲学は、生まれた土地の文化的、精神的風土から強い影響《えいきょう》を受けています。タゴールも例外ではありません。ここでタゴールの家系と文化的環境について、概要《がいよう》を述《の》べたいと思います。タゴールを敬愛《けいあい》する皆さまにとっても興味深《きょうみぶか》いものでしょう。
　タゴール家の歴史は、ジェイラムという人物から始まります。

ジェイラムの父親は、現在のバングラデシュに位置するジョショールからカルカッタへ移住し、フォートウィリアム（ウィリアム要塞《ようさい》）近くのゴビンドプルに定住しました。

「タゴール」という姓を名乗った最初の人物が、このジェイラムでした。実際には、ベンガル語で「タクル」と発音したのですが、英国風に「タゴール」と表記するようになったのです。

さらに、東インド会社*がウィリアム要塞の建設のために土地を接収《せっしゅう》した折、ジェイラムの一族は北カルカッタのパトゥリアガタに移住し、新居を構えました。

ジェイラムの次男ニルモニは、カタック市の裁判所《さいばんしょ》事務長を務《つと》めた人物で、引退後の一七八四年頃にパトゥリアガタへ戻り、ジョラサンコに新居を建てました。そのレンガ造りの家は、現存《げんそん》しています。

ニルモニの孫《まご》ダルカナトは、アラビア語、ペルシャ語、英語に堪能《たんのう》だった上、東インド会社の上級役員たちと親交があり、ビクトリア女王*にも謁見《えっけん》した人物です。

ダルカナトは成功して大いに財を成し、カー・タゴール商会やユニオン銀行を設立、所有しました。その裕福さゆえに、「プリンス・ダルカナト」とまで呼ばれましたが、残念ながら、一八四〇年代後期に倒産《とうさん》の憂《う》き目《め》に遭《あ》い、家財を没収《ぼっしゅう》されました。

ダルカナトの長男デベンドロナトが家長《かちょう》になると、道徳的責任感を発揮し、自《みずか》ら進んで所有地から得られる収入を一家の負債《ふさい》の返済に充《あ》てました。そして、ここで見せた高潔《こうけつ》な人柄によって、この地方における精神的リーダーの一人となり、「マハーリシ」（大聖《たいせい》）と呼ばれるようになりました。

ラビンドラナート・タゴールは、デベンドロナトの下から二番目の息子《むすこ》として、一八六一年五月七日、ジョラサンコの「タゴールの家」で生まれました。

タゴールは成人すると、父親の持つ深い精神性や道徳観、自然への愛情、心の広さを受《う》け継《つ》いでいったのです。

池田　この「タゴールの家」が、往時《おうじ》のまま今日《こんにち》まで貴ラビンドラ・バラティ大学に保存されています。長い歳月《さいげつ》のなかで、一家のあらゆる出来事《できごと》を見つめてきた、ゆかりの建物ですね。

ムカジー　この家では、タゴールにまつわる印象《いんしょう》深《ぶか》い出来事がたくさん起こりました。多少、今までの話と重《かさ》なる部分もあると思いますが、幾《いく》つかを挙《あ》げてみましょう。

◆一八八三年十二月九日、タゴールが妻ムリナリニ・デビと結婚。

◆一八八四年四月十九日、タゴールの兄ジョティリンドロナトの妻カドンボリ・デビが自死《じし》。カドンボリ・デビは、タゴールが一族のうちでも最《もっと》も慕《した》い、啓発《けいはつ》を受けた義姉《ぎし》。

◆一九〇二年、日本の著名《ちょめい》な芸術家であり汎《はん》アジア主義者の*岡倉天心《おかくらてんしん》が、タゴール家の人々に会うため、ジョラサンコを訪問。

◆同年十一月二十三日、タゴールの妻ムリナリニ・デビが、三カ月の闘病《とうびょう》の末、病死。詩人タゴールは亡《な》き妻を悼《いた》み、詩集『スマラン』（追悼《ついとう》）を詠《よ》んだ。

◆一九〇五年、インド総督《そうとく》によるベンガル分割令に対し、タゴールは祝祭日《しゅくさいじつ》「ラクシャー・バンダン」に、抗議《こうぎ》運動を組織、主導して強硬《きょうこう》に反対。この家がその拠点となった。

学生など数千人を率《ひき》いて、「タゴールの家」を出発し、愛国的な歌を歌い、宗教や*カーストに関《かか》わりなくすべての人々にラーキー（紐《ひも》）を連帯《れんたい》の印として結びながら、マハジャティ・サダンまで裸足《はだし》で行進した。

◆一九一一年、イギリスの肖像画家《しょうぞうがか》ウィリアム・*ローゼンシュタイン、ドイツの哲学者《てつがくしゃ》ヘルマン・*カイザーリング伯《はく》と会見。

◆一九一七年、タゴールの甥《おい》のゴゴネンドロナトとオボニンドロナトが、ジョラサンコのこの家に「ヴィチトラ芸術工芸学校」を設立。

◆同年、この家のヴィチトラホールでタゴール自身が出演した自作の演劇『ダク・ゴル』（郵便局）をマハトマ・ガンジーが鑑賞《かんしょう》。

ガンジーは演劇に感動し、目に涙《なみだ》を浮かべていたといわれる。聴衆《ちょうしゅう》のなかには、バール・ガンガーダル・*ティラク、マダン・モーハン・*マーラヴィーヤ、アニー・*ベサントをはじめとする多くの著名人《ちょめいじん》がおり、当時のほとんどすべての国家指導者が、「タゴールの家」を訪《おとず》れ、国家が抱《かか》える課題を論じた。

◆一九一九年五月、*ジャリヤーンワーラー・バーグの虐殺《ぎゃくさつ》事件に抗議して、「ナイト」の称号を返上する歴史的な手紙を当時の総督*チェルムスフォードに宛《あ》てて執筆。

◆一九四一年七月二十五日、病身のタゴールは、シャンティニケタンから運ばれ、七月三十日に最後の詩を創作。同日中に手術が施《ほどこ》されたが、八月七日、この家で逝去《せいきょ》。

こうしてタゴールという光は消えたのです。

池田　ざっと挙《あ》げていただいただけでも、深い深い歴史が刻《きざ》まれていることがわかります。

ムカジー博士がお生まれになったのは、タゴールの逝去から半年後ぐらいで、いよいよ独立《どくりつ》の機運《きうん》が高まっていった時ですね。当時のカルカッタはどういう街《まち》だったのでしょうか。私もかつて訪れた時に見た古い街並《まちな》みなど、懐《なつ》かしく思い出します。

ムカジー博士の幼少時代――インド独立運動の高まり

ムカジー　私は一九四二年二月、北カルカッタにあった母方の伯父《おじ》の家で生まれました。この家は、ジョラサンコにあるタゴールの生家《せいか》のすぐ近くにありました。生後数カ月が経《た》つと、母は私を連れて南カルカッタのバワニプルにあった、先祖代々の家に移り住みました。

当時のカルカッタは、今のような大都会ではありませんでした。空は青く澄《す》み渡り、気候も穏《おだ》やかで、悠久《ゆうきゅう》の大河《たいが》ガンジスが滔々《とうとう》と流れていました。

成長するにつれ、父から聞いたり、本を読んだりして、当時のカルカッタでの政治状況がいかに不穏《ふおん》で騒然《そうぜん》としていたかを知るようになりました。

池田　博士が生まれた年の七月、インド国民会議派*が英軍撤退《てったい》と完全独立《どくりつ》を求め、ガンジーの非暴力《ひぼうりょく》運動を開始する決議をしていますね。そして、八月八日には「クイット・インディア」（インドを出ていけ）の決議がなされ、独立への波動がインド中に巻き起こされていきます。

ガンジーは呼びかけました。

「私は、ただちに自由を要求する。……少しもかけることのない完全なる自由を。……行動か死か」[1]と。

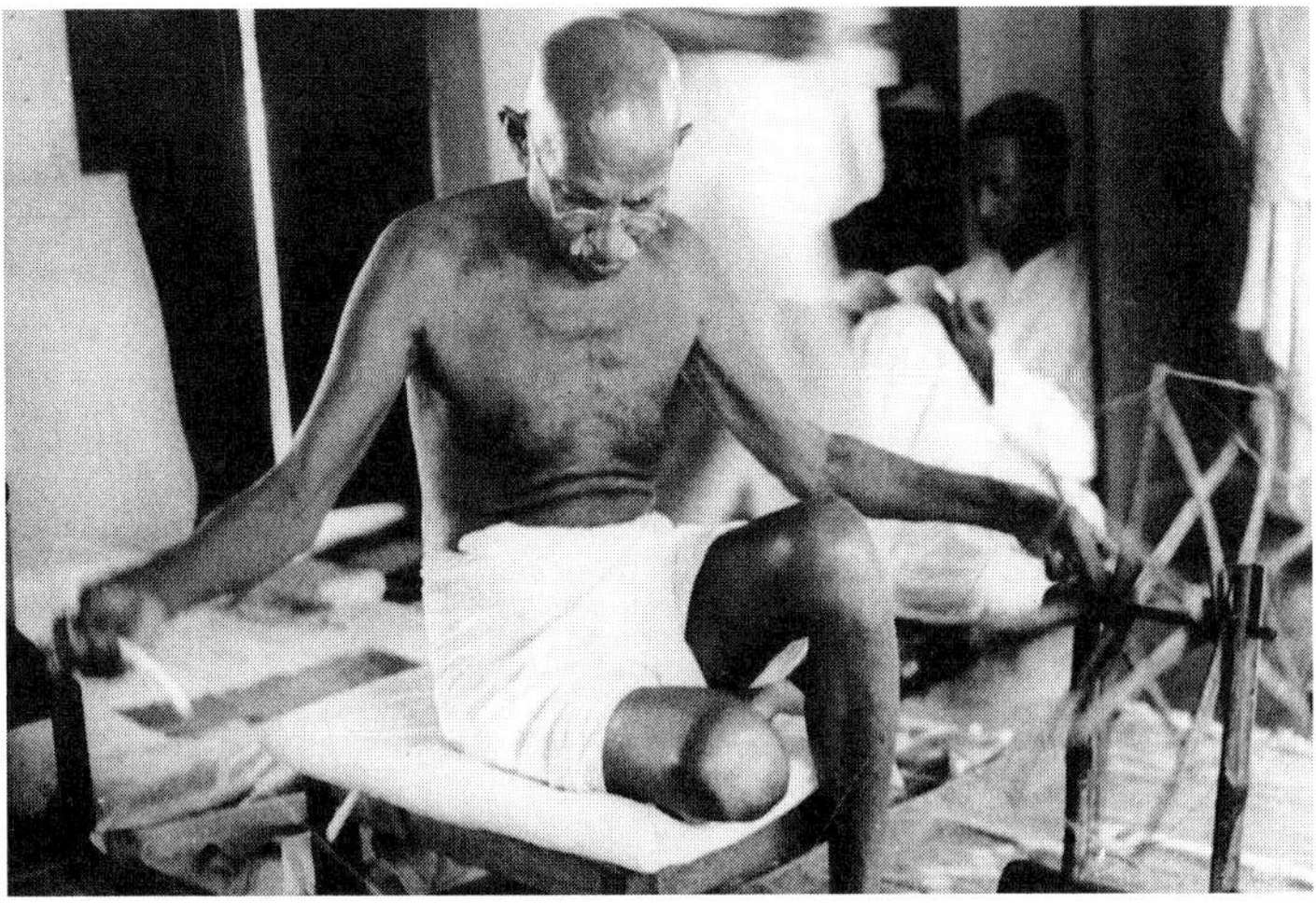

非暴力・不服従運動の象徴であるチャルカ（糸車）を回し、糸を紡ぐガンジー
©SIPA/amanaimages

この「行動か死か」というガンジーの言葉が、運動のスローガンになったのは有名です。

しかし翌朝《よくちょう》には、ガンジーも、ネルーも、主要なリーダーは一斉《いっせい》に逮捕《たいほ》されてしまった。その後は、指導者なき大衆運動が自然発生的に各地に広がっていきました。

ムカジー　私が生まれた頃のインドでは、独立への運動が最高潮《さいこうちょう》に達していました。デモ行進が毎日のように行《おこな》われ、群衆が旗《はた》や横断《おうだん》幕《まく》を持って、スローガンを叫《さけ》んでいました。「クイット・インディア」運動が最盛期《さいせいき》を迎《むか》え、ガンジーや、その他の政治犯の釈放《しゃくほう》を求める声が高まりを見せていました。一九四二年のこの運動は、今日《こんにち》でも、インドで初めて成功を収めた民衆運動と考えられています。

池田　インド政庁《せいちょう》がガンジーらを釈放《しゃくほう》したのは、逮捕《たいほ》から二十二カ月後の一九四四年五月六日でした。

ガンジーの願いは、アヒンサー（非暴力《ひぼうりょく》）の理念を掲《かか》げて、インドの独立《どくりつ》を平和裡《へいわり》に勝ち取ることでした。それは即、民衆の心に「勇気」を吹き込み、精神の自由と独立を勝ち取る戦いであった。また、世界の同じような苦しみを持った民衆を植民地《しょくみんち》主義の鉄鎖《てっさ》から解放し、自由の地平を開きゆく壮大《そうだい》なものでした。このガンジーの思想《しそう》の核心《かくしん》には、非暴力を貫《つらぬ》く人間の心が持つ力《ちから》は、政治的・軍事的力などよりはるかに永続的で強いという信念《しんねん》があります。

それは、非暴力が「真理」（サティヤ）と一体だからです。

「サティヤグラハ」（真理の把持《はじ》）に基づく非暴力運動によってこそ、民衆は「精神の自由」を勝ち取ることができる。「真理」が永遠であるように、「非暴力」にも永遠の力と歓喜《かんき》が具《そな》わると、ガンジーは考えたのです。

ここに、歴史上のさまざまな独立運動とは異《こと》なるガンジーの慧眼《けいがん》があり、運動の卓越性《たくえつせい》があったといえます。

このガンジーの非暴力の思想は、仏法を基調《きちょう》とした私どもＳＧＩの平和運動の根本《こんぽん》精神に通じ、大いなる示唆《しさ》を与えます。

釈尊《しゃくそん》から始まった仏教の思想と運動は、万人に尊極《そんごく》の生命——仏性《ぶっしょう》が具わっていることが明かされ、永遠なる真理（ダルマ）を体得し、慈悲《じひ》と智慧《ちえ》を顕現《けんげん》することが目的とされていきました。それは、大乗《だいじょう》仏教において、非暴力の菩薩行《ぼさつぎょう》として展開されていったのです。

例えば、法華経《ほけきょう》に説かれる「不軽菩薩《ふきょうぼさつ》」は、一切衆生《いっさいしゅじょう》に仏性があるとして、それが信じられない人々から杖木瓦石《じょうもくがしゃく》で襲《おそ》われる迫害《はくがい》を加えられても、礼拝行《らいはいぎょう》を止《や》めませんでした。自分から歩《あゆ》み寄って、一人一人の生命に冥伏《みょうぶく》する仏性を礼拝し、自他共《じたとも》の生命の尊厳《そんげん》に目覚《めざ》めさせようと語りかけていったのです。

非暴力の菩薩行の実践《じっせん》とは、対話です。釈尊は、対話によって人々を教導《きょうどう》しました。

東洋哲学《てつがく》に注目したドイツの哲学者ヤスパース*は、釈尊について、こう語っています。

「仏陀《ぶっだ》はひとりひとりに語り、小さなグループで語った」

「一切の者にむかうとは、ひとりひとりの人にむかうことにほかならない」(2)

こうした仏教の対話は、国王から市井《しせい》の庶民《しょみん》にまで等《ひと》しく繰《く》り広《ひろ》げられた、一人一人への「善の精神のエンパワーメント*」であったといえましょう。

貴国《きこく》には、そうした深い「非暴力」と「対話」の精神が大河の如《ごと》く流れ通《かよ》っています。

ガンジーも友人への手紙のなかで、「私はブッダの教えを知るようになり、非暴力の無限の可能性へと目を開かれました(3)」と綴《つづ》っています。

話を戻しますが、博士の幼少時のことで、ほかに記《き》憶《おく》に残っていることはありますか。

教育こそ社会発展の柱

ムカジー　もちろん、複雑な政治的事情やガンジーの哲《てつ》学《がく》を理解するには当時の私は幼《おさな》すぎましたが、今でも覚《おぼ》えているのは、労働者たちが皮袋《かわぶくろ》で水を運び、毎日道路を洗っていた光景です。ちょうど、その時間帯に始発の路面電車の警笛《けいてき》もよく聞こえました。そして次第《しだい》に、路上には行商人《ぎょうしょうにん》が現れ、さまざまな商品を声を上げながら売っていました。夕方になると、男の人が飾《かざ》りのついた粘土製《ねんどせい》の容器いっぱいにつめた「クルフィー」というインドの伝統的なアイスクリームを売り歩く姿も見られました。父が部屋《へや》で忙《いそが》しく仕事をしている時は、クルフィーが大好きな母のために、しばしば私が行商人を呼び止めにいったものでした。

鮮明《せんめい》に思い出されるのは、独立《どくりつ》したその日（一九四七年八月十五日）のことです。街中《まちじゅう》の建物がロウソクで飾られ、家々の屋上《おくじょう》に三色の国旗がたなびき、街角には国家指導者や殉教者《じゅんきょうしゃ》の写真が花冠《かかん》で彩《いろど》られ、掲《かか》げられていたのを見て、私は興奮《こうふん》していました。

タゴールが「アカシバニ」（天からの知らせ）と名づけたラジオ放送からは、ネルーの真夜中の演説と国歌が流れ、街中に喜びが溢《あふ》れていました。

池田　歴史的な演説ですね。

実《じつ》は、この年の八月十五日は、私が初めて恩師の戸田第二代会長と出会った翌日でした。日本も戦後二年目で混乱期でした。貴国《きこく》の独立は当時、日本でも大きく報道されました。

インドの人々が待ちに待った独立という「歴史的瞬間《しゅんかん》」を前に、初代首相ネルーは高らかに宣言しました。

「世界が眠っている真夜中の時計が鳴る（十五日零時《れい》）とともに、インドははじめて目がさめ、自由になるのである」「この厳粛《げんしゅく》な瞬間に、わたしたちはインドおよびインド国民、さらに偉大な人類への奉仕《ほうし》のため献身《けんしん》することを誓《ちか》いたい（4）」

インドは悠久《ゆうきゅう》の精神文明を持った国です。長い長い苦難《くなん》の時代を経《へ》て、この思いは誰《だれ》もが共有するものであったのでしょう。ネルーとガンジーは、かなり違ったタイプの人物ですが、立場や思想《しそう》の違いを超えて、祖国の独立と民衆の幸福実現への烈々《れつれつ》たる覚悟《かくご》と決心は、深く一致《いっち》していた。

ムカジー　まさにおっしゃる通りです。タゴールはインドとインド国民を深く愛していました。

それはタゴールも同じであったに違いありません。

故国への思いを綴《つづ》ったタゴールの一連の叙情詩《じょじょうし》はすべて、詩人がいかに母国を愛し、人々があらゆる不正と屈辱《くつじょく》から解放され、幸せになることを熱望していたかを示しています。であるからこそ、彼の詩は、*インドとバングラデシュの国歌となったのでしょう。

タゴールはインドの子どもたちの教育を大変に気にかけていました。国の基盤《きばん》を構築《こうちく》する上で教育が重要な役割を果たすことを確信していたからです。

先に紹介しましたように、あの植民統治下《しょくみんとうちか》での教育制度は基本的に、イギリスの制度を踏襲《とうしゅう》したものでした。イギリスは、植民地における権益《けんえき》を守るために、インドの教育制度を、英語や英文学を重視するものへと形作りました。英語や英文学の知識を十分に身につければ、インド人でもより容易《ようい》にホワイトカラーの仕事を得ることができ、貴族的な教養階級の仲間入りを果たすことができたのです。

タゴール家は英国式の教育を熱心に採《と》り入れました。そうした家庭に育ったタゴールも、子ども時代には、英語と英文学に対して強い崇敬《すうけい》の念を持っていました。

しかし成長するにつれて、タゴールの考え方は一変します。インド大衆の悲惨《ひさん》な貧困《ひんこん》の根本《こんぽん》原因が英国によって確立された教育制度にあることを知ったのです。また、イギリス人が植民地支配によって、巨大《きょだい》な帝国《ていこく》を築《きず》き上げることができたのは、ひとえに彼らが機械の操作を熟《じゅく》知《ち》していたからだということに気づき、タゴールは衝撃《しょうげき》を受けました。あたかも機械が主人であり、機械の知識こそが市場参入の鍵《かぎ》を握《にぎ》っていたかのように見えたのです。

イギリス人は、インド人学生の教育課程《かてい》に技術や科学を導入《どうにゅう》すれば、短期間のうちに、インド人が英国の支配に対抗《たいこう》できるようになってしまうことに気づいていたのです。

このためイギリス人は、この巨大な植民地が科学的、技術的に無知《むち》であり続けるよう、細心の注意を払っていました。それが彼ら帝国主義者たちの任務だったのです。科学技術の知識の欠落《けつらく》が、インドの民衆に底知れない極貧《ごくひん》を強《し》いていたのです。

池田　教育によって社会を立て直そうとしたタゴールの悲痛な思いが伝わってくる気がします。教育こそ、社会発展の柱です。要《かなめ》です。

「無知は束縛《そくばく》であり、知識は救いである」

「悪を追い払う武器とは、すなわち、知識であり、理性であり、知性である」(5)

これが、タゴールの叫《さけ》びでした。

ところで、ムカジー博士のご一家は大家族だったそうですが、博士の幼少期には、ベンガル大飢饉《だいききん》（一九四三年）が起こりました。その当時のことで記憶《きおく》されていることはありますか。

人格形成期に父母から学んだこと

ムカジー　我が家《や》は、二世代以上の親族が同居する「拡大家族」でした。食事ともなると、三十人近くの家族が一堂に、ホールに集《つど》ったものです。それは大変に和《なご》やかな光景でした。

私は六人きょうだいのうち、四姉妹の三女でした。兄弟姉妹、また、いとこや他の子どもたちと一緒に本を読み、食事をし、遊んだことは今でも良い思い出です。大家族のなかで育ったことによって、互いに歩《あゆ》み寄り、協調し合い、自己中心的になることを避《さ》けるような資質《ししつ》が養《やしな》われました。

この経験が、若くして結婚してからは大きな助けとなりました。嫁《とつ》ぎ先もまた、大家族だったからです。

おっしゃる通り、子どもの頃、ベンガル地方を飢饉《ききん》が襲《おそ》いました。家長《かちょう》である伯父《おじ》は、貧《まず》しい人々のために炊《た》き出しを行《おこな》いました。毎日、お米、豆類《まめるい》、野菜を大きな鍋《なべ》で調理し、我が家と近隣《きんりん》の男の子たちは、お腹《なか》をすかせた人たちに、その食べ物を配りました。

当時のインドでは、どんな来訪者も、ナラヤナ（ヒンズー教の神ビシュヌ）と同じように尊《とうと》い、と信じられていました。伯父はよく、門のところで合掌《がっしょう》して立ち、食べ物を求めて来るすべて

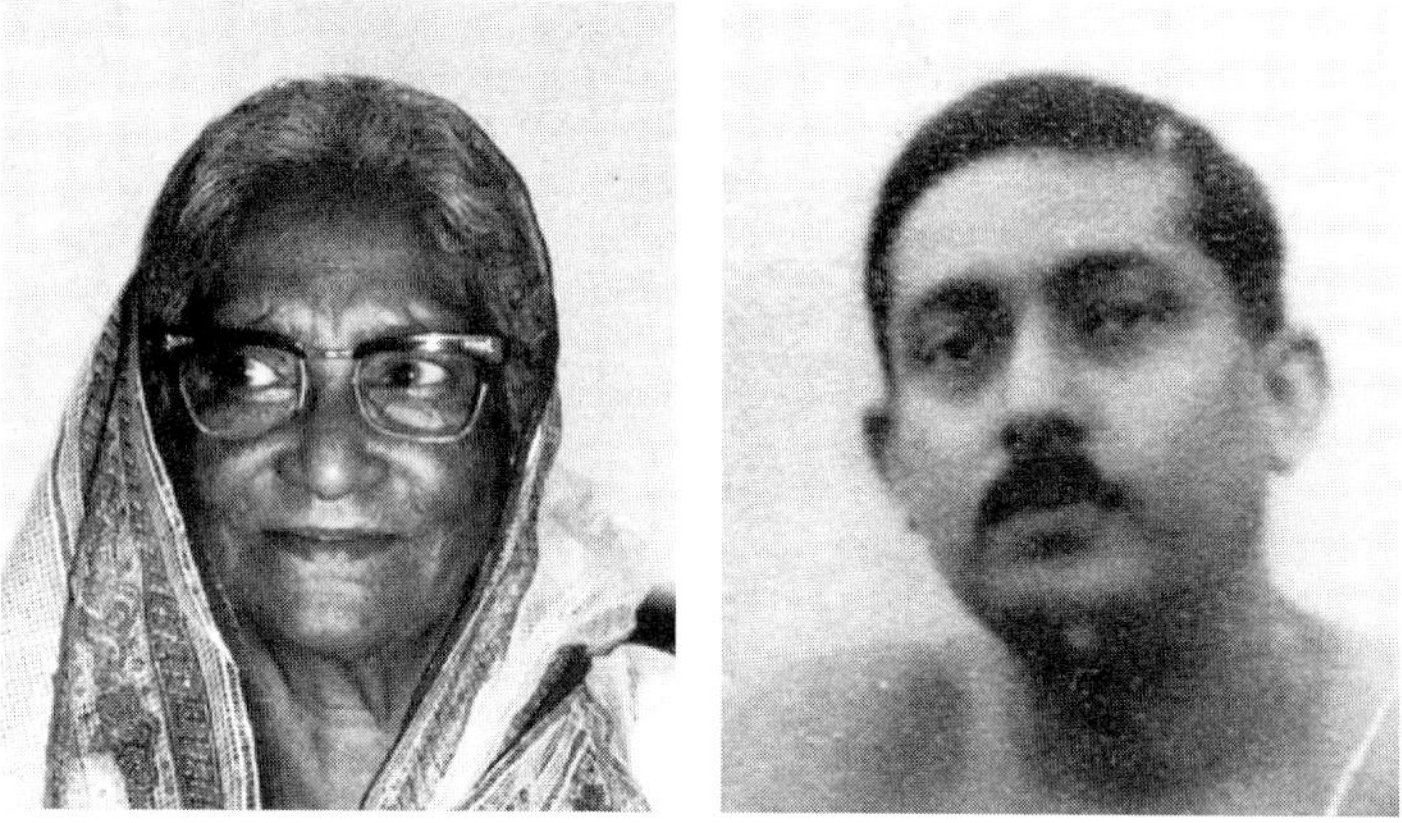

ムカジー博士の母上と父上

〈提供＝ムカジー博士〉

の人々に敬意《けいい》を示していました。この光景も私の幼心《おさなごころ》に深く刻《きざ》まれています。

このような思い出は幾《いく》つもありますが、一家の雰囲気《ふんいき》は大変に心地《ここち》よく、平穏《へいおん》なものでした。

池田　何と温《あたた》かい人間性に満《み》ちた、慈愛《じあい》のご一家でしょうか。

ムカジー博士のお父様が正義の弁護士《べんごし》として活躍《かつやく》されたことも、よく伺《うかが》っています。

ムカジー　父はとても正直《しょうじき》な人でした。公明《こうめい》正大《せいだい》な弁護士であり、たくさんの依頼人《いらいにん》が、相談にやってきました。父は、どんなに多額の礼金《れいきん》を積まれようとも、どんなに賄賂《わいろ》を差し出されようとも、不正な弁護依頼には、一切《いっさい》応じませんでした。

「正直《しょうじき》こそ人生を充実《じゅうじつ》させる最高の原理である」――そのことを、私は父から学びました。大学の経営陣《けいえいじん》の一人となった後年、さまざまな誘惑《ゆうわく》に対処する上で大きな助けとなりました。

池田　素晴らしい父子一体の正義と信念《しんねん》の姿です。お父様もきっと博士の現在のご活躍《かつやく》を喜ばれているに違いありません。

ムカジー　ありがとうございます。

池田会長、どうしてもお話ししておきたい出来事《できごと》があります。それは一九四八年一月三十日、ネルー首相がラジオを通じて、ガンジーの暗殺を告《つ》げ、「光は消えた」と述《の》べた時のことです。

父は、積極的に政治に携《たずさ》わったことはありませんが、この時ばかりは一人椅子《いす》に座り、涙《なみだ》を流していました。私たちは皆《みな》、茫然《ぼうぜん》としていました。

しばらくして父は、私たち家族を呼び集め、ガンジーについて多くのことを語ってくれました。そして、ため息をつきながらこう言いました。

「アヒンサー（非暴力《ひぼうりょく》）と真理と平和を崇敬《すうけい》する人が暗殺された。だが真理を殺すことはできない。真理のためにはどんなことも捨て去ることができるが、どんなことのためであっても、決して真理は捨て去るべきではない。悪意《あくい》の暗殺や暴力によって平和が破壊《はかい》されてはならないのだ。皆、どうか真理と平和のためにすべての財を捧《ささ》げ、人生をかけてほしい。憎《にく》むべき暴力には、断じて屈《くっ》してはならない」と。

父のこの言葉は、私の生涯を貫《つらぬ》く指針となりました。

池田 ガンジー暗殺のニュースは、世界中に衝撃《しょうげき》を与えました。

ガンジーを暗殺したのは、ヒンズー至上主義者であった三十七歳のゴードセーという人物でした。事件は、ニューデリー市内にある旧ビルラ邸《てい》で起こりました。その場所は現在、国立ガンジー記念館となっており、私も訪問したことがあります（一九九二年）。

*ラダクリシュナン館長が案内してくださり、献花《けんか》もさせていただきました。白い二階建ての家屋《かおく》と庭園は当時のまま保存されており、ガンジー愛用のチャルカ（紡《つむ》ぎ車）など、貴重《きちょう》な遺品《ひん》の数々を目にしました。インドの人々の平和への願いが留《とど》められた歴史の地で、私も平和への誓《ちか》いを新たにしました。

マハトマの精神を、お父様は生命に刻《きざ》まれ、ご家族にも正しく伝えられた。本当に立派なお父様であられたのですね。

ムカジー博士は、お母様についても、かつて、こう語られていましたね。

「私は、母から、すべての人を愛することを学びました。また、寛容《かんよう》の本質、寛容の必要性、そして学問に打ち込む姿勢を学びました」と。

「母」という存在は、いつの時代、どこの国の家庭でも、太陽です。

私の家庭は、いつも家業の海苔《のり》づくりで忙《いそが》しくしていましたが、母は辛抱強《しんぼうづよ》く、優しく、明るい人でした。海に出て海苔を採《と》る作業は、夜明け前から始まるため、母は真っ先に起きて皆《みな》の朝食の支度《したく》をするのが常でした。もちろん家事だけでなく、懸命《けんめい》に仕事も手伝《てつだ》い、大家族を支え続けていた姿が印象《いんしょう》に残っています。

そんな母からは「どんな逆境《ぎゃっきょう》にも負けない強さ」を教《おそ》わった気がします。

ムカジー　そのように働き者で、普段の家事に加えて家業を支えていらした池田会長のお母様は、とても素晴らしい模範《もはん》の存在です。私は心から敬意《けいい》と称讃《しょうさん》を表《あらわ》したいと思います。「どんな逆境にも負けない」というお母様の教えは、会長への励《はげ》ましとなり、会長が世界的な組織であるＳＧＩの創始者となられる上で大きな力《ちから》になったと確信いたします。

会長のお母様が忍耐《にんたい》強く、また、優しく、朗《ほが》らかな方だと伺《うかが》って、とても嬉《うれ》しく思います。なぜなら、私の母も同じような人柄《ひとがら》であったからです。おそらく、今日《こんにち》私たちが古風と思うような母親は皆、こうした基本とすべき資質《ししつ》を育《はぐく》んできたのです。

また、私が七年前に語った母との思い出を、池田会長が、よく覚《おぼ》えてくださっていたことに驚《おどろ》きました。心から感謝いたします。

ガンジー記念館・ラダクリシュナン館長（左）の案内でガンジーの「最後の足跡」を見学する池田SGI会長（1992年2月、インド・ニューデリー）
©Seikyo Shimbun

私の母は子どもの頃、聡明《そうめい》な生徒だったそうです。当時、ベンガル州内の男女問わず全生徒を対象とする「奨学金《しょうがくきん》資格試験」で、最優秀の成績を収め、金メダルを授与《じゅよ》されたと聞きました。しかし、母の父は、母が進学することを許しませんでした。

結婚後は、大家族のなかで一番若い嫁《よめ》となり、苦労を重《かさ》ねてきましたが、不平一つ言わず、早朝から夜遅くまで懸命に働きました。家事のあとには、子どもたちの勉強もみてくれました。編《あ》み物《もの》や刺《し》しゅうが上手《じょうず》で、それを習いに近所の女性たちが大勢、我が家《や》に来るほどでした。

ある日、我が家に物乞《ものご》いがやってきました。母はお米や芋《いも》、硬貨《こうか》などで壺《つぼ》をいっぱいにして、私に手渡し、その人の托鉢《たくはつ》の椀《わん》に移し替えて、両手を合わせて「ナマスカール（心から感謝します）」と伝統的な挨拶《あいさつ》をするように、と命じたのです。

私は母に、物乞《ものご》いになぜ「ナマスカール」と言うのかと尋《たず》ねました。

すると母は答えました。「あなたは幸運なことに、あの人に施《ほどこ》し物を受けてもらえたのです。ですから、あなた自身が慈悲深《じひぶか》くなるきっかけを与えてくれた人に感謝し、また、寛容《かんよう》になる機会をくださったことに、心からの敬意《けいい》を示すのです」と。

池田　〝お母さん〟から学んだことは、一生、心に残るものですね。

生命を慈《いつく》しみ、育《はぐく》む母たちの心には、本来、国境や民族《みんぞく》、文化の違いによる壁《かべ》は存在しません。

母の心には、「シャンティ」（平和）の源泉があります。

次のような仏教説話があります。

——誰《だれ》からも見放された一人の病人がいた。しかし、釈尊《しゃくそん》だけは見捨てなかった。手を差しのべ、汚《よご》れた体をさすり、洗ってあげた。寝床《ねどこ》の敷物《しきもの》も取り換えた。釈尊は真心《まごころ》込《こ》めて看病《かんびょう》をした。

周りの人は疑問に思います。

〝なぜ仏がそこまでするのか〟

釈尊は答えます。

「仏に仕《つか》えるのならば、病者を看病せよ(6)」と。

現実に苦悩《くのう》する人間群のなかに飛び込んで行動する。ここに、仏の生き方の真髄《しんずい》があることを、釈尊は教えようとしたのでしょう。

次元《じげん》は異《こと》なりますが、今年（二〇一一年）三月に東日本大震災《だいしんさい》が起こって以来、被災《ひさい》された各地で、あらためて、支え合い助け合いの心、そして人のために尽くす行動の大切さを皆《みな》が実感しています。

私たち創価の同志にも、ご家族を失《うしな》いながらも、また、自宅や勤《つと》め先の建物が倒壊《とうかい》したりしながらも、近隣《きんりん》の人々を訪《たず》ね、一人一人を励《はげ》まし、共に立ち上がっていった方々がいます。支《し》援物資《えんぶっし》の運搬《うんぱん》や瓦礫《がれき》の撤去《てっきょ》など、さまざまな復興《ふっこう》活動に真剣に力《ちから》を尽くされた方々も大勢おられます。

そうした方々は「自分が今、生きているということは、人々のために生きていくためであると思っています」「人のため、みんなのために生きられることが幸せです」「皆、それぞれ状況は大変ですが、人のためにという目的に立てば、心は一つになれます」——等々、語られています。

また、仏典《ぶってん》の「人の前に明かりを灯《とも》せば、自分の前も明るくなる」(『御書《ごしょ》』一五九八ページ、趣意)という言葉を胸に刻《きざ》んでいるという女性もいました。

引き続き、「生命尊重《そんちょう》の世紀」「女性の世紀」の展望《てんぼう》をめぐり、さらに語り合いたいと思います。

2　女性の力と時代創造

読書は精神の宝

池田　読書は、「明日《あす》の世界」を担《にな》う青少年の心の大地を耕《たがや》します。

タゴールは幼《おさな》い頃に、インドの古典を読み聞かせてもらい、胸躍《むねおど》らせたことが以前、話題になりました。少年時代から読書が好きで、『ロビンソン・クルーソー』*（ベンガル語訳）なども読み、のちに「自然と人間の調和《ちょうわ》」について思索《しさく》を深める土壌《どじょう》が養《やしな》われたといいますね。

やはり、読書になじめるような環境は大事ですね。

ムカジー　若き日の読書は、その後の人生に多大な影響《えいきょう》を与えます。

私も六、七歳の頃、母から頼まれて、よくベンガル語の新聞を祖母に読んで聞かせていました。そのおかげで、私は幼い頃から世の中の動向《どうこう》を知ることができました。もう少し大きくなると、父に言われて英字新聞「ステーツマン」*を読むようになりました。当時はまだおぼつかない英語でしたが読み書きの勉強になりました。こうして私は世の中の動向《どうこう》に通じるには、ベンガル語と英語の知識を身につけることが大変に重要であると学びました。

池田　いいお話です。子どもは、親の手伝《てつだ》いができたり、何か役目が担《にな》えると嬉《うれ》しいものです。また、自分の使命と責任を自覚した時、その才能の芽《め》も大きく膨《ふく》らみ、伸ばしていけます。博士が自然のうちに新聞などの活字文化に接し、親しむように教えられたご両親の聡明《そうめい》さも偲《しの》ばれます。

ムカジー　青少年時代の読書は、さまざまな形で読者の心に忘れがたい印象《いんしょう》を植えつけます。

例えば、探偵《たんてい》小説は、特定の状況を知的に分析《ぶんせき》し、常識を巧《たく》みに働かせる能力を養《やしな》います。童話は、読者の心を想像上のおとぎの世界にいざないます。冒険小説は、困難《こんなん》に遭遇《そうぐう》しても恐《おそ》れることなく立ち向かう心を教えてくれます。詩集に溢《あふ》れるリズムや音韻《おんいん》は読者の心を捉《とら》えて離さないでしょう。

池田　かつてSGIでは、百カ国以上から収集した「世界の絵本」展や「世界の童話」展を世界各地で開催《かいさい》し、さまざまな国々の「精神の宝」を紹介したこともあります。大人の想像以上に、子どもたちはその内容に興味《きょうみ》を示し、心に刻《きざ》みつけていたようです。

博士は、青年たちにどんな本を薦《すす》められますか。

ムカジー　青年には、インドの叙事詩《じょじし》――『ラーマーヤナ』と『マハーバーラタ』を読むことを勧めたいと思います。これらの叙事詩は、誠実《せいじつ》、献身《けんしん》、謙虚《けんきょ》、友情のあるべき姿、勇気、母の愛情、精神性などの現代にも通用する伝統的な価値を謳《うた》っていて、読者にそのように行動していこうという気持ちを起こさせます。この二つの叙事詩では最終的に、善が悪を滅《ほろ》ぼし、ついには平和な世界となるさまが描《えが》かれています。

『マハーバーラタ』には、もう一つの尊貴《そんき》で根源的な人生の側面が示されています。この叙事詩のなかで大変に重要なクルクシェートラの戦いにおいて、王子アルジュナは親族たちと戦うことを拒否《きょひ》します。その時、聖者クリシュナは自身の神としての姿（ヴィシュヴァルーパ）を顕《あらわ》し、これによってアルジュナは、宇宙《うちゅう》の万象《ばんしょう》が、聖者クリシュナのなかに具《そな》わっていることを知るのです。この物語は、宇宙のあらゆる事象は相互《そうご》に関連し合い、結びつき、そして、「我」を構成する互いに切り離すことのできないものであるということを示しています。

この挿話《そうわ》は、有名な『シュリーマド・バガヴァッド・ギーター』*のなかで語られています。これは、普遍的《ふへんてき》かつ宗教的メッセージであり、タゴールが、生涯にわたり自身の作品を通して、明言し宣揚《せんよう》したものでもありました。

私がタゴールの作品と出合ったのは、学校の演劇クラブで上演したタゴールの戯曲《ぎきょく》『郵便局』に出演した時です。その後、七年生（＝日本の中学一年にあたる）に上がるまでの間《あいだ》に、タゴールの著作《ちょさく》はすべて読んでしまいました。なかでも最《もっと》も感銘《かんめい》を受けた作品は、『赤い夾竹桃《きょうちくとう》』*でした。

池田　演劇活動なども、大きな情操《じょうそう》教育の機会ですね。良き作品は正義と勇気の魂《たましい》を育《はぐく》み、若き心の宇宙《うちゅう》を広げます。

平和教育の上でも、大変に意義があります。

良き芸術との出合いを、青少年にはなるべく多くつくってあげたいものです。

タゴールの戯曲も、知的・精神的インスピレーションの豊かな光源《こうげん》です。

戯曲『郵便局』は、ナチスのホロコーストの犠牲《ぎせい》になったポーランドの教育者コルチャック*先生が、強制収容所に送られる直前、最後に子どもたちと上演した作品だと聞いたことがあります。

また、『赤い夾竹桃』の主人公は、権力の魔性《ましょう》にも屈《くっ》することのない強き心の乙女《おとめ》ノンデニですね。(1)

――王国では、国民が強制的に金塊《きんかい》の発掘《はっくつ》にあたらされていた。王は織物《おりもの》の遮幕《しゃまく》の向こうに

書斎でのムカジー博士
〈提供＝ムカジー博士〉

隠《かく》れ、誰《だれ》も姿を見ることができない。そんな闇《やみ》の世界にあって、絶対的な権力者の王を恐《おそ》れないノンデニは希望の光であった。

ノンデニの行動は、王に抵抗《ていこう》することなど考えもしていなかった人々の心を変えていく。

ノンデニは呼びかけます。

「王を網《あみ》織物の壁《かべ》の向こうに隠していらっしゃるのですね。王が人間だということにみんなが気づくのが怖《こわ》いんですの？」

「光のあたるところへ出てきてください。大地に足を踏みだしてください。地球を喜ばせてあげて」

悲しいことに、愛する革命家の恋人《こいびと》は、王の暴力《ぼうりょく》によって殺されてしまう。

「彼はもう一度生きるわ。死ねないのよ」

――ノンデニは叫《さけ》び抜《ぬ》きます。

やがて、ノンデニの正義の声は、暴虐《ぼうぎゃく》の王をも改心《かいしん》させ、王は遮幕《しゃまく》の陰《かげ》から姿を現し、民衆の自由と幸福のために、ノンデニと共に、反対勢力の知事らと戦うことを誓《ちか》っています。

最後の場面では、ノンデニの「赤い夾竹桃《きょうちくとう》」の腕輪《うでわ》を見た仲間が、次々と立ち上がります。

「さあ、兄弟、闘《たたか》いに！」

「闘いに！　ノンデニに勝利を！」と。

一人の女性の勇気の声が、皆《みな》を自由への闘争《とうそう》に奮《ふる》い立たせたというストーリーですね。

ムカジー　ええ、ノンデニは私が手本としている女性の一人です。ノンデニは迫害《はくがい》を受けながらも、正義のために立ち上がります。彼女は恐《おそ》れません。何ものも恐れません。革命家の恋人《こいびと》がいた彼女は、王からの求婚をも退《しりぞ》けますが、その恋人は殺されてしまいました。

彼女は、その後どうしたでしょうか。王と結婚したでしょうか。いいえ。恋人の遺志《いし》を継《つ》いで、国に自由と平等《びょうどう》をもたらす闘争を続けました。自《みずか》らの内なる声と信念《しんねん》に従《したが》ったのです。

社会に希望の光を広げる教育の力

池田　私には、ノンデニの勇気ある戦いが、ムカジー博士の崇高《すうこう》な人生の軌跡《きせき》と二重写《にじゅううつ》しになります。

亡《な》き夫君《ふくん》の遺志を継がれ、困難《こんなん》を乗り越え、博士は学びに学び、卓越《たくえつ》した政治学者として、教育者として活躍《かつやく》されてきました。偉大な勝利のお姿です。


ムカジー　私の夫は心の優しい人でした。結婚した時は、私はまだ十五歳で、夫は二十八歳でした。夫は著名《ちょめい》な民間企業《きぎょう》で販売部門の重役《じゅうやく》を務《つと》めていました。

夫はまるで年上の友人のように、私に助言《じょげん》を与え、正しい方向へと導《みちび》いてくれました。

池田会長と奥様《おくさま》がそうであられたと思いますが、私たち夫婦も、自身の個人的な幸福を後回しにしても家族の安らぎと調和《ちょうわ》を築《きず》いていこうとの考えで一致《いっち》していました。

私は子どもの頃から、母のしつけによって、「辛抱強さ《しんぼうづよ》」を身につけてきましたが、夫の愛情のこもった振る舞《ふま》いによって、その資質《ししつ》はさらに伸ばされていきました。夫は自身の行動を通して、いかに自分の感情をコントロールし、自分の幸せより他人の幸せを優先し、最《もっと》も困難な状況にも、どう耐《た》えて対処していけばよいかを教えてくれました。

夫が亡くなった時、娘《むすめ》はまだ四歳でした。以来、私は父親と母親という二つの役割を担《にな》うことになりました。家計は決して楽ではなく、娘には、ほかの友だちが持っているものと同じものを買い与えることもできませんでした。

私が絶《た》えず娘《むすめ》に教えてきたことは、どんな困難《こんなん》も冷静《れいせい》かつ客観的に対処すること、そして、自立することとでした。彼女は一生懸命《いっしょうけんめい》勉学に励《はげ》み、コルカタのプレジデンシー大学を最優秀の成績で卒業しました。現在は、国際的な紙資源再生企業《きぎょう》の取締役《とりしまりやく》の一人として、多忙《たぼう》な毎日を送っています。

池田　感動いたしました。今、お母様から「辛抱強《しんぼうづよ》さ」を学んだということをお聞きしました。古今東西《ここんとうざい》、偉大な人生には、その源《みなもと》に偉大な母親という存在があります。

お母様の思い出については、以前にも伺《うかが》いましたが、タゴールの詩などもよく詠《よ》まれていたのでしょうか。

ムカジー　ええ、母は詩歌《しいか》の朗唱《ろうしょう》が上手《じょうず》で、とても美しい朗唱を聞かせてくれました。コルカタ市内で朗詠《ろうえい》大会があると、母はよく私を連れて行ってくれました。私が一九六一年に「全ベンガル朗詠大会」で優勝し、その後も良い成績が収められたのは、母のおかげです。

しかし母が何よりも願っていたのは、私が良き生徒であること、先生や年輩者《ねんぱいしゃ》に対して、常に質問することとでした。いつも「書物は最良《さいりょう》の友ですよ。時間のある時には、さまざまな分野の本を読みなさい」と言ってくれました。

私が大学院の修士課程《しゅうしかてい》を最上位の成績で修了《しゅうりょう》した時、企業よりも学術機関で仕事をするように助言《じょげん》してくれたのも母です。私の初めての著作《ちょさく》が発刊された時、その初版を贈ると、母は涙《なみだ》を浮かべて喜んでくれました。

私自身が苦悩《くのう》を抱《かか》えていた時には、母は私にタゴールの作品を読むよう勧《すす》め、タゴールの苦悩の経験を自身の支えと励ましの糧《かて》にするように教えてくれました。

母は次のタゴールの詩の一節をしばしば朗読してくれました。

「いつまでも逡巡《しゅんじゅん》していると
あなたは自分を卑《いや》しめてしまいます
ありもしない苦悩ばかりを想像して
自分を失望させてはなりません」

今の私があるのは、すべて母のおかげです。

池田　「冬は必ず春となる」（『御書《ごしょ》』一二五三ページ）――。これは、夫に先立たれた上、幼《おさな》い子どもを抱え、自分も病弱ななか懸命《けんめい》に生きている一人の婦人を、日蓮大聖人《にちれんだいしょうにん》が励まされたお手紙のなかの言葉です。

かつて博士のお母様の名を冠《かん》した「桜」の木を植樹させていただきました。今年（二〇一一年）も満開の花を咲《さ》かせました。その最愛のお母様の訃報《ふほう》に接した際、私は仏法者として、妻とともに真剣にご冥福《めいふく》をお祈りしました。

ムカジー　日本で母の名前を冠《かん》した桜の木を植樹してくださったとの話を池田会長から伺《うかが》い、母に伝えると子どものように大喜びして、会長に心の底から感謝の意を申し上げていました。母の名は「カリヤニ」といいますが、それは「幸福をもたらす女性」を意味します。その名にふさわしい生き方を、母は貫《つらぬ》きました。母はまぎれもなく、家族にも周囲《しゅうい》の人々にも幸せをもたらした女性でした。

池田　私も忘れられない母の思い出があります。私が小学生の頃から戦争が拡大し、四人の兄は次々と兵隊にとられ、戦地に出征《しゅっせい》していきました。残ったきょうだいでは私が最年長となり、戦争中、両親を支えて頑張《がんば》りました。

長兄《ちょうけい》は、前にも申し上げたように、ビルマ（現・ミャンマー）で戦死しました。日本軍が貴国《きこく》に攻め込もうとした、あの無謀《むぼう》なインパール作戦*に駆《か》り出されていたのです。長兄の戦死を知らせる公報《こうほう》が家に届いたのは、終戦から二年近くも経《た》ってからのことでした。その時、悲しみに震《ふる》えていた母の小さな背中が、私の瞼《まぶた》に焼きついています。ゆえに私は、戦争には絶対に反対です。あの母の悲痛な姿は、私の平和行動の原点ともなっています。

タゴールも、隣国《りんごく》に卑劣《ひれつ》な侵略《しんりゃく》を行《おこな》った日本に鋭《するど》い警句《けいく》を残しました。

私たちは、この二十世紀の苦《にが》い教訓《きょうくん》を絶対に忘れてはならないと思っています。

ムカジー　池田会長がご長兄を戦争で亡《な》くされたことに深い悲しみを覚《おぼ》えます。戦争は常に、無数の罪なき人々の生活を破壊《はかい》する、憎《にく》むべき行為《こうい》です。タゴールは戦争を非難《ひなん》し、日本政府の参戦を激《はげ》しく糾弾《きゅうだん》しました。シャンティニケタンで行われたタゴールにとって最後の誕生会で朗読された「文明の危機」という彼の原稿にも、タゴールの反戦と反ファシスト的信念《しんねん》が明らかに示されています。

会長の悲嘆《ひたん》を分かち合うとともに、亡きご長兄に心から哀悼《あいとう》の意を捧《ささ》げます。

池田　ありがとうございます。

数年前、ゴルバチョフ元ソ連大統領*と「平和」と「核兵器廃絶《かくへいきはいぜつ》」について対談した際に、氏は、ロシアの西の隣国ベラルーシの女性作家アレクシエービッチ氏が『戦争は女の顔をしていない』という本を出版していることに触れ、「まったく、この本の題名の通りです。と同時に、戦争は『子どもの顔』でもありません。この恐《おそ》ろしい体験を経《へ》たということが、私にとっては大きな意味を持っているのです(2)」と話されていました。

鋭《するど》い指摘《してき》です。この語らいの折、ゴルバチョフ氏に申し上げたのですが、戦火《せんか》に苦しんできた母親たちの声が、また貧《まず》しく字も読めない、赤子《あかご》を抱《かか》えた母親たちの声が、どうすれば現実に政治に反映され、平和へと進むのか。虐《しいた》げられてきた女性たちが、どうすれば教育を受けられ、健康になり、経済的にも自立していけるのか。人間としての尊厳性《そんげんせい》に輝《かがや》き、誇《ほこ》りをもって生きていけるのか。そのために、いかなる支援《しえん》が必要であり、社会改革が要請《ようせい》されるのか——こういう視点から、政治や経済、教育、科学等々の各界のリーダーが、具体的に構想していくことが重要ではないでしょうか。

そうした思いから、私は「女性」に焦点《しょうてん》を当てた提言もしてきました。

例えば、達成が危《あや》ぶまれてきた国連の「ミレニアム開発目標」*について、「女子教育の拡充《かくじゅう》」を突破口《とっぱこう》に、事態の改善を総合的に図《はか》るよう呼びかけました。

「ミレニアム開発目標」では、貧困《ひんこん》や飢餓《きが》への取り組みをはじめ、すべての項目《こうもく》に女性に関《かか》わる課題が包含《ほうがん》されており、目標達成への勢いを取り戻し、加速させるためには、男女の平等《びょうどう》と女性のエンパワーメント（内発的な力《ちから》の開花）が鍵《かぎ》を握《にぎ》るからです。

初等教育を修了した母親の場合、子どもの五歳以上の生存率《せいぞんりつ》は二倍に高まるほか、子どもの栄養状態や学校への登校率《とうこうりつ》が改善する傾向《けいこう》がみられ、〝世代から世代にわたる貧困〟を終わらせる大きな力となることが期待されます。

また、長い間《あいだ》、女子教育に力を入れてきた国々では、経済的にも発展が見られることが明ら

インドSGIメンバーの笑顔が輝く（2011年1月、ニューデリー）　©Seikyo Shimbun

かになっています。

まさに、一人の女性が立ち上がり、歩《あゆ》む道筋を変えることは、家族や子どもの未来を明るくし、やがて社会全体に希望の光明《こうみょう》を広げていく――その偉大な変革の力が、教育には備《そな》わっているのです。

一つの具体的な方途《ほうと》として、途上国《とじょうこく》の債《さい》務《む》の一部を免除《めんじょ》した分を、その国の女子教育のための予算に充当《じゅうとう》する「女性のための未来基金」を国際的に設《もう》けることも提案してきました。

さまざまな脅威《きょうい》に翻弄《ほんろう》されてきた女性たちに教育の機会を広げ、「エンパワーメント」の種子《しゅし》をまいていくことこそ、喫緊《きっきん》の課題と考えています。

新しい時代を開く草の根の対話運動を

ムカジー　適切な教育がもたらすエンパワーメントにより、女性たちは、「あらゆる方面からの脅威《きょうい》と挑戦」に立ち向かうための素養《そよう》を身につけることができるとの点で、私は池田会長に同感です。

女性たちを身体的、精神的に強くし、経済的独立《どくりつ》を可能にするのは教育であり、それによって女性たちは自立し、自信を持つことができるのです。

ほとんどの国において、女性は社会の半数以上を占めています。その女性たちを教育することは、その国を偉大にすることにつながります。

インドの宗教家、スワミ・ヴィヴェーカーナンダ*はかつて、一国の発展の度合いは、女性への教育がどの程度施《ほどこ》されているかによって測《はか》られる、と述《の》べました。自由主義を唱えたイギリスの哲学者《てつがくしゃ》ジョン・スチュアート・ミル*も、同様の見解を持っていました。

教育が女性自身の生活の向上のみならず、家族、ひいては社会の発展にとっての試金石《しきんせき》であることに、疑《うたが》う余地《よち》はありません。教育を受けた母親の子どもたちが無教育のままにされることは、決してないのです。

インドの創価池田女子大学の卒業生代表に名誉創立者賞を授与する来賓のムカジー博士（中央）（2005年1月、インド・チェンナイ）　©Seikyo Shimbun

女性や社会にとって、教育が大きな影響力《えいきょうりょく》を持っていることは間違《まちが》いありませんが、そこにはジレンマがあります。それは、経済的に貧《まず》しい国々において、女性教育に必要な莫大《ばくだい》な費用を捻出《ねんしゅつ》することの難《むずか》しさです。

その意味で、先進諸国が開発途上国《とじょうこく》の債務《さいむ》の一部を縮小し、その資金を後者の女性教育に充当《じゅうとう》することによって、そうした財政支出を軽減できるという、会長の卓越《たくえつ》したご提案は、有益《ゆうえき》なものです。独創的《どくそうてき》で人道的なご提案であると思いますが、おそらく若干《じゃっかん》理想的ともいえるでしょう。

トマス・ホッブズ*が『リヴァイアサン』*において、「人間は本来、利己《りこ》的である」と指摘《してき》したように、会長のこのような高潔《こうけつ》なご提案に、先進諸国の人々は、耳を傾《かたむ》けないであろうとの懸念《けねん》を持っています。一般に先進諸国は、債務国《さいむこく》を従属的《じゅうぞくてき》な立場に留《とど》めようとしてきたからです。

池田　そうした国々の意識《いしき》の変革は、今後の重大な課題です。だからこそ、「教育」と草の根レベルの「対話」運動が大事であると私は強く訴《うった》えてきました。

もちろん急速な変革は困難《こんなん》であっても、問題意識を共有し、対話を広げていくことは身近《みぢか》なところからできます。その積《つ》み重《かさ》ねから、「変革の土台」を粘《ねば》り強《づよ》く築《きず》き上げていかねばなりません。

現今《げんこん》の人類が直面する複雑多岐《たき》にわたる課題の多くも、もともとは人間自身が生み出してきたものです。であるならば、その解決への英知《えいち》も力《ちから》も必ず人間自身のなかに見いだすことができる――難題《なんだい》が山積《さんせき》する時代だからこそ、この人間への信頼を絶対に手放してはならないと思います。

また、博士が言われるように、男性と女性の特性を最大に生かしていくことが、新しい価値を生み、新しい社会を築いていく基盤《きばん》になると、私も考えます。

ムカジー　しかし、ほとんどの開発途上国《とじょうこく》は、この二十一世紀においてなお、ある種の時代遅れの考えや偏見《へんけん》に固執《こしつ》しています。女性たち自身も含《ふく》めて、人々はしばしば、女性を男性と同等とは見なしていません。私たちにとって重要かつ早急《さっきゅう》に取り組むべき課題は、適切な社会化のプロセスと、会長のような高潔《こうけつ》な精神を持つ人々による薫陶《くんとう》によって、そうした態度を改めさせていくことである、と私は思います。

女性たちは、まず人間として、次に女性として扱《あつか》われるべきです。数世紀にわたって存在してきた、女性は男性に劣《おと》り、男性を喜ばせるだけの存在として見下すような社会的旧弊《きゅうへい》は、根絶《こんぜつ》されなければなりません。

また、女性たちは、外部から押しつけられるものではなく、内在する力を薫発《くんぱつ》する「エンパワーメント」のプロセスを経験する必要があります。池田会長が提示される夢を実現するためには、前提条件としてそのような健全《けんぜん》な社会環境が必要であると、私は考えております。

池田 すでに七百年以上前、日蓮大聖人《にちれんだいしょうにん》は、鎌倉《かまくら》時代という封建《ほうけん》社会のなかで、根本《こんぽん》的な生命の尊厳観《そんげんかん》、人間観の上から「男女《なんにょ》はきらふべからず」(『御書《ごしょ》』一三六〇ページ)と教えられ、従来《じゅうらい》の考え方を打ち破り、人間としての差別《さべつ》が絶対にあってはならないと、先駆的《せんくてき》な平等思《びょうどうし》想《そう》を訴えました。

男女の差別、貧富《ひんぷ》による差別、民族《みんぞく》による差別、宗教による差別等々、人権が侵害《しんがい》されてきた歴史を転換《てんかん》していくこと、その根底《こんてい》にある旧《ふる》い思想を打ち破っていくことこそ、二十一世紀に生きる我々の大いなる使命と責務《せきむ》でありましょう。

いわれなき女性への差別等と戦いながら、世界に大きな影響《えいきょう》を与えた女性指導者として、私はかつてお会いしたワンガリ・マータイ博士*を思い起こします（二〇〇五年二月、東京で）。

博士は二〇一一年九月、逝去《せいきょ》されました。私はすぐに弔電《ちょうでん》を送り、哀悼《あいとう》の意を表《あらわ》させていただきました。博士が進めた環境保護の運動は、未来への亀鑑《きかん》でもありましょう。

アフリカの砂漠化《さばくか》を食い止めるため、一九七七年に始まった植樹運動「グリーンベルト運動」は、最初、わずか七本の植樹から出発して、四千万本に達しました。

国連環境計画*（UNEP）も、マータイ博士らの後援《こうえん》を受けて、「十億本植樹キャンペーン」を推進しています。

かつて、マータイ博士の運動は、男性の偏見《へんけん》や無理解から迫害《はくがい》され、ご自身も投獄《とうごく》され、拷《ごう》問《もん》も受けました。そのなか、三人のお子さん方を育てながら、貧困《ひんこん》と環境破壊《はかい》の悪循環《あくじゅんかん》を断《た》ち切るために、女性たちを糾合《きゅうごう》していったのです。

私が注目したいのは、この運動も決して上から押しつけられたものではなく、女性たちが「自分たちのできること」から、「足元の地域」から始め、「女性たちが相互《そうご》に啓発《けいはつ》」し合って自発的に拡大していったという点です。

ケニアのワンガリ・マータイ博士（中央）と会見する池田SGI会長夫妻（2005年2月、東京）
©Seikyo Shimbun

マータイ博士は、「できないことを心配する」より「できること」を考えました。そして「木を植えること」を着想されたのです。もともと農業に携《たずさ》わっていた女性たちです。作物を植え、育てることは生活の一部でした。運動も、女性たちだけで進めていけるよう、十段階の手順が設《もう》けられました。

つまり、「グループを作る」から始まり、「苗畑《なえはた》の用地を見つける」、「植樹まで進んだら報告する」、「植えた木が確実に根付くよう継続的《けいぞくてき》に見守る」といった十段階のステップが何千回も繰《く》り返されながら、周辺の地域へ広がっていったのです。(3)

こうした生活と人生に根差《ねざ》した「草の根」の運動にこそ、最《もっと》も実《みの》り豊かな「人間のエンパワーメント」があり、新しい時代を開く「女性のエンパワーメント」もあると考えます。

牧口初代会長は、『創価教育学体系』のなかで、「母性は本来の教育者であり、未来に於《お》ける理想社会の建設者(4)」であると宣言しました。

母たちが本然的《ほんねんてき》な生命の力《ちから》を十全《じゅうぜん》に発揮しゆくところ、偉大な未来の創造の道が必ず開かれていく。そうした社会の建設へ、「教育」の果たす使命はますます重大でありましょう。

SGIのメンバーのなかにも、さまざまな試練《しれん》や苦労に直面しながら、子育てに奮闘《ふんとう》する若いお母さん、地域の発展に尽くす女性リーダー、豊かな人生経験を生かして社会に慈悲《じひ》の光を放つ高齢《こうれい》のご婦人の方々などがおられます。

博士から、ぜひ全世界の女性たちにメッセージをお願いいたします。

ムカジー　SGIの女性の皆さまこそ、実《じつ》に称讃《しょうさん》に値《あたい》する崇高《すうこう》な模範《もはん》の存在です。

その方々に何かメッセージを差し上げるような立場にはありませんが、タゴールの詩の一節を贈りたいと思います。

「我《われ》を危難《きなん》より救い給《たま》えと
祈るのではありません
危難に直面する我に

恐《おそ》れぬ力を与え給えと祈るのです

悲しみで胸が張り裂けそうな時に
慰《なぐさ》めて頂かなくともよいのです
苦しみを乗り越える力を
我に与え給えと祈るのです」

「人生には悲しみがあり
死は無常です
別離《べつり》の悲しみは
人の心を傷つけます
でも人生には心安らかな時もあり
喜びの瞬間《しゅんかん》もあるのです
人生はどこまでも豊穣《ほうじょう》なのですから」

「波頭《はとう》は逆巻《さかま》き
波の谷間《たにま》は盛りあがる
一弁の花びらが地に落ちると
次の花芽《はなめ》が顔を出す
そこには無駄《むだ》はなく　終焉《しゅうえん》もない
そこには貧弱《ひんじゃく》さの痕跡《こんせき》もない
わたしの心は　その居場所を
あなたの健全《けんぜん》さの足許《あしもと》に求めるのだ」

3

未来を開くヒューマニズムの精神

「ベンガル・ルネサンス」と若きタゴール

ムカジー　タゴールが生まれた頃、インドでは「ベンガル・ルネサンス」として知られる新たな文化運動が、絶頂期《ぜっちょうき》を迎えていました。

ルネサンスの理念の一つはヒューマニズムです。

そして、社会全体の十全《じゅうぜん》な発達のために、適切な地位を女性に与えることは、ヒューマニズムの概念《がいねん》から切り離すことのできない課題と考えられました。

こうした背景から、当時のベンガル・ルネサンスは、女性の権利獲得《かくとく》という目的に共感し、女性の苦悩《くのう》に終止符《しゅうしふ》を打つために、それぞれ独自《どくじ》の方法で力《ちから》を尽くした強力な社会運動家たちを、綺羅《きら》星の如《ごと》く輩出《はいしゅつ》しました。

社会宗教運動組織である「ブラフマ協会」*の創設者でもあったラームモーハン・ローイ*は、夫に先立たれた女性を生きたまま火葬にして殉死《じゅんし》させる「サティーの儀式《ぎしき》」を廃止《はいし》し、女性たちを救いました。またイスワール・チャンドラ・ヴィドヤサーガル*は、女性の教育、寡婦《かふ》の再《さい》婚《こん》の権利、一夫多妻制《いっぷたさいせい》や幼児婚をはじめとした慣行《かんこう》の廃止などのために生涯をかけて戦いました。

池田　「同時代の世界のなかでも、『近代という時代《モダン・エイジ》』の意味を完全に把握《はあく》していた唯一《ゆいいつ》の人物だった」[1]――これは、タゴールがラームモーハン・ローイについて記した言葉です。

そして、「彼は人類の文明の理想は個々の国や人間が独立《どくりつ》していることではなく、思想《しそう》や活動のあらゆる面で、個々人および個々の国家が相互《そうご》に同胞《どうほう》として依存《いぞん》していることであると知っていた」[1]とも称讃《しょうさん》しています。

社会の改革には、単に制度を変えるだけでなく、目覚《めざ》めた人々の勇気ある連帯《れんたい》が必要です。ベンガル・ルネサンスの先駆者《せんくしゃ》たちは、時に命さえも危険にさらされながら、人々の心にヒューマニズム、すなわち「人間主義」の精神を広げていきました。

こうした時代の流れをタゴールも敏感《びんかん》に受け止めていったのでしょう。

ムカジー　その通りです。人の個性は、遺伝や環境によるさまざまな要因によって形成されて

ビレン・J・シャー西ベンガル州知事（中央右）とムカジー博士（2002年のラビンドラ・バラティ大学卒業式）

〈提供＝ムカジー博士〉

いきます。タゴールの個性もまた、同じでしょう。

タゴールは、一神教であるブラフマの教えを信奉《しんぽう》する家庭に生まれました。家長《かちょう》である父デベンドロナトは、男女平等《びょうどう》や、女性の教育と解放を主張するブラフマ運動の創始者の一人でした。

当時、ベンガル地方の文化は、ルネサンス運動の精神で活気《かっき》づいていました。この運動を通して、女性の権利への認識と女性に対する一定の尊敬心《そんけいしん》が生まれていきました。このような文化的環境が、若きタゴールの人格《じんかく》形成に多大な影響《えいきょう》を与えたのです。

タゴールの家族たちも、タゴールに大きな触発《しょくはつ》を与えました。タゴール一家は、ほとんど全員が高い教養と優《すぐ》れた見識を備《そな》えていました。一家の女性たちも近代化に前向きで自分を高めていこうという意欲を持っていました。

兄ショッテンドロナトは、インド人として初めて英国インド行政府《ぎょうせいふ》の一員になりました。その妻であるガノダノンディニ・デビは、教育を受けた近代女性として、ロンドンに渡る夫に同行し、パーティーなどの社交の場にも夫と共に姿を見せました。

タゴールが最《もっと》も敬愛《けいあい》した義姉《ぎし》カドンボリ・デビ（五兄ジョティリンドロナトの妻）は、博識な女性で、彼の詩心《しごころ》と創造的精神をかき立てました。

この義姉とタゴールの妻ムリナリニ・デビは、共にタクルバリのステージで舞台劇《ぶたいげき》に出演したこともありました。

一家のこうした進歩的で開放的な雰囲気《ふんいき》とその女性たちの多彩な才能は、タゴールの女性に対する尊敬心《そんけいしん》を育《はぐく》んでいったのです。

タゴールに影響を与えた女性たち

池田　幼《おさな》い時に母を亡くしたタゴールは、彼の人生のなかに現れた女性たちから、さまざまな影響《えいきょう》を受けたといわれていますね。

パリで初の個展を開催した際のタゴール（1930年、パリ・ピガールギャラリー）
©Albert Harlingue/Roger-Viollet/amanaimages

タゴールが出会った女性たちとの結びつきを、大きく三つのグループに分けて洞察《どうさつ》している識者《しきしゃ》もいます。

一つ目は、「彼の人生に実際関《かか》わりをもち重大な貢献《こうけん》をした女性たち」。

二つ目は、「彼の作品のなかに描《えが》かれた女性たち」。

最後は、「彼の絵に現われた女性像」です。(2)

ちなみに、タゴールの「画家」としての才能を見いだしたのは、アルゼンチンの女性作家ビクトリア・オカンポ*といわれていますね。オカンポは一九三〇年五月、タゴールがパリで開催《かいさい》した初の個展の準備にも携《たずさ》わっていました。

タゴールは六十七歳から絵を描き始め、八

十歳でその生涯を終えるまで、ほぼ二千五百点の作品を生み出していますね。

ムカジー　ええ、ペルーへの旅行の途次《とじ》、タゴールは、ブエノスアイレス出身のビクトリア・オカンポと親交を深めました。時にタゴール六十三歳、オカンポは三十代前半でした。タゴールは彼女を「ヴィジャヤ」（ビクトリアのベンガル語読み）と愛称《あいしょう》で呼びました。

後にオカンポには、タゴール創立のヴィシュヴァ・バラティ大学から名誉博士号《めいよはくしごう》が贈られています。

これとよく似た友人関係を日本の婦人運動家の高良《こうら》とみ（旧姓《きゅうせい》・和田＝一八九六－一九九三）とも築《きず》きました。高良氏は、タゴールをインドで最《もっと》も偉大な人物と称《しょう》しました。タゴールは、こうした女性たちのなかに、人間性をより高い価値へと導《みちび》く、知的な躍動感《やくどうかん》と啓発《けいはつ》された精神を見いだしたのです。

池田　タゴールはまさに世界市民でした。国境を超え、立場を超えて、出会った人々と深い絆《きずな》を結んでいった。

トミ・ワダ、つまり高良とみ氏は、タゴールが来日するたびに通訳を務《つと》め、戦後、政治家としても活躍《かつやく》した高名《こうめい》な婦人運動家です。氏は、タゴールとの出会いを「私の一生を決定づけるほど意味の深い出来事《できごと》でした(3)」と振り返っています。

第三文明社発刊の『タゴール著作集《ちょさくしゅう》』には、氏とご令嬢《れいじょう》の高良留美子《るみこ》氏による翻訳《ほんやく》作品も収録させていただいております。

ムカジー　さらにタゴールは、女性なるがゆえの苦悩《くのう》を、彼よりもわずかに年上の義姉《ぎし》カドンボリ・デビの人生にも見ていました。実際に、この義姉の美意識《びいしき》とその洗練《せんれん》された趣味、芸術的資質《ししつ》、そして幅広《はばひろ》い読書経験は、タゴールの天分《てんぶん》を引き出すきっかけとなりました。「ラビ」（タゴールの幼名）を「カビ」（詩人）へと変貌《へんぼう》させ、インド最大の詩人にしたのは、この義姉の与えた触発《しょくはつ》によるものでした。もしもカドンボリ・デビが存在していなければ、後世の私たちがタゴールという桂冠《けいかん》詩人を戴《いただ》くことはなかったでしょう。

しかし、この義姉は種々の社会的な、そして家族間の軋轢《あつれき》に悩み、自《みずか》ら命を絶《た》ったのです。若き詩人は、打《う》ち砕《くだ》かれんばかりの深い精神的打撃《だげき》を受けました。

池田　『わが回想《かいそう》』のなかでタゴールは、義姉の死を「私にとっていつも真実だった人が、一瞬《いっしゅん》にして夢のように消えた(4)」と深く嘆《なげ》いていますね。それだけ傷は深かった。タゴールにとって、義姉のカドンボリ・デビは、よき友人であり、よき聞き手であり、母のような存在であったということでしょうか。

しかしながら、この別れが、タゴールの詩才をさらに開花させたと思えてなりません。

タゴールは記しています。「死が私に、そこから世界をその美しさの全体で認識する正しい展望《てんぼう》を私に与えた」(4)と。

ムカジー　この時、彼の妻ムリナリニ・デビは、献身《けんしん》の限りを尽くしてタゴールを慰《なぐさ》めました。彼女は自分が息絶《いきた》える最後の瞬間までタゴールのよき伴侶《はんりょ》であり続けました。

この二人の女性から、タゴールは男性支配の社会において女性が直面する苦悩《くのう》を知り、女性は自《みずか》らが穏《おだ》やかな光として豊かな未来を照らす存在になりうることに気づいたのです。

池田　有名な詩からも、その真情《しんじょう》がうかがえます。タゴールが一九一六年に日本を訪問した際、行く先々で詠《よ》んだ作品をまとめたものです。この時、タゴールは軽井沢《かるいざわ》の地を訪《おとず》れました。軽井沢は、恩師・戸田先生が亡《な》くなる前年の夏に過ごされ、私も呼ばれてさまざまなお話を伺《うかが》った忘れ得ぬ天地でもあります。

タゴールは日々、生まれたばかりの詩を、若き乙女《おとめ》たちに聞かせました。

「女性よ、あなたは笑いの中に生《せい》の泉《いずみ》の音楽をもっています(5)」

「少女よ、あなたは、あなたの涙《なみだ》の深さで世界の心をとりかこみました。海が全地球をとりかこむように」

「生きとし生ける人間は、自己の尊《とうと》さのためにも叫《さけ》ばなければなりません(3)」

タゴールは、女性の地位が向上しなければその国の民度は高くならないと考え、日本の女性運動のために重要な意義を持つ講演も残しています。

男女の平等《びょうどう》、女性の近代化、女性の権利の擁護《ようご》、女性の社会的進出、女性への尊敬《そんけい》の心――これらについて、タゴールが深く心を砕《くだ》いたことがうかがわれます。タゴールは述《の》べています。

「女性は男性よりもいっそうたくましい生命力を自らのうちに宿《やど》している」(6)

ムカジー　まったくその通りです。池田会長が述べられたように、タゴールは、女性に対して深い敬意《けいい》を抱《いだ》き、女性の権利の擁護、そして男女平等の思想《しそう》を尊重《そんちょう》していました。ほんの数《すう》行《ぎょう》ですが、男女の平等を歌ったタゴールの詩を引用してみたいと思います。

「あなた方はなぜ　お認《みと》めにならないのでしょうか
女性たちが自らの運命に打ち勝つ権利を
わたしたちはなぜ　道端《みちばた》に置き去りにされねばならないのでしょうか
頭《こうべ》を垂《た》れたままで
わたしたちはなぜ　待ちあぐねなければならないのでしょうか
ごく平凡《へいぼん》な願いを叶《かな》えるときを」

タゴールの舞踊劇《ぶようげき》『チットランガダ』では、表題になっているマニプール王国のチットランガダ王女を通して、女性の優《すぐ》れた能力が表現されています。チットランガダ王女は、英雄《えいゆう》アルジュナが自分を女神《めがみ》として台座に据《す》え崇《あが》めようとするかぎり、彼を受け入れようとせず、自分を侍女《じじょ》のように見下すことも許しませんでした。むしろ王女はアルジュナの配偶者《はいぐうしゃ》として、対等な立場を明確に要求したのです。

このように、タゴールが女性の美と力《ちから》を惜しみなく称讃《しょうさん》した事例は数多く見られます。

池田　タゴールが、深く見つめた東洋思想の精髄《せいずい》である仏教も、女性の力や徳に光を当てています。

大乗仏典《だいじょうぶってん》には、インドの王妃《おうひ》シュリーマーラ、すなわち「勝鬘夫人《*しょうまんぶじん》」が釈尊《しゃくそん》の前で誓願《せいがん》したことが説かれています。(7)

勝鬘夫人は、あらゆる人々のなかにある尊極《そんごく》の「善性《ぜんせい》」を、母の如《ごと》き慈愛《じあい》で守り育《はぐく》んでいくのが、「菩薩《ぼさつ》」であると説きます。

そして、菩薩としての生涯の使命を十の誓《ちか》いとして立てます。例えば――

「私は、孤独《こどく》な人、不当に拘禁《こうきん》され自由を奪《うば》われている人、病気に悩む人、災難《さいなん》に苦しむ人、貧困《ひんこん》の人を見たならば、決して見捨てません。必ず、その人々を安穏《あんのん》にし、豊かにしていきます」と。

そして、具体的には――
「愛語《あいご》」（思いやりのある優しい言葉をかけること、すなわち対話）
「布施《ふせ》」（人々に何かを与えゆくこと）
「利行《りぎょう》」（他者のために行動すること）
「同事《どうじ》」（人々のなかに入って、共に働くこと）という「四摂事《ししょうじ》」の実践《じっせん》を通しながら、人々を啓《けい》発《はっ》し、「善性」を薫発《くんぱつ》していったのです。

ここには、女性による崇高《すうこう》な「エンパワーメント」の生き方が示されています。

ムカジー博士も、慈母《じぼ》の如く学生を慈《いつく》しみ、社会に偉大な貢献《こうけん》を果たしてこられました。

女性こそ〝平和の世紀〟を照らす太陽

池田　女性の使命と生き方といえば、私が恩師のもとで学んだ印象深《いんしょうぶか》い一書に、*イプセンの『*人形の家』があります。言うまでもなく、女性解放について問題提起《ていき》した先駆的《せんくてき》な戯曲《ぎきょく》ですが、「君たち男性も、こういう本を読んでおくんだよ」と勧《すす》めてくださったのです。

恩師は、学会の平和運動の最大の担《にな》い手は女性であると、その活躍《かつやく》を心から期待し、新しい時代を展望《てんぼう》されていたのです。

恩師は言われていました。

「女性自身が学び、伸びて、偉大な文化を打ち立てていくんだよ」

また、こうも言われていました。

「人類は『女性の幸福』に焦点《しょうてん》を定めて、歩《あゆ》みを変えていかねばならない。そのためにも、特に若き女性が確固《かっこ》たる哲学《てつがく》を持つことだ。いかなる宿命《しゅくめい》にも負けない、強き生命力を持つことである」と。

タゴールの作品には、男性に苦しめられ、あるいは社会的、宗教的規範《きはん》のために自由や幸福を奪《うば》われてしまう女性が、しばしば描《えが》かれています。

特に注目したいことは、女性の登場人物を、男性よりも好意的かつ特徴的《とくちょうてき》に描いている点です。

ムカジー　池田会長は、タゴールの女性観を適切に評価してくださっています。タゴールは常に女性に敬意《けいい》を払い、伝統的な男性支配の社会において、社会的・宗教的な制約による差別が女性にもたらす苦悩《くのう》に極《きわ》めて敏感《びんかん》でした。

ですから著作《ちょさく》のなかでタゴールは、インド社会において圧倒的《あっとうてき》な不平等《ふびょうどう》を背負《せお》わされた女性の立場を強調しながら、男性より女性を好意的に描いています。おしなべて女性の登場人物のほうが、際立《きわだ》っています。小説『目ざわり』の主人公ビノディニ、『妻の手紙』のムリナール、『カルテット』のダミニ、『四つの章』のエラ、『ムスリムの娘《むすめ》』のカマラなどは、その代表例といえましょう。

池田　そうですね。人間が人間らしく生きられる社会、そして人間の尊厳《そんげん》こそがタゴールの作品の大きなテーマでありましょう。

例えば、『妻の手紙』は、当時のインドにおける女性の地位の問題とともに、死の意味を深く追求した作品として高く評価されていますね。

主人公ムリナールは、嫁《とつ》いだ先で、その醜《みにく》い容姿《ようし》ゆえに一族全員から差別《さべつ》されている義妹《ぎまい》ビンドゥを不憫《ふびん》に思い、愛情をもって接していきます。しかし、義姉《ぎし》は家族の目を気にするあまり、ビンドゥを家から追い出してしまう。ビンドゥは、一度は実家へ逃げ帰るも、家出《いえで》をし、やがて焼身《しょうしん》自殺を遂《と》げる——。

この死をきっかけに巡礼《じゅんれい》の旅に出たムリナールが、夫に宛《あ》てた抗議《こうぎ》の手紙です。

ムリナールは綴《つづ》っています。

「自分たちの思いのままに、自分たちの慣習とやらであの娘《むすめ》の人生を永久に踏《ふ》みつけにしていられるほど貴方《あなた》がたの足は大きくないのですよ。死のほうが貴方がたより大きいのです(8)」

ムカジー　さまざまな苦悩《くのう》を抱《かか》えながらも、女性には我々をより高い価値に導《みちび》いてくれる力《ちから》がある——タゴールは、そう考えていました。

一方で、無制限な力を持つ男性が対立や破壊《はかい》を生み出し、ついには戦争や流血《りゅうけつ》を引き起こす傾向《けいこう》があるのに対し、女性は愛情という力によって、今いる場所で中心的な役割を果たすことができるのです。

タゴールは、そうした女性の力を讃《たた》え、女性を人類文明の救済者《きゅうさいしゃ》と見なしています。『イーシャ・ウパニシャッド』*には、ブラフマン*（梵《ぼん》）の精神あるいは意識《いしき》は生あるすべての者に内在《ないざい》する、と説かれています。

このメッセージを女性が心に刻《きざ》むならば、紛争《ふんそう》や戦争や流血を回避《かいひ》する強さを手にすることができるでしょう。また、男性が生来《せいらい》持っている経済的、政治的、軍事的な権力への際限《さいげん》なき衝動《しょうどう》をコントロールするという、女性の能力をさらに高めることになるでしょう。

新たな精神文明の時代に、徐々《じょじょ》に状況が変化していくことが期待されます。生まれつき、生命、心、精神の価値を大切にする資質《ししつ》と、何より、個人や家庭を慈《いつく》しむ気持ちを備《そな》えた女性は、それらによって人間性をより高みへと導《みちび》き、永遠の平和を育《はぐく》んでいくのです。女性には人類に新たな希望と価値を送るという潜在的《せんざいてき》な能力があります。ですから、女性は人類文明の救世主《きゅうせいしゅ》なのです。タゴールは、新たな世紀の到来《とうらい》を思い描《えが》いていました。それは、文化の新時代であり、女性の可能性が、平和と精神の文明、そして「魂《たましい》の文明」を築《きず》く舞台《ぶたい》となる世紀です。

池田　女性こそ、「平和の文化」「平和の世紀」「魂の文明」を照らす太陽です。

イタリアの詩聖《しせい》ダンテ*、そしてドイツの大詩人ゲーテもまた、人間性を高めゆく光を女性に求めていました。

*『神曲《しんきょく》』で、ダンテを天上界へと導いたのは、若くしてこの世を去った〝永遠の女性〟ベアトリーチェでした。このベアトリーチェは、「男性を正しき道にリードする女性の徳」の象徴《しょうちょう》といえましょう。

またゲーテの『ファウスト』*でも、ファウストを最後に救い上げたのは、「永遠の女性的なるもの」でした。

『ファウスト』は、「永遠の女性的なるものこそ／われらを高みのかなたへひいていく」(9)との言葉で締《し》めくくられています。

タゴールも、社会の矛盾《むじゅん》や旧習《きゅうしゅう》に苦悩する女性の現実を直視《ちょくし》しながらも、女性が持っている大きな潜在力に、未来への希望を託《たく》していたように感じます。

私たちは長年、平和運動に取り組むなかで、こうした優《すぐ》れた美質《びしつ》は、平凡《へいぼん》であっても、生き生きと人々のため、社会のために活躍《かつやく》する庶民《しょみん》の女性たちの生命にこそ輝《かがや》いていることを実感してきました。

仏法の精髄《せいずい》である「法華経《ほけきょう》」には、竜女《りゅうにょ》の成仏《じょうぶつ》、すなわち「女性の成仏」という法理が説かれています。端的《たんてき》にいえば、女性を差別《さべつ》する思想《しそう》を、生命の平等観《びょうどうかん》から打ち破《やぶ》った「大いなる人権宣言」でありました。

ここでは、文殊師利菩薩《もんじゅしりぼさつ》が智積菩薩《ちしゃくぼさつ》に対して、こう告《つ》げます。

「竜王《りゅうおう》の娘《むすめ》である八歳の竜女が法華経を聞いて即座《そくざ》に悟《さと》りを得た」

しかし、智積は信じようとしません。

本来、生きとし生けるものに仏界《ぶっかい》を観《み》る法華経です。女性の成仏を否定する男性は、実《じつ》は、自分の成仏を否定していることに通じます。しかしそれが、男性の智積はなかなかわからない（笑い）。

智積が不信《ふしん》の言葉を言い終わらないうちに、突然《とつぜん》、竜女本人がその場に現れます。そして釈尊《しゃくそん》に挨拶《あいさつ》して、こう言うのです。

「仏のみが私の成仏を知ってくださっています。私は大乗《だいじょう》の教え（法華経）を開いて、苦悩《くのう》の衆生《しゅじょう》を救ってまいります」

この言葉の意義について、あえて簡潔《かんけつ》に申し上げますと、「苦しむ人を救わずにおくものか」という仏の無量無辺《むりょうむへん》の慈悲《じひ》と智慧《ちえ》の大生命を、ありのままの我が身に開くことに通じます。いかなる圧迫《あっぱく》にも負けず、柔和忍辱《にゅうわにんにく》の心の鎧《よろい》をまとい、不幸の人々を救っていく――。その生命は、その身そのままで、仏へと輝いていくといえます。

女性への差別《さべつ》は、釈尊の教えに真《ま》っ向《こう》からそむくものにほかなりません。

結局のところ、地位や性別、富《とみ》などには関係なく、その人が「何をしたか」によって、人間は高貴《こうき》にもなれば、卑《いや》しくもなる。問題は「行為《こうい》」である。「心」である。これこそが釈尊の精神の真髄《しんずい》といえましょう。

およそ二千五百年前のインドから発した、こうした精神の流れは、初めは小さな源流《げんりゅう》の一滴《いってき》のように、人々の目には留《と》まらないものであったかもしれません。

しかし、その精神の流れは今、ガンジスのように滔々《とうとう》たる大河《たいが》となり、世界中の人々の生命を潤《うるお》し、育《はぐく》んでいます。私たちＳＧＩは、この仏法の絶対の生命尊厳《そんげん》の「人道《じんどう》主義」「人権闘《とう》争《そう》」の精神を受《う》け継《つ》ぎ、実践《じっせん》し、民衆の連帯《れんたい》を広げてきました。

ムカジー　素晴らしいメッセージですね。大きな啓発《けいはつ》を受けました。

池田会長は、社会における女性の地位についてのタゴールの見解を、私よりも深く理解していらっしゃいます。

タゴールから見れば、現代の文明はバランスを失《うしな》っているのです。

男性原理優位《ゆうい》の文明は商業的にも政治的にも利害の衝突《しょうとつ》を生み、多大な流血《りゅうけつ》からついには戦争に次《つ》ぐ戦争へとエスカレートしていく文明です。それが真の進歩をもたらすはずはありません。社会の基礎《きそ》と構造において均衡《きんこう》と調和《ちょうわ》を保《たも》つことが、真の発展へと繋《つな》がる唯一《ゆいいつ》の道なのです。

タゴールは女性に対し、男性の野心《やしん》に駆《か》られた無謀《むぼう》な権力の動きに、介入《かいにゅう》していくよう促《うなが》しました。そして自《みずか》らの生命のリズムを分け与え、一方に偏《かたよ》った文明が破局《はきょく》しながら、恐るべき速度で崩壊《ほうかい》していくことを制止しなければならないと、呼びかけました。

女性は男性によって割《わ》り当てられた狭《せま》い世界に閉じ込められ、持てる力《ちから》が少ない状況にあっても、価値を創造し、擁護《ようご》し、育《はぐく》むために必要な特性を生来《せいらい》持ち合わせているのです。

女性は「高潔《こうけつ》さ、慎《つつし》み深さ、献身《けんしん》、自己犠牲《ぎせい》の力」といった特性を生まれつき備《そな》えています。対立、排斥《はいせき》、力といった男性心理の特徴《とくちょう》とは対照的に、女性には本来、団結、調和《ちょうわ》、創造的共存《きょうぞん》といった価値を志向《しこう》する性質があるのです。

女性は安定を願います。生きとし生けるものに存在する道徳的なリズムを守り、伸ばそうとします。そして女性は何よりも愛情豊かな存在なのです。

インド初の女性首相インディラ・ガンジー

池田　まったくその通りです。ムカジー博士のご意見に全面的に賛同いたします。

ここで、博士が尊敬《そんけい》される女性についてお伺《うかが》いできますでしょうか。

ムカジー　ええ、世界中のほとんどの人がよくご存じのインドの女性についてお話しします。その人は、インディラ・ガンジー*です。二度お会いし、言葉を交《か》わす機会がありました。

一度目は、私がまだ学生の頃で、カルカッタでの国会に出席していたネルー初代首相と面会した時のことです。

二度目は、私が教師を務《つと》めていたシュリ・シクシャヤタン・カレッジの政治学専攻《せんこう》三年の優秀な学生たちと一緒に、インディラ・ガンジー首相のデリーのお住まいにお邪魔《じゃま》した時です。当時、すでに首相に就任《しゅうにん》していました。

池田　インディラ・ガンジー氏は、タゴールの創立した学園で学んだことがあるそうですね。

以前も申し上げましたが、私はかつてインディラ・ガンジー首相の後継《こうけい》となった子息《しそく》のラジブ・ガンジー首相が訪日された折、お会いする機会がありました。四十一歳の、凛々《りり》しき青年宰相《さいしょう》でした。

一九八四年十月、インディラ・ガンジー氏が突然《とつぜん》、（彼女のボディーガードの）凶弾《きょうだん》によって暗殺されるという悲劇《ひげき》から、ちょうど一年後のことでした。

会見の折、子息《しそく》のラジブ・ガンジー首相が、青年への期待とともに「インドでは女性のための社会計画が現在、数多く立案《りつあん》・推進されています。人口の半分を占める女性の力が社会に価値的に生かされるためには、教育と社会的障壁《しょうへき》の除去《じょきょ》が必要です」と語っていたのを今も覚《おぼ》えています。

ラジブ・ガンジー首相は、私どもの平和・文化の活動にも深い理解を示してくださいました。翌八六年一月には、首相に見守っていただくなか、ニューデリーの全インド美術工芸協会で、「核兵器《かくへいき》――現代世界の脅威《きょうい》」展を開催《かいさい》し、十一日間で一万五千人を超える来場者を記録しました。

この若きリーダーも、非道《ひどう》な爆弾《ばくだん》テロによって倒《たお》れたことは、返す返す残念でなりません。

ムカジー　インディラ・ガンジーは、ジャワハルラール・ネルーと妻のカマラ・デビの一人娘《むすめ》として、一九一七年十一月に誕生しました。学校教育を修了したインディラは、シャンティニケタンでタゴールのもとに学び、そこでタゴールから「プリヤダルシニ」（〝見るからに快《こころよ》い〟

オックスフォード大学で学ぶためイギリスに出発する娘インディラと、見送りに訪れた父ネルー（1937年、インド・ボンベイ＝現・ムンバイ）

©ZUMAPRESS/amanaimages

子）の愛称《あいしょう》を与えられます。

インディラが受《う》け継《つ》いだタゴールの精神の遺産《いさん》は部分的ではありましたが、文化的志向《しこう》性《せい》もタゴールの考え方に影響《えいきょう》を受けていたといわれています。

柔《やわ》らかな言葉遣《ことばづか》い、謙虚《けんきょ》さと教養、そしてあらゆる本に通じた読書家としての資質《ししつ》も、その現れといってよいでしょう。

その後、オックスフォード大学のサマーヴィル・カレッジに留学し、そこで出会ったフェローズ・ガンジー氏と、一九四二年に結婚します。

インドに帰国すると、インディラは独立《どくりつ》運動に参加しました。その後、インド独立後初の首相となった父ネルーの個人秘書も務《つと》めました。

父の死後、上院議員となり、*シャストリ政権では情報放送大臣に任命されました。やがて不運にもシャストリが急死すると、当時のインド国民会議派の総裁《そうさい》K・*カーマラージの尽力《じんりょく》によって、インディラは後継《こうけい》の首相に就任《しゅうにん》します。

以来、今日《こんにち》に至るまで、インドにおける最初にして唯一《ゆいいつ》の女性首相として知られています。

一九六六年から七七年、一九八〇年から八四年までの二期十五年の長きにわたり首相を務《つと》めました。その経済政策は近代的で、「緑の革命」を推進し、インドの食料生産は二五〇％増加しました。

池田　貴国《きこく》の「緑の革命」については、インド近代農業の父といわれる*スワミナサン博士から詳《くわ》しく伺《うかが》ったことがあります。スワミナサン博士は、小麦や米などの品種改良による農作物の飛躍的《ひやくてき》な生産性向上を成功させた立役者《たてやくしゃ》です。

仏典《ぶってん》にも「白米は白米にはあらず・すなはち命なり」（『御書《ごしょ》』一五九七ページ）とあります。農業は人々の生命を守ります。

この「緑の革命」は、多くの人々を食料危機《きき》から救いました。

スワミナサン博士は、インディラ・ガンジー首相がよく食料の重要性を認識していて絶大《ぜつだい》な支持をしてくれたこと、インドでは、「小麦革命」と名づけられ、インディラ・ガンジー首相が一九六八年七月に特別の記念切手を発行したことなどを回想《かいそう》されていました。

ムカジー　インディラ・ガンジーのスローガンは、覚《おぼ》えやすい「ガリビ・ハタオ」（貧困追放《ひんこん》）であり、事実、在任中に貧困層の人口が六五％から四五％にまで減少しました。さらに識字率《しきじりつ》は三〇％も向上しています。

国際舞台《ぶたい》においては、極《きわ》めて大きな影響力《えいきょうりょく》を持った指導者でした。

ただ、どんな人にも、肯定的《こうていてき》な側面と否定《ひてい》的な側面があるものです。

私は、インディラの経歴を無条件に崇《あが》めることも、在任期間中の汚点《おてん》を容認することもしません。ですが、指導者としての資質《ししつ》、先見性、勇気、決断力を深く尊敬《そんけい》しています。

実《じつ》にインディラ・ガンジーこそ、フェミニズム（女性解放思想《しそう》）のシンボルであり、タゴールの言葉「シャクティ」（女性の聖なる創造力）を象徴《しょうちょう》する人物であったといえましょう。

女性の活躍が著しい現在のインド

池田　インドでは今、「女性の世紀」を象徴するように、官民を問わず、目覚《めざ》ましい活躍《かつやく》を果たしている女性が増えてきていると伺いました。とりわけ、ＩＴなどに代表される「ニュー・*

エコノミー」の分野では、女性社員のほうが優秀という評価が高まり、各社が積極的に女性を採用しているとも聞きました。

インド創価学会のメンバーのなかでも、多くの優秀な女性たちが社会のさまざまな分野で活躍《かつやく》し、平和と文化と教育の分野でも素晴らしい貢献《こうけん》をされており、私もよく伺《うかが》っています。

昨今《さっこん》の女性の社会進出は、インドの躍動《やくどう》する発展の推進力ですね。

ムカジー　池田会長、それは正しいご認識であると思います。現在、インドの雇用《こよう》市場は女性に対して好意的です。公営・民営を問わず、従業員に男性よりも女性を歓迎《かんげい》している企業《きぎょう》が多いようです。私の娘《むすめ》もある企業の重役《じゅうやく》を務《つと》めています。

女性が経営幹部として采配《さいはい》を振るっている企業も数多くありますが、私はそうした女性に対する高評価には、幾《いく》つかの具体的な理由があると思っています。

第一に、女性はおしなべて、家庭でも社会でも仕事に対して誠実《せいじつ》です。一般に女性には責任を軽視する傾向《けいこう》がありません。

第二に、女性は男性よりも仕事に対して献身的《けんしんてき》で、完璧《かんぺき》を目指します。

第三に、女性は不正を働いたり、堕落《だらく》することが男性と比べて極《きわ》めて少ないといえます。

第四に、女性は一般に男性よりも規律正しく、本質的に感性豊かで、従順《じゅうじゅん》で、忠実《ちゅうじつ》であり、そして保護能力に長《た》けています。

これらの女性的な美徳《びとく》は「生来《せいらい》の資質《ししつ》」です。だからこそタゴールは、女性を「自然による創造」のための「本質的な要素」として擁護《ようご》し、男性を単に「無機質《むきしつ》な道具」と表現したのです。

これらの女性の特質は永遠の美徳です。教育の機会や通信手段が拡大している現代にあって、女性は男性と平等《びょうどう》という意識《いしき》――時には男性よりも優《すぐ》れているという意識――が高まっています。

女性は生来、忍耐強《にんたいづよ》さを備《そな》えているため、IT関連の企業では極めて優れた働きをしています。女性はどこの国でも人口の約半数を占めていますから、女性のエンパワーメントが進み、社会生活に参加していくことは、そのまま社会が豊かになることに通じます。

かつて中国の国家主席の毛沢東*が「天の半分を支えるのは女性である」と述《の》べました。仮に空の半分が曇《くも》っていたら、残った半分の空は晴れわたるでしょうか。女性が男性と力《ちから》を合わせれば、社会の生産力は倍増します。これが女性の社会参画《さんかく》は歓迎されるべきであるというもう一つの理由です。

ただし女性は、どれほど多額の給料を得ても、またどれほど多くの利潤《りじゅん》を会社で上げても、その最重要の責務《せきむ》はあくまで「家庭」と「家族」に向けられるべきであるということを忘れてはなりません。女性の愛情と心遣《こころづか》いと優しさこそが、家庭を幸せの園《その》にすることができるのです。

「家庭」といっても、限りある境界を持つ一定の建物というような狭《せま》い意味で捉《とら》えられてはならないでしょう。家庭とはより広範《こうはん》な周辺にまで及《およ》ぶものです。

女性は適正な教育を受け、経済的に安定し、職場でしかるべき地位を得ることで初めて、社会的に力《ちから》を与えられるのです。これこそが、文明を「平和」と「幸福」へと導《みちび》く真のヒューマニズムが確立される道なのです。

池田 ムカジー博士より、「女性」をテーマに語り合ってきた章を結ぶにふさわしい、素晴らしい結論をいただきました。

一人の女性を起点にすれば、「横」には、家族やきょうだい、親戚《しんせき》、近隣《きんりん》、友人、そして社会へ、国家へと限りない広がりがある。

「縦」には、親や祖父母、子どもや孫《まご》、そのまた子孫《しそん》に至るまで、多くの世代と生命と生命で繋《つな》がっていきます。

一人の女性の生命の大光《たいこう》は、無数の人々の人生を照らしゆくことでしょう。

〝地球上のすべての人々が、母に感謝し、母の幸福を願う「心」を忘れなければ、戦争や暴《ぼう》力《りょく》などが生まれるはずがない〟と言った識者《しきしゃ》がいます。

タゴールの言う人類の文明の理想と「平和」と「幸福」の真髄《しんずい》も、この「心」にこそあると私は確信します。

第三章

信念と行動の人　タゴール

1

タゴールと非暴力の思想

調和と平和へ——タゴールのメッセージ

池田　「人間の歴史は、侮辱《ぶじょく》された人間が勝利する日を、辛抱《しんぼう》づよく待っている」[1]——一九一六年、タゴールが日本で謳《うた》った詩の一節です。

第一次世界大戦の最中、タゴールは、戦乱や抑圧《よくあつ》の犠牲《ぎせい》になり、苦しんできた民衆に思いを馳《は》せ、胸を痛めていました。

まさに、アジアは激動《げきどう》と混乱が続いていました。

この間、ガンジーらが指導するインドの民族独立《みんぞくどくりつ》運動は人々の心に勇気を吹き込み、押しとどめようのない大潮流《だいちょうりゅう》となって広がっていきました。

ムカジー　二十世紀初頭、ベンガル地方は危機《きき》に直面しました。猜疑心《さいぎしん》に満ちた英国インド植《しょく》民《みん》地《ち》政府は、ベンガル人のとてつもなく大きな活力《かつりょく》と、インド全体に与える影響力《えいきょうりょく》を警戒《けいかい》し、ベンガルを二つに分割しようと画策《かくさく》したのです。

英国政府は、この分割はベンガル地方の統治《とうち》改善を目的とする行政上《ぎょうせいじょう》の理由から行《おこな》うものだ、と説明していました。しかし、実際は次第《しだい》に生まれつつあった愛国心の芽《め》を踏《ふ》み潰《つぶ》し、政治、経済、道徳観など各所で顕在化《けんざいか》してきたベンガル精神を弱体化させるためだったのです。

この頃には、W・C・バナルジー*、S・バナルジー*、B・C・パール*などによって、すでにインド国民会議派が結成されていたことは特筆《とくひつ》すべきことでしょう。

タゴールは、もしインドの民衆が自《みずか》らの精神遺産《いさん》を再び見いだすことができれば、インドは根本的《こんぽんてき》な調和《ちょうわ》を取り戻し、他国による束縛《そくばく》からの真の解放がもたらされる、という強い信念《しんねん》を持っていました。

この調和とは、暴力《ぼうりょく》ではなく愛によってのみ実現できるものだとタゴールは確信していました。激動《げきどう》のインド社会が、若きタゴールの持つ、インドの精神遺産の偉大さに対する信念を強めたといえると思います。そのなかで、その精神遺産こそが、帝国主義《ていこくしゅぎ》政府の非道《ひどう》に打ち勝ち、祖国を解放へと導《みちび》くために必要な内面的な力《ちから》を引き出すものである、とタゴールは結論づけました。

池田　タゴールが再発見したのは、宗教や民族《みんぞく》などの違いを超えて、人間の尊厳《そんげん》を謳《うた》い、「人間」と「人間」を結合させていく奥深い精神性でした。

近代社会では「国家」の論理、そして「政治」や「経済」の論理が優先され、あまりにも力の論理や競争の原理がはびこり、衝突《しょうとつ》や摩擦《まさつ》を生み、分断《ぶんだん》と混乱を生じてきたことは周知《しゅうち》の事実です。

こうした現状を打開していくために、タゴールが希求《ききゅう》したような「調和」や「多様性《たようせい》」の尊重《ちょう》《そん》をもたらす精神遺産を人々が継承《けいしょう》し、深化させていくことが不可欠《ふかけつ》になっています。

インドはその英知《えいち》の宝庫であると、私は考えてきた一人です。

ムカジー　今日《こんにち》、世界は主に経済拡張と覇権《はけん》への欲望に支配されたそれぞれの国家へと政治的に分割されています。民族間の緊張《きんちょう》、偏見《へんけん》、言語の違いによる分断から引き起こされる紛争《ふんそう》が、さまざまな悪影響を生み出し、人々から平和な暮らしや人生の美しさ、喜びを奪《うば》い取っています。

もし人類が連帯《れんたい》と一体感をもたらすインドの精神遺産に基づいて行動するならば、不必要な暴力の行使はなくなるでしょう。そして、愛に基づく調和は揺《ゆ》るぎない平和を導き出し、この世界をより良き安住《あんじゅう》の場へと変えられるはずです。これが後世の人々へ向けた、タゴールのメッセージでした。

池田　ここで私からは、インドの精神遺産《いさん》の精髄《せいずい》である法華経《ほけきょう》のメッセージについても、一言だけ触れたいと思います。

タゴールのメッセージと同じく、法華経では一切衆生《いっさいしゅじょう》の根本的《こんぽんてき》な平等観《びょうどうかん》が明かされています。貴国《きこく》の精神的土壌《どじょう》から釈尊《しゃくそん》が悟達《ごだつ》した法——人類をはじめ地球上の生きとし生けるものへの尊重《そんちょう》と縁起《えんぎ》・中道《ちゅうどう》の調和《ちょうわ》の智慧《ちえ》の根源《こんげん》を表現した経典《きょうてん》が、法華経といえます。

この法華経に「娑婆即寂光《しゃばそくじゃっこう》」という法理《ほうり》が説かれています。

身近《みぢか》な自他共《じたとも》の幸福の建設に始まり、人類共通の課題の克服《こくふく》のために、慈悲《じひ》・非暴力《ひぼうりょく》と縁《えん》起《ぎ》・調和の智慧によって、怒《いか》り、エゴイズム、権力欲、貪欲《どんよく》などの煩悩《ぼんのう》をコントロールしつつ、どこか遠くの世界ではなく、この苦悩渦巻《くのううずま》く現実社会（娑婆世界）を、地球生態系とも共生《きょうせい》する平和・安穏《あんのん》の世界（寂光土）へと変革していく道を指し示しているのです。

この法華経のメッセージは、十三世紀の日本において、日蓮大聖人《にちれんだいしょうにん》によって民衆仏法として確立され、新たな生命が吹き込まれております。

日蓮大聖人の「立正安国論《りっしょうあんこくろん》」には、「一身《いっしん》の安堵《あんど》を思わば先《ま》ず四表《しひょう》の静謐《せいひつ》を禱《いの》らん者《もの》か」（『御書《ごしょ》』三一ページ）と述《の》べられています。「四表」とは東西南北を指し、国や社会、敷衍《ふえん》すれば、世界を意味し、「静謐」は世の中が穏《おだ》やかに平和に治《おさ》まることをいいます。

つまり、我が身の安穏を願うならば、地域、社会、人類の安寧《あんねい》を実現しなければならない。その根底《こんてい》において人間の精神革命が不可欠《ふかけつ》であることを教えています。

その目指す民衆運動は、さまざまな文化、さまざまな伝統精神の人々とも対話を通して切磋《せっさ》琢磨《たくま》し、協調し、ともどもに前進していくものです。

ところで、インドでは一八九八年、民族《みんぞく》運動を妨《さまた》げる治安維持《ちあんいじ》法案が通過し、その法案成立の前日に、タゴールは、カルカッタでの集会で、「コントロド」（絶句《ぜっく》）と題する抗議文《こうぎぶん》を読み上げ、イギリス政府の弾圧《だんあつ》と戦っています。

このようなタゴールの姿は「声を大にして叫《さけ》ぶだけでなく、第一線で積極的に奉仕《ほうし》の手をさしのべる実践者《じっせんしゃ》(2)」とも讃《たた》えられていますね。

ベンガル分割――タゴールの運動

ムカジー　池田会長が指摘《してき》されたように、タゴールは高尚《こうしょう》ではあっても内実を伴《ともな》わない話を論じるだけの人間ではありませんでした。

まさに行動の人であり、常に最前線に立ち、自分が正しいと判断したことは実行しようと努《つと》め、救いの手を差し伸べました。

そんな実例を一つ挙《あ》げてみましょう。タゴールがベンガル分割反対運動で果たした役割と、そこで若い世代の心に愛国精神の火を燃え立たせたことはすでに論じ合いました。イギリスのインド植民地《しょくみんち》政府が一九一八年に設立した治安維持委員会《*ちあんいじ》（ローラット委員会）の報告によれば、処刑される十代の若者ですらタゴールの詩や歌を口ずさみ、笑《え》みをたたえつつ、絞首台《こうしゅだい》に上ったのだそうです。

植民地政府は、学生の間《あいだ》に芽生《めば》え始めた反英的な政治意識《いしき》への報復《ほうふく》として、一九〇五年、「カーライル・サーキュラー」という布告《ふこく》を出して、彼らの政治参加と「バンデー・マータラム」を歌うことを禁じました。この措置《そち》には学生たちから猛烈《もうれつ》な抗議《こうぎ》が巻き起こり、一斉に外国系教育機関を退学していきました。

タゴールもこの不当な措置に抗議を行《おこな》いましたが、それは単なる抗議に留《とど》まりませんでした。学生たちの側《がわ》に立った評議会を設立し、自《みずか》らその運営にあたりました。この評議会を前身としてジャダプール大学が設立され、優秀な教育機関へと発展していきます。

池田　当時、タゴールは夫人や家族を亡《な》くし、さまざまな出来事《できごと》が重圧のようにのしかかり、個人的にも大きな逆境《ぎゃっきょう》の時代でしたね。

西ベンガル州政府代表として「全インド平和会議」に出席するムカジー博士（1988年11月）
〈提供＝ムカジー博士〉

いわば、人生の大きな節目《ふしめ》となった時期でもあったのではないでしょうか。

ムカジー　この頃、タゴール自身の家庭生活は、まったくもって悲惨《ひさん》な状況にあり、打ち続く不幸を一身に背負《せお》っていました。

しかしタゴールは、人生から退《しりぞ》いたり、悲《ひ》嘆《たん》に暮《く》れるような人間ではありませんでした。

植民地政府の不当な措置に対し、即座《そくざ》に断《だん》固《こ》とした反応を示しました。タゴールはまず、社会全体に充満《じゅうまん》していた苦悩《くのう》と怒《いか》りを代弁する声を上げました。

タゴールにとって、ベンガルを分割されることは、自分の母親の身体《からだ》を切断されるに等《ひと》しかったのです。そして「我が黄金《おうごん》のベンガルよ、私はあなたを深く愛する」という言葉で始まる有名な愛国歌「我が黄金《おうごん》のベンガルよ」を書き上げました。

この歌は今、バングラデシュの国歌になっています。


池田 ベンガルの苦難《くなん》の歴史については、バングラデシュ出身で元国連事務次長のチョウドリ氏からも、詳《くわ》しく伺《うかが》ったことがあります。

氏もバングラデシュの「独立《どくりつ》の闘士《とうし》が力《ちから》づけられ、鼓舞《こぶ》されたのは、(中略)『我が黄金のベンガルよ!』で始まる、タゴールの詩です」「この歌には、いつも胸が高鳴《たかな》る思いがするのです」[3]と、語っていました。

それは、素晴らしきベンガルの天地への思いを、人々がタゴールの詩を通して共有できるからでもありましょう。


ムカジー そうですね。タゴールが学生たちによる裸足《はだし》の行進を率《ひき》いて「ラクシャー・バンダン」の祭りを祝ったことは、すでに話題に上りました。

この時タゴールは、行進のための歌を作詞しましたが、その一節は、「神よ、我が国の大地を水を、空気を果実を、喜びで満《み》たしたまえ」というものでした。

タゴールは、その燃え盛る愛国心から、数々の愛国的な歌を作り、とりわけ若い人々の心に、独立精神と愛国の誇《ほこ》りを新たに燃え上がらせる演説を行《おこな》いました。

タゴールが、ベンガル分割反対運動の初期段階において、意識高揚《いしきこうよう》の役割を積極的に果たしたことはよく知られています。

輝《かがや》かしい精神性を過去に有していたインドが、永久的に他者のゴミ箱を漁《あさ》り、くずを拾って生きるような役割を課せられている現状を恥《は》ずべきであると考えたタゴールは、インドの政治的隷属《れいぞく》に憤慨《ふんがい》していました。インド国民とその豊かな文化的・精神遺産《いさん》に対する、帝国主義《ていこくしゅぎ》者の鼻持ちならない侮蔑《ぶべつ》と軽視に終止符《しゅうしふ》を打つため、タゴールは独自《どくじ》の考えを展開させ、分割反対運動を支援《しえん》しました。しかし、反対運動の後期に入ると、一部の地域で民衆が政治的に扇動《せんどう》され、暴動へとエスカレートしていることを知り、反対運動の舞台《ぶたい》から完全に身を引き、創作活動に立ち戻るのです。

多くの人々がタゴールを現実逃避《げんじつとうひ》主義者として非難《ひなん》しました。

しかし、タゴールの人生観を精査《せいさ》してみると、その愛国心はいささかも擁護《ようご》する必要がないほど揺《ゆ》るぎない一方、暴力行為《ぼうりょくこうい》については断固《だんこ》として反対であったということが明らかになります。

池田　いかなる大義名分《たいぎめいぶん》があっても、結局、暴力は暴力を呼び、止めどない憎悪《ぞうお》と悲劇《ひげき》の連鎖《れんさ》をもたらしていく――これが歴史の厳《きび》しい現実であったといえましょう。そしてどれだけ多くの民衆が生命を奪《うば》われ、苦しんできたことでしょうか。

タゴールの言う愛国心とは、本来、帝国主義《ていこくしゅぎ》支配と断固《だんこ》、戦うものであると同時に、開かれた精神性から出発していました。

ところが歴史上は、ナショナリズムの大義によって紛争《ふんそう》が繰《く》り返《かえ》され、二十世紀には二度の世界大戦が引き起こされました。

この点も、タゴールの思想《しそう》を考える上で重要と思います。

暴力を生む熱狂的ナショナリズム

ムカジー　タゴールにとってのナショナリズムは、政治的理念でもなければ経済的理念でもありませんでした。彼は、フランスの哲学者《てつがくしゃ》エルネスト・ルナン*による、国民とは本質的に精神的なものであるという定義を概《おおむ》ね受け入れていました。どの国の人々も潜在的《せんざいてき》な連帯感《れんたいかん》を持っています。その連帯感は、彼らを結束《けっそく》させる一種の民族《みんぞく》的同属性《どうぞくせい》から生まれたものです。
私たちは人間性に根差《ねざ》した道徳律《りつ》によって導《みちび》かれた道徳的世界に生きている、とタゴールは考えていました。暴力《ぼうりょく》を生み出す熱狂的《ねっきょうてき》ナショナリズムは、権力を持った集団の利益を満《み》たすためのイデオロギーにすぎません。抑圧《よくあつ》者による侮蔑《ぶべつ》と権利の剝奪《はくだつ》からインド国民を解放するものは、腕力《わんりょく》ではなく、各人の内なる力《ちから》への覚醒《かくせい》である、と信じていました。この理念は、例えばタゴールの二つの戯曲《ぎきょく》『贖罪《しょくざい》』（一九〇九年）と『*自由の流れ』（一九二二年）に登場するドノンジョイ・ヴァイラギに見ることができます。この人物を通して描《えが》かれたものは、「サティヤグラハ」（真理と正義を求めた民衆による非暴力の不服従《ふふくじゅう》）の完璧《かんぺき》な一例です。ドノンジョイは自分の私財をすべて投げ出し、非武装の民衆を率《ひき》いて、国王の過酷《かこく》で不当な課税《かぜい》に抗議《こうぎ》する運動を起こし、遂《つい》には勝利を収めるのです。

池田　真理に基づく非暴力の運動の必要性こそ、タゴールの訴《うった》えたかったことでありましょう。『自由の流れ』のなかで、ドノンジョイは、「暴力そのものの根を打つのだ」「暴力で得たものは、けっしてあなたのものではない(4)」と叫《さけ》び、こう歌います。

「汝《なんじ》が鎖《くさり》は我が心を乱さじ
我が魂《たましい》は汝が打擲《ちょうちゃく》に屈《くっ》せじ」
「汝がありとある威嚇《いかく》をもちても我が心、恐《おそ》れを抱《いだ》かず(4)」

非暴力の人とは気高《けだか》き魂の人です。勇敢《ゆうかん》な人です。

以前、ムカジー博士が紹介してくださいましたが、タゴールは、まさに貴大学内にある自身の家で、あの悪名高き「ジャリヤーンワーラー・バーグの虐殺《ぎゃくさつ》事件」に抗議する歴史的な書簡《しょかん》を書き、「ナイト」の称号を返上しました。象徴的《しょうちょうてき》な事実です。
タゴールは、「人びとが恐《おそ》れ、壁《かべ》に向かって黙《だま》ってうずくまっているときには、おお、不幸なる者よ、おまえはおまえの心を開いて、ただひとり語るがいい」(5)と自《みずか》ら歌った、そのままに行動していますね。

ムカジー　これまで見てきたように、タゴールが、行動を伴《ともな》わない高邁《こうまい》な理想を振りかざす人間ではなかったことは明らかです。植民地《しょくみんち》支配者たちによる非道《ひどう》な振《ふ》る舞《ま》いに対して、常に独《どく》自《じ》のやり方で即座《そくざ》に抗議《こうぎ》し、的確に応戦することに努《つと》めました。

ジャリヤーンワーラー・バーグの虐殺《ぎゃくさつ》事件に対する行動が、その一例です。

一九一九年の四月、ベンガル暦の元日に、非武装の群衆が政治集会に参加するため、パンジャブ州のアムリッツァルにあるジャリヤーンワーラー・バーグという公園に集《つど》っていました。ところが、この比較《ひかく》的小規模で平穏《へいおん》に開催《かいさい》された地方の政治集会を鎮圧《ちんあつ》するため、パンジャブ州の警察当局は不当にも殺傷《さっしょう》能力の高い武器を使用し、群衆たちに向けて容赦《ようしゃ》なく発砲《はっぽう》したのです。

しかもこの銃撃《じゅうげき》に先立って警察は、会場となったジャリヤーンワーラー・バーグ公園の門をすべて閉鎖《へいさ》したばかりか、発砲する前に散会や退去を促《うなが》す警告《けいこく》をすることもありませんでした。

愛用のペンを握るタゴール
（1920年）　©PPS通信社

この発砲によって多くの人々が殺害されました。なかには警察に追われたため、近くの井《い》戸《ど》に落ちて亡《な》くなった人もいました。負傷者に対して何の治療《ちりょう》も施《ほどこ》されないばかりか、罪のない群衆を虐殺した警察に対しては何一つ公式な処罰《しょばつ》は行《おこな》われなかったのです。このような非道極《きわ》まりない残虐行為《ざんぎゃくこうい》は、およそ文明国の政府の歴史に類例《るいれい》がありません。

池田　貴国《きこく》の人々がいかに非道な支配に苦しんでこられたか。また、それがいかに深い傷《きず》を残してきたか。

　本来、誰《だれ》もが人間らしく生き、自由と平等《びょうどう》を保障《ほしょう》され、人間としての使命を全《まっと》うしていく権利がある。しかし、現実の人間社会では、その正反対の流転《るてん》の歴史が続いてきました。

仏典《ぶってん》には、「未来の果《か》を知らんと欲せば其《そ》の現在の因《いん》を見よ」（『御書《ごしょ》』二三一ページ）とあります。過去の歴史を見つめて、人類の宿命的《しゅくめいてき》ともいうべき悲劇《ひげき》を変えていくために多くの先人たちの血《ち》と涙《なみだ》の苦闘《くとう》があったことを現在の教訓《きょうくん》とし、未来に伝えていくことも、この対談の大きな意義であると私は思ってきました。

ムカジー　まったく同感です。この理不尽《りふじん》で残忍《ざんにん》な行為《こうい》は、詩人タゴールの繊細《せんさい》な心に激《はげ》しい衝撃《しょうげき》を与えました。タゴールにとって、この野蛮《やばん》な殺戮《さつりく》行為は、どのような政治的、道義《どうぎ》的理由づけをしても正当化されるものではありませんでした。

タゴールは、激しく抗議《こうぎ》する必要性を痛感《つうかん》し、当時のインド総督《そうとく》、チェルムスフォード宛《あ》ての書簡《しょかん》（一九一九年五月）で、厳《げん》とした言葉で自身の苦悩《くのう》と苦悶《くもん》を述《の》べています。「パンジャブのわが兄弟たちが抑圧《よくあつ》され蒙《こうむ》った侮辱《ぶじょく》、味わった苦悩は、声なき声となってインドのいたるところへ流れ伝わっています。われら民衆の胸中に込み上げる憤怒《ふんぬ》と心痛《しんつう》は、支配者たちから無視されたままなのです」

さらにタゴールは、なす術《すべ》もなく犠牲《ぎせい》となったインド民衆の苦悩を軽視する報道を事件後に行《おこな》った、「アングロ・インディアン・プレス」（植民統治下《しょくみんとうちか》の英国系新聞）の非難《ひなん》されるべき態度についても注意を促《うなが》すべく言及《げんきゅう》しています。当時の「アングロ・インディアン・プレス」は、虐殺《ぎゃくさつ》事件によって引き起こされた人間の苦悩の真の姿を正しく報道するというジャーナリストとしての倫理的《りんりてき》義務を蔑《ないがし》ろにして、公正な審判を求めて民衆を代表する機関があげた叫《さけ》びを圧殺《あっさつ》しようと懸命《けんめい》になっていたのです。

インド民衆の強い復讐心《ふくしゅうしん》が植民地政府の適切な判断力を奪《うば》ってしまったならば、公正な審判を求める訴《うった》えが実を結ぶことはない、とタゴールは知っていました。民衆の力《ちから》ではどうすることもできないことを知り、自分自身でその責務《せきむ》を果たそうとします。彼の言葉によれば、「名誉《めいよ》ある勲章《くんしょう》も、不条理《ふじょうり》な屈辱《くつじょく》の中では、われわれの恥《はじ》を際立《きわだ》たすだけ」ということでした。

何百万というインド民衆の抗議の声を代表して、タゴールは、かつて一九一五年六月に英国王から授与《じゅよ》された「ナイト」の称号を放棄《ほうき》しました。

このエピソードは、母国インドとインド民衆に対するタゴールの心からの愛情を端的《たんてき》に示すものです。彼はたった一人で抑圧された民衆の側《がわ》に立ち、躊躇《ちゅうちょ》することなく王室《おうしつ》からの栄誉《えいよ》であるナイトの称号を返上したのです。その行為が英国の支配者たちの怒《いか》りを買うことを理解した上での行動でした。

これが傑出《けっしゅつ》した人間主義の指導者たるラビンドラナート・タゴールでした。

「立正安国」の精神に立つ

池田　私には、民衆を愛し、民衆と共に戦ったタゴールの民族詩《みんぞくし》が思い起こされます。

「　私の心よ　苦しみを担《にな》え
一《いっ》なるものの　呼声《よびごえ》を聞け
あらゆる恥《はじ》と恐《おそ》れに　打《う》ち克《か》て
　侮《あなど》りは　遠ざかれ！
耐《た》え難《がた》い苦しみは終わりになり
この上ない　大いなる生命が誕生するだろう。
夜が終わりになり　母は目覚《めざ》めた
　大いなる巣の中で
このインドの　人類の
　海の岸辺《きしべ》に。

来たれ　アーリヤ人よ　来たれ　非アーリヤ人よ

ヒンドゥー教徒よ　イスラム教徒よ！
来たれ　来たれ　今は英国人よ！
　来たれ　来たれ　キリスト教徒よ！
来たれ　＊バラモンよ！　心を清くして
　すべての人の手を取れ
来たれ　虐《しいた》げられた人よ！
　すべての侮辱《ぶじょく》のかせは　とりはずされよ！」(6)

こうしたタゴールの詩は、自由のために命をかけて戦う数多くの無名の人々に愛誦《あいしょう》され、その闘志《とうし》を力強《ちからづよ》く鼓舞《こぶ》していきました。

まさに詩人とは、魂《たましい》の自由のために、社会の不正や邪悪《じゃあく》に対し、全生命をかけて民衆と共に戦う闘士《とうし》の謂《いい》でもありましょう。

ムカジー　その通りです。タゴールの勇気と率直《そっちょく》さを伝えるエピソードはほかにもあります。

ノーベル賞を受賞する以前から、タゴールは著名《ちょめい》な作家であるディジェンドロラル・ライを中心とした、ベンガル地方有数の知識人たちの攻撃の的《まと》になっていました。そして、タゴールは、彼の支持者からなる「バラティ・グループ」と、彼への敵対者たちとの間《あいだ》の恨《うら》みこもる言い争《あらそ》いを目《ま》の当《あ》たりにして、いたたまれない思いをしていたのです。

タゴールの敵対者たちは、おそらく彼の著作《ちょさく》スタイルやそこに表現された比類《ひるい》のない抽象《ちゅうしょう》的《てき》な美を理解できなかったのでしょう。

一九一三年、タゴールはノーベル賞を受賞します。西洋で高く評価され、ゲーテに比肩《ひけん》する芸術家、予言者とも評《ひょう》されました。シャンティニケタンでは、高名なベンガルの知識人たちがタゴールのための受賞祝賀会《しゅくがかい》を盛大《せいだい》に開催《かいさい》したいと提案しました。

しかしタゴールは、その人々の祝賀を極《きわ》めて威厳《いげん》ある態度で拒《こば》み、たとえ自分を酔《よ》わせようとする酒が唇《くちびる》に触れることがあっても、その酒を飲み干《ほ》すことはできないと、おそらく彼の生涯で最《もっと》も辛辣《しんらつ》な言葉で辞退したのでした。

この出来事《できごと》が示すのは、偽善《ぎぜん》的な称讃《しょうさん》に対しては、地域の有力者からのものといえども、大胆《だいたん》かつ果敢《かかん》に抗議《こうぎ》したという事実です。

池田　胸を打つお話です。次元《じげん》は異《こと》なりますが、タゴールと同世代であった牧口初代会長が、法華経《ほけきょう》と日蓮大聖人《にちれんだいしょうにん》の精神を受《う》け継《つ》ぎ、日本の軍部政府の思想統制《しそうとうせい》に反対して投獄《とうごく》されたことは、以前申し上げました。

牧口会長は長年、初等教育の名校長として名を馳《は》せており、悠々自適《ゆうゆうじてき》の後半生を送ることも

牧口常三郎初代会長（右）と戸田城聖第二代会長（1930年ごろ）
©Seikyo Shimbun

できたでしょう。しかし、仏法の「立正安国《りっしょうあんこく》」の精神に立って信念《しんねん》に殉《じゅん》じたのです。

獄中《ごくちゅう》でも、看守《かんしゅ》や取り調べの検事にまで、仏法の生命尊厳《そんげん》の哲理《てつり》について語り続けています。

この魂《たましい》を受け継いだのが、同じく投獄された戸田第二代会長です。

戸田会長も第二次世界大戦前、教育者として活躍《かつやく》する一方、実業家として二十近い会社を経営するなど成功を収めていましたが、投獄により、すべてを失《うしな》いました。しかし、出獄《しゅつごく》後、戦後の荒《あ》れ果てた社会のなかで、不幸な民衆を救わんと、仏法の流布《るふ》と「立正安国」の実現に向けて立ち上がったのです。

このお二人の人権闘争《とうそう》、平和闘争が、私ど

もの原点です。その足跡《そくせき》に、一九二カ国・地域の創価の民衆が陸続《りくぞく》と続いております。そして今、先師《せんし》、恩師の信念《しんねん》の行動を世界中の心ある多くの知性が知る時代となり、その偉業《いぎょう》を讃歎《さんたん》してくださっています。

恩師は言われておりました。

「革命には、弾圧《だんあつ》も、非難《ひなん》もつきものだ。なにがあっても恐《おそ》れるな。命をかければ、なにも怖《こわ》いものはなくなるのだ」

「二百年たったら、私たちの行動の本当の意味が皆《みな》、わかる時代が来るよ」と。

万人《ばんにん》を仏に——。この誓願《せいがん》に生き抜く先覚者《せんかくしゃ》は、数多くの迫害《はくがい》を受けると、法華経《ほけきょう》は説いています。それを踏《ふ》まえ、日蓮大聖人《にちれんだいしょうにん》は「大海《たいかい》には多くの河川《かせん》が流れ込む。しかし、大海は河川の水を押し返すことがあるだろうか。河川の水が入ってこなければ、大海はない」(『御書《ごしょ》』一四四八ページ、趣意)という道理を示されました。

「河川」とは、崇高《すうこう》な理念に生きる人生に押し寄せるさまざまな苦難《くなん》を譬《たと》えています。信念の人生は、多くの苦難を悠然《ゆうぜん》と受け止め、さらなる前進の糧《かて》としながら、大海原《おおうなばら》の如《ごと》く堂々たる勝利の人生を築《きず》き上げていくことを教えているのです。

ともあれ、人権闘争《とうそう》は決して過去の歴史上のことだけではありません。今も、その戦いは世界中で続いているからです。

二〇一一年の十二月、「人権教育および研修に関する国連宣言」が、第六十六回国連総会の席上、全会一致《いっち》で採択《さいたく》されました。

宣言は国連加盟国の合意として、人権教育の国際基準を初めて定めたものです。「世界人権宣言」「国際人権規約」などに続いて、人権思想《しそう》の歴史に新たな一章を加えるものと見られています。

ここに至るまで、多くの団体や心ある人々の営々《えいえい》たる努力がありました。

国連NGO会議の「人権教育学習NGO会議」で、私どもSGIも同作業部会の議長として宣言の起草《きそう》に関《かか》わり続けました。その意味でも、この採択を私どもは喜んでいます。

私たちは、これまで世界四十都市で「現代世界の人権」展も開催《かいさい》し、市民の意識啓発《いしきけいはつ》に取り組んできました。

今回、伺《うかが》ったような歴史の事実、人権の闘争を通して学んでいくことは、ますます大事だと思っています。

タゴールの詩を心に響《ひび》かせながら、私たちも、正義の勝利へ進みたい。

恐れなき勇気を持って！

2 人間主義の夜明け

日本の軍国主義とタゴール

池田　今回は、読者からの質問を中心にお伺《うかが》いしていきます。

一九一〇年代から二〇年代、タゴールが日本を何度か訪問し、友好を結んできたことは、この対談でも紹介しました。

その時期、日本は軍国主義へと次第《しだい》に傾斜《けいしゃ》していく渦中《かちゅう》にありました。タゴールは、そうした日本に対して道を誤《あやま》らぬよう、警鐘《けいしょう》を鳴らしています。

まず、タゴールは日本をどう見ていたのか。また、何を日本に期待していたのか、です。

思えば、牧口初代会長も、事《こと》の善悪《ぜんあく》よりも長いものには巻かれろで判断しがちな日本の精神風土《ふうど》を厳《きび》しく指摘《してき》し、「教育者はあくまで善悪の判断者であり其《そ》の実行勇者《じっこうゆうしゃ》でなければならぬ(1)」

と叫《さけ》びました。

その言葉のままに牧口会長は行動し、横暴《おうぼう》な軍国主義に抗《こう》して捕《と》らえられ、牢獄《ろうごく》で七十三歳の生涯を終えたのです。

もう二十年以上前になりますが、日本の著名な評論家、加藤周一《*かとうしゅういち》氏が、創価学会の東京の学生部員たちに、戦時に平和運動を貫《つらぬ》く難《むずか》しさを説き、牧口会長について、「あのような生き方は、できるものではない」と、しみじみと語っていたといいます。

ムカジー　二〇〇四年に日本を訪《おとず》れ、池田会長と語り合った際、牧口会長が日本の軍国主義に反対し、そのために逮捕《たいほ》・投獄《とうごく》され、獄死《ごくし》されたことを知りました。

私はこの事実を知って、日本の軍国主義に対してタゴールも同様な行動を起こしたこと、また軍国主義に反対したタゴールが果たした役割を思い起こしました。

タゴールは日本と日本の国民、そして日本国民の持つ美的《びてき》感性に対して、心からの愛情を抱《いだ》いていました。この愛情から、彼は五度にわたって日本を訪れたのです。タゴールは、日本が短期間で近代国家へと見事《みごと》な発展を遂《と》げたことを高く評価し、日本を「優雅《ゆうが》に咲く蓮《はす》の華《はな》」と表現しました。

このように、タゴールは日本に深い愛着《あいちゃく》を感じながらも、一九一六年、東京を訪れた際の歓《かん》迎会《げいかい》の席上、日本国民に対して躊躇《ちゅうちょ》なく、予言ともとれる警告《けいこく》を発《はっ》しました。日本は近代化の名のもとに軍国主義へと移行し、アジアの精神遺産《いさん》との繋《つな》がりを忘れつつある。日本人は単に西洋の生活様式を「猿真似《さるまね》」しているにすぎず、それは日本に完全な破滅《はめつ》をもたらすであろう、という内容でした。

その場に出席していた*大隈重信《おおくましげのぶ》首相（当時）も、この時、日本がそれまでの精神生活と袂《たもと》を分かとうとしていることを認《みと》めざるを得なかったのです。

池田 日本は、貴国《きこく》やアジアの国々から、文化的にもさまざまな恩恵《おんけい》を受けながら発展してきました。

精神的には、インドで発祥《はっしょう》した仏教、中国の儒教《じゅきょう》等の思想《しそう》が影響《えいきょう》を及《およ》ぼし、独特の精神風《ふう》土《ど》が形成されていきました。明治時代になると、西洋の文化が流入《りゅうにゅう》し、新しい技術を導入《どうにゅう》して、「*脱亜入欧《だつあにゅうおう》」といわれるほど、日本社会は急激《きゅうげき》に変化していきました。一方で、西欧《せいおう》の列強国と並ぶ軍事化を目指すようになり、遂《つい》には傲慢《ごうまん》にもアジアの国々を侵略《しんりゃく》するという暴挙《ぼうきょ》に出てしまったのです。

それは、昭和二十年（一九四五年）の第二次世界大戦の敗戦まで続きました。どれほどアジアの人々に甚大《じんだい》な犠牲《ぎせい》と被害《ひがい》をもたらし、また、日本でも、庶民《しょみん》がどれほど苦しめられ、尊《とうと》い

4回目の来日（1929年3月）の折、歓迎の花束を手にするタゴール　©共同通信社

生命を失《うしな》っていったことか。

日本は、この二十世紀の歴史の教訓《きょうくん》を絶対に忘れてはならないし、アジアの安定へ、世界の平和へ、貢献《こうけん》の道を進んでいくべきであると思っております。


ムカジー　先に述《の》べたタゴールの予言は、数年後、現実のものとなり、日本は中国本土を情《なさ》け容赦《ようしゃ》なく爆撃《ばくげき》して住居を破壊《はかい》し、多くの中国民衆に塗炭《とたん》の苦しみを味わわせたのです。

タゴールは、国賓《こくひん》として遇《ぐう》されていましたが、いささかの躊躇もなく、こうした蛮行《ばんこう》を「死の舞踏《ぶとう》」と非難《ひなん》したため、国内外で、文《ぶん》人《じん》や有識者《ゆうしきしゃ》などから激しい非難を浴《あ》びました。

日本の著名《ちょめい》な詩人である野口米次郎《よねじろう》*は、一時はタゴールを激賞《げきしょう》していましたが、「精神の放浪者《ほうろうしゃ》」という痛烈《つうれつ》な表現でタゴールを非難《ひなん》する書簡《しょかん》を書いています。野口は、「日本は他のアジア諸国を脅《おど》して自国に従《したが》わせる絶対的な権利を有する」と主張していますが、タゴールは、威厳《いげん》ある冷静《れいせい》な筆致《ひっち》で、野口の主張をきっぱりと否定しました。

タゴールは、「他国の民衆の権利と幸福を犠牲《ぎせい》にして、自国の祭壇《さいだん》に捧《ささ》げる権利があると主張するような愛国主義」に対して不信感を露《あら》わにし、怒りではなく悲しみと羞恥《しゅうち》の念から返書をしたためた、と述《の》べています。

こうした考え方を野口は嘲笑《ちょうしょう》しました。タゴールは野口と日本国民に対し、自《みずか》らの宗教である仏教に教訓《きょうくん》を求め、残酷《ざんこく》な殺戮行為《さつりくこうい》を止《や》めること、さもなくば、〝一つのアジア〟という日本人の夢は、やがて「累々《るいるい》たる髑髏《どくろ》の山を築《きず》くことになるだろう」と諫《いさ》めました。この野口宛《あ》ての書簡《しょかん》は、「わが愛する貴国民《きこくみん》の成功ではなく、改悛《かいしゅん》を願いつつ」という祈りにも似た、深く心に響《ひび》く言葉で結ばれています。

池田　タゴールが指摘《してき》した日本の仏教の教訓とは、まさに非暴力《ひぼうりょく》の思想《しそう》であり、生命の尊厳性《そんげんせい》を万人《ばんにん》に見いだしていく生き方であり、共生《きょうせい》の哲学《てつがく》でありましょう。

国と国の関係においても、自国の繁栄《はんえい》を、他国の犠牲の上に追求するようなことは許されない。そもそも相互《そうご》に依存《いぞん》しなければならない関係のなかで、一国だけがいつまでも繁栄することなどあり得ません。

牧口会長は、日本も世界も、軍事的、政治的、経済的な競争ではなく、共存共栄《きょうぞんきょうえい》のために「人道《じんどう》の競争」をしていくべきだとの信念《しんねん》でした。

獄中《ごくちゅう》の検事の取り調べにも堂々と、自らの信仰《しんこう》を貫《つらぬ》くことを述べ、生命尊厳の思想に基づく「理想社会の建設」を目指すべきであると、その考えを述べた記録が残っています。

この殉教《じゅんきょう》の師と共に投獄《とうごく》され、生きて出獄《しゅつごく》した戸田第二代会長は戦後の焼《や》け野原《のはら》に一人立ち上がり、「あなた（＝牧口先生）の慈悲《じひ》の広大無辺《こうだいむへん》は、わたくしを牢獄《ろうごく》まで連れていってくださいました」と、弟子の道を貫《つらぬ》かれました。

そして「断《だん》じて仇《あだ》を討つ。仇を討つといっても、無血の戦いである。必ず広宣流布《こうせんるふ》して、人々を苦悩《くのう》から救い、青年とともに平和な世界を築いていく」との信念で、道なき道を開き、民衆の連帯《れんたい》を築かれたのです。

その意味でも、私たちはタゴールの日本についての主張には傾聴《けいちょう》すべき点が多いと考えてきました。

ムカジー　タゴールがさまざまな侮辱《ぶじょく》や屈辱《くつじょく》に直面してもなお、日本国民に対し、犯《おか》しつつある過《あやま》ちをやめるよう、自ら進んで訴《うった》えたことは注目すべきことです。当時、英国の支配下にあったインドでしたが、タゴールは、英本国の反応や、いかなる弾圧《だんあつ》も恐《おそ》れることはありませんでした。

また彼は、たとえ一国の支配者が邪悪《じゃあく》な目的に走っても、その国民は必ずしも全員が邪悪な存在ではない、と信じていました。タゴールの日本人に対する敬愛《けいあい》の念は大きく揺《ゆ》らぎましたが、失《うしな》われはしなかったのです。

ロンドンのタゴール協会事務局長宛《あ》ての書簡《しょかん》で（一九四〇年十一月）、彼はこう述《の》べています。

「この狂気《きょうき》に満《み》ちた暴力《ぼうりょく》と破壊《はかい》の真《ま》っただ中でも、私は、道徳的価値という失われた人類の遺《い》産《さん》が最後には復活するという信念《しんねん》を、どこまでも堅固《けんご》に抱《いだ》き続けます」

池田　残忍《ざんにん》な暴力に対抗《たいこう》するため、タゴールは、何と勇敢《ゆうかん》な役割を果たしたことでしょう！

タゴールが示した、非暴力を貫《つらぬ》くために良き精神遺産を回復するという作業は、二十一世紀により求められているといえましょう。

先ほど、日本が中国に侵略《しんりゃく》した歴史に触れられましたが、二十一世紀のアジアの安定のためにも、日中の友好は世々代々に強固にしていかなければなりません。

「戦争で日本はアジアに地獄《じごく》の使いを送ってしまった。今度は、君たち青年が、アジアに平和の使いとして行くんだよ」――これは、私たち青年への恩師の遺言《ゆいごん》でもありました。

第11回学生部総会で「日中国交正常化」を訴えた池田SGI会長（1968年9月、東京）
©Seikyo Shimbun

日中両国間には、前世紀の日本の侵略の時期を除《のぞ》けば、長い友好の歴史があります。一九六八年、私は、一万数千人の学生の前で日中国交正常化提言を発表しました。

海を挟《はさ》んだ隣国《りんごく》であり、当時すでに人口七億の大国であった中国と日本が戦後二十年以上経《た》っても正常な関係にないことは、アジアを不安定にするだけである、未来の平和と繁《はん》栄《えい》のために、そして両国の「青年が笑顔《えがお》で交流できるように」両国関係を正常化すべきであると訴《うった》えたのです。

いまだ東西の冷戦下で、日本のなかには、共産主義国の中国を敵視する人々も少なくありませんでしたが、多くの人々の努力が結実《けつじつ》し、国交が正常化したのは、その四年後の一九七二年でした。

国交正常化後、中国から日本へ派遣《はけん》する初の留学生を受け入れたのは、創価大学でした。私が身元引受人《みもとひきうけにん》になりました。今、その留学生たちが大使や総領事《そうりょうじ》をはじめ、各界のリーダーとなって活躍《かつやく》されていることは、喜びにたえません。

今、年々、両国の青年の交流が広がっています。さまざまな課題はありますが、民間交流、なかんずく青年交流が広がれば、友好の道も広がります。

ムカジー　会長のご意見に全面的に賛成です。

「ガンジー・タゴール論争」

池田　次に読者から質問があったのは、タゴールとガンジーにはどういう主張の違いがあったのか、ということです。

特にイギリスからの独立《どくりつ》運動の過程《かてい》において、前に申し上げた国立ガンジー記念館のラダクリシュナン元館長は、「ガンジーは外国製品をボイコットするという『非協力運動』を展開し、タゴールはこの点については賛同していませんでした(2)」と語っていました。

そうした主張の違いはあったにせよ、二人が精神的に交流していたことは知られています。

「タゴールの家」に招かれたマハトマ・ガンジー夫妻（左）（1940年2月、インド・シャンティニケタン）
©Alamy/PPS通信社

元館長も、「二人は『平和』と『非暴力《ひぼうりょく》』の盟友《めいゆう》でした。生涯にわたり、お互いを讃《たた》え、友情を結んだ同志でした[2]」と語られていました。

ムカジー　非人道的な暴力行為《こうい》を非難《ひなん》するタゴールの、ベンガル分割に反対する抗議《こうぎ》運動への関《かか》わり方は、有名な「ガンジー・タゴール論争」としてよく取り上げられます。タゴールは当初、分割反対運動において、積極的にリーダーシップを発揮しました。しかし、反対運動は、ある段階から戦闘《せんとう》的になりました。タゴールは生来《せいらい》、いかなる暴力も許しませんでした。このため彼は、戦闘化した解放闘争《とうそう》から完全に身を引きました。それでも帝《てい》国主義者《こくしゅぎしゃ》に対して演説、講演、著作物《ちょさく》を通じて抵抗《ていこう》し続けました。また、ガンジーもすべての政治活動を一時的に見合わせました。とどまるところを知らない英国の圧政《あっせい》により青年活動家たちに芽生《めば》えた新たな愛国心は方向性を見失《みうしな》ってしまいました。

そのような状況のなかでガンジーは、あらゆる分野における英国政府への非協力政策を発表します。それまでタゴールはガンジーを深く敬愛《けいあい》していました。彼にとってガンジーは「マハトマ」（偉大なる魂《たましい》）でした。しかし、タゴールは民衆が精神的に支配されてしまう危険性を察《さっ》知《ち》したのです。

タゴールはガンジーらの非協力路線に正面《しょうめん》切《き》って反対します。カルカッタ大学のインスティチュート・ホールで「真理の呼び声」と題する講演を行《おこな》い、非協力政策への反抗の叫《さけ》びを上げました。この講演の内容は後に、一九二一年十月号の「モダン・レヴュー」誌にも掲載《けいさい》されました。もし、これ以上、非協力政策に無批判《むひはん》に従《したが》うならば、インドの民衆は偏狭《へんきょう》・不寛容《ふかんよう》・無気力・無知《むち》・惰性《だせい》の落《お》とし穴にはまるだろう、とみていたのです。

これへの返答としてガンジーは、今まで「グルデブ」（偉大なる師）の尊称《そんしょう》で呼んでいたタゴールを、親愛の情を持ちつつも、「（英政府の）偉大なる見張り番」と揶揄《やゆ》しました。しかしタゴールは、あくまでも反対の態度を貫《つらぬ》きます。

ガンジーの非協力思想《しそう》は、タゴールの信念《しんねん》、世界の多様《たよう》な文化に育《はぐく》まれてできた知性とは相《あい》いれなかったのです。タゴールは洋の東西からさまざまな人々をシャンティニケタンへと招《まね》きました。ゲーテがフランスの文明・文化を拒絶《きょぜつ》しなかったように、タゴールもイギリスの文明を排除《はいじょ》しなかったのです。

池田　タゴールとガンジーについて、フランスの文豪《ぶんごう》ロマン・ロランが記した言葉があります。いわく、二人は「その心情においては運命的に違っている。なぜなら、一方は、新しいヒューマニティの樹立《じゅりつ》をめざす信仰《しんこう》と慈悲《じひ》の精神《こころ》である。他方は、全人類の念願《ねんがん》を、同情と理解において結合《けつごう》せんとする、自由な、広大な、清澄《せいちょう》な知性である」(3)。

ロランは、タゴールが崇敬《すうけい》の念をもってガンジーのことを語るのを何度も聴《き》いた。それでもなお、二人の間《あいだ》に相違《そうい》があることは避《さ》けがたかった。

当時の状況をロランは、こう描《えが》いていますね。

「いっぽうで非協力が説かれているまさにそのときに、海の彼方《かなた》で、彼（＝タゴール）が東洋と西洋の協調を説いていたというのは、なんという運命の皮肉《ひにく》であろう！」(3)

前に申し上げたチョウドリ元国連事務次長も「西洋の伝統に対するタゴールの反応も、創造的でユニークなものでした。東洋と西洋それぞれの〝最良《さいりょう》〟のものの交流の道を開いて、双方《そうほう》の文化、知性、精神性をさらに豊かなものにしたのです」(4)と強調されていました。

そうした側面は、タゴールがイギリスから帰国後、農村で人々のために活動していくなかでもうかがえます。

チョウドリ氏は、「イギリスでの経験は、タゴールを詩人から、知的指導者へと変えたのです。個人の解放、そして植民地《しょくみんち》支配からの解放に尽力《じんりょく》する指導者です」(4)とも、語っていました。

苦しむ民衆のなかに飛び込んだタゴール

ムカジー　タゴールは、社会の現実から目をそむける人間ではありませんでした。

彼自身、シライドホやポティショルにあった幾《いく》つかの村の領主として、時代に取り残された農村の生活を見て、村民たちがどれほどの抑圧《よくあつ》と赤貧《せきひん》、また、村落特有の苦悩《くのう》を味わっているかを知っていました。

村民たちが、少しも人間的な潤《うるお》いのない生活を送っていることも、よく知っていました。際《さい》限《げん》なく働いても、その労働の対価はことごとく、実権を握《にぎ》る限られた少数の者たちに独占されていたのです。この底なしの貧困《ひんこん》と屈辱《くつじょく》の根本的《こんぽんてき》原因を探究するなかで、タゴールは「真理が冒瀆《ぼうとく》されていることに原因がある。人間に内在する真理の根底《こんてい》には、正義を感じ取る力《ちから》があり、それによってのみ、人と人との間《あいだ》に真の深い関係を築《きず》くことができる」と考えました。この真理が歪《ゆが》められたり、弱められたりすると、人々の苦悩は倍増するのです。

池田　タゴールが父親の農地の管理を任《まか》されたのは、三十歳の時でしたね。庶民《しょみん》の悲惨《ひさん》な生活実態に触れた彼は胸を痛め、政治や経済問題に目を開き、深く関《かか》わっていきます。

そして、後にタゴールは農村開発センターを設立し、「農村改革」にも取り組みます。人々が道徳心を持って、不正義と勇敢《ゆうかん》に戦ってこそ、真に偉大な変革が成《な》し遂《と》げられる。それなくして、永続的な運動にはならないと彼は考えていた。

タゴールは詩人の眼《まなこ》で時代を見つめ、人々のなかに飛び込んでいきます。

〝貧困と戦う経済学〟の探究で世界的に知られるアマルティア・セン*博士は「不正義を自《みずか》ら起こさなくとも、放置《ほうち》すること自体が不正義だというのが、タゴールの考えだ(5)」と語っています。セン博士も、タゴールの学園で学んだ一人です。

ムカジー　タゴールは、人間の魂《たましい》は常に社会全体のなかに脈打《みゃくう》っていなければならない、という東洋の知恵に気づいていました。社会制度とはすべての人が認《みと》め共有する道義的な相互義務《そうごぎむ》によって支えられています。その信念《しんねん》と生き生きとした精神的理想から、そうした魂は力を得るのです。その時、多様《たよう》な生命の躍動《やくどう》が辺境《へんきょう》の村々にまで行き渡り、富《と》める者と貧《まず》しい者、教育を受けた者と受けていない者を、広く受け入れられてきた慣行《かんこう》で結びつけます。すなわち、あらゆる人々による社会的富《とみ》の分配と相互依存《そうごいぞん》で結びつけるのです。インドはこの理念に基づくことによって、かつて、その文明の頂点を極《きわ》めたのでした。

詩人タゴールは、賢者《けんじゃ》にも似たその洞察力《どうさつりょく》によって、社会全体の幸福が築《きず》かれないかぎり、いかなる個人も真の幸福を得ることはできないと知っていたのです。しかし、同時に西洋諸国を模倣《もほう》した結果、都市部が生活の中心となり、農村が副次的《ふくじてき》な立場に追いやられたために、このような道徳的理念が瓦解《がかい》してしまったことも認識していました。

池田　近代化、西洋化の歩《あゆ》みは、工業の発展や経済の拡大をもたらした反面、富の獲得《かくとく》を重視するあまり、弱肉強食的《じゃくにくきょうしょくてき》な価値観《かちかん》を強めさせ、人間の基本的な徳目《とくもく》——寛容《かんよう》、調和《ちょうわ》、理解、慈悲《じひ》などが脇《わき》に置かれてしまい、歪《ひず》みが生じました。

貧富《ひんぷ》の差や格差なども、是正《ぜせい》されるどころか、拡大した面があります。農村問題もそうです。

こうした時、タゴールは農村改革の試《こころ》みとともに、教育改革と社会の不正に対する「言論活動」を進めましたね。

ムカジー　インド国民の生活は次第《しだい》に貧《まず》しくなりました。宗主国《そうしゅこく》への長い隷属《れいぞく》と屈辱《くつじょく》は、相互信頼という社会的繋《つな》がりを弱め、自信や自尊心《じそんしん》をも奪《うば》っていったのです。社会の実権や良いところはすべて、少数の都市部のエリート層のものとなりました。農村に住む多くの民衆には余《よ》暇《か》もなければ、生活の楽しみもなく、心は荒れ果てたまま、ごく少数の都市部のエリートに依存していました。こうした状況を考えれば、食《く》うや食わずで着《き》の身《み》着のままの、教育も受けていない農民たちを解放することなど、絵に描いた餅《もち》でしかありません。

タゴールは、農民たちが失《うしな》ってしまった、生活を向上させる手立ては自分たちの手中《しゅちゅう》にあるという信念《しんねん》を取り戻させることを、最優先《さいゆうせん》すべきだと考えました。しかし、それにはどうすればよいのか。その指針は、タゴールの有名な詩「いまこそあの頃の私に戻して」に示されています。

インドの民衆は、何よりもまず、黄金《おうごん》の過去を思い起こす必要がある。彼らは何世紀にもわたって抑圧《よくあつ》された弱々しい存在に甘《あま》んじてきました。大切なことは、その打ち拉《ひし》がれた心に新たな希望の火を点《とも》し、その押《お》し黙《だま》った口から新たな声を出させることである。そうした力《ちから》を再び得ることによって、自身の力、真理の力、すなわち不遇《ふぐう》を救う力はインド民衆の手中にあるという方向性を示したのです。

池田　長い植民地《しょくみんち》支配の下で生活してきた人々にとって、必要なのは、人々を縛《しば》りつけていた社会の悪弊《あくへい》に対して、敢然《かんぜん》と正義の声を上げ、連帯《れんたい》していくことです。

タゴールは「人間の最大の力《ちから》は自分の内にある」(6)また「人は、仲間とよく力を合わすことができないときには、ほんとうの能力《ちから》を失《うしな》う」「団結して立ち上がり、行動すれば、打開《だかい》できます」(7)とも語っていますね。

タゴールは、カースト制度を認《みと》めず、人々を差別《さべつ》から解放した釈尊《しゃくそん》についても、「釈尊は人間自身の中にある力を明らかになさり、恩恵《おんけい》とか幸福といったものを天から求めようとせず、人間の内部から引き出そうとなさった。かくのごとく尊敬《そんけい》の念をもって、信愛《しんあい》の心をもって、人間の内にある知慧《ちえ》、力、熱意といったものを釈尊は大いに讃美《さんび》なさり、人間とは惨《みじ》めな、運命に左右される、つまらぬ存在ではないということを宣言なさった」(8)と高く評価していました。

ここにも、タゴールの基本的な考え方がよく現れていると思うのです。

3

民衆のエンパワーメントと詩心

タゴールの改革──民衆の自立と啓発

池田　農業問題は、古くて新しい世界共通の重大なテーマであり、未来の発展への鍵《かぎ》となるものです。

日本では、今年（二〇一二年）も、創価学会の伝統の農漁村ルネサンス体験主張大会が、地域の方々を交《まじ》えて、全国津々浦々《つつうらうら》で行《おこな》われました。その際、私もメッセージを送り、ロシアの文豪《ぶんごう》トルストイ*の言葉を紹介しました。

「農作業を困難《こんなん》だと思えば、それは苦しみとなる。しかし、喜びだと理解すれば、それは喜びとなり、人間が得ることのできる最高の栄誉《えいよ》が贈られるであろう」(1)と。

大会では、昨年の大震災《だいしんさい》と大津波《おおつなみ》で壊滅的《かいめつてき》な被害《ひがい》を受けながらも、一歩一歩、復興《ふっこう》へ進む東北の友も体験を語り、「何があろうと、あきらめない」「むしろ、これからだ」との負《ま》けじ魂《だましい》が、参加者の胸を打ちました。

人間は、自身のなかに偉大な力《ちから》を秘《ひ》めていることを、この方たちは事実をもって雄弁《ゆうべん》に示してくれたのです。

日本の農漁村も、それぞれに大きな課題を抱《かか》えていますが、だからこそ、信仰《しんこう》の実証《じっしょう》を示しつつ、希望の灯台となって頑張《がんば》ろうと、多くの方々が地域の再生、発展に奮闘《ふんとう》されています。

タゴールが生きた時代のインドは、植民地《しょくみんち》支配が続き、農村では人々が自立していくために、幾多《いくた》の課題があったと思います。

ムカジー　その通りです。タゴールは、インド国民には自《みずか》らの生活を再建する新たな責任を担《にな》う必要があると考えました。そして、そのための政府の役割は最小限に留《とど》めるべきであると主張しました。

民衆が自分たちの力で精神的、物理的な障害《しょうがい》を取り除《のぞ》いていけるよう支援《しえん》することに力を傾《けい》注《ちゅう》すべきである。インドに受《う》け継《つ》がれてきた精神遺産《いさん》に基づいて行動するならば、インドの民衆は自らに宿《やど》る生命の光を再発見できるはずであると考えたのです。

すでに話題になりましたが、タゴールは、「ベンガル・ルネサンス」と呼ばれる文化革命の渦中《かちゅう》に生まれました。それは西洋人が「一八五七年の乱」と呼ぶ、インドで起こった「*セポイの乱」(反英暴動《ぼうどう》)の直後のことです。人間主義、自由主義、愛国主義といったルネサンスの自由の精神は、愛国主義の提唱者だったバンキムチャンドラ・チャットパディヤーイの幾多の作品に表現されています。以前にも触れましたが、彼の詩「バンデー・マータラム」は、ベンガルの大地を聖なる母になぞらえ、その美しさと輝《かがや》きを讃《たた》えた詩として、後にインドの国民歌として歌い継がれてきました。このルネサンスの精神は、ベンガル社会の進歩的な人々に広く支持されました。タゴールの家があるジョラサンコは、精神性と知性の象徴《しょうちょう》として知られ、ベンガル地方の文化活動・愛国活動の中心拠点となっていました。

タゴールの兄たち、ディジェンドロナトとジョティリンドロナトの文学作品や、ヒンズー・祭《メーラー》や、サンジーヴァニー・サバーなどの団体は、精神的理想主義によって浄化された愛国意《い》識《しき》を醸成《じょうせい》していきました。

父の精神性に影響《えいきょう》を受けたタゴールは、『ウパニシャッド』を読破し、*カビール、*ナーナク、*ダードゥ、*ラヴィダースら自由主義者の作品に親しみました。近代日本の芸術家、岡倉天心《おかくらてんしん》がインド文化に与えた影響も見逃《みのが》せません。

このような伝統を受け継ぎ、インド文化の再生のために力を尽くしたタゴールは、農村の再建と広義《こうぎ》の協力精神に根差《ねざ》した「スワデーシ・サマージ」の創設を提唱しました。

これは、信用組合のような組織によってではなく、相互《そうご》協調の意識《いしき》を喚起《かんき》することによって農民たちをまとめ、運動を起こそうとしたものでした。このような意識改革が建設的なスワデーシュ運動を生み、農民たちの自立と幸福獲得への一助《いちじょ》になると考えていました。

池田　タゴールの農村改革の運動については、この対談で何回か紹介したチョウドリ元国連事務次長からも、伺《うかが》ったことがあります。

チョウドリ氏は、「タゴールの一族は、この地方の大地主でしたので、彼自身も封建《ほうけん》制度の一員であるという人もいます。しかし、封建地主の家に生まれ育ったとはいえ、タゴールは心情的には苦しんでいる農民の側《がわ》に近かったと、私は思っています。彼が、その散文作品で主張したのは、人道的見地に立った信念《しんねん》をもって自分自身を正すこと、そして植民地《しょくみんち》の支配国の施《ほどこ》しを受けることなく、自立することでした」(2)と語っていました。

今のムカジー博士のお話からも、困窮《こんきゅう》する人々に同苦《どうく》しつつ、人々が誇《ほこ》り高く自立するとともに、協力し合って村落を再興《さいこう》することを、タゴールが強く願ったことが伝わってきます。

ムカジー　会長が指摘《してき》された通り、タゴールの地域共同体《きょうどうたい》の発展計画は、民衆の自立と啓発《けいはつ》という一対《いっつい》の原理に基づいていました。わけても後者の啓発がより重要だと思います。

民衆の自主性がここまで失《うしな》われてしまったのは、単に彼らが政治的自由を失い、道徳的に怠《たい》惰《だ》になってしまったからだけではなく、さまざまな社会的抑圧《よくあつ》や宗教的な迷信によって、民衆の精神が損《そこ》なわれてしまったからでもある、とタゴールは考えました。つまり村落の再建のためには、まず何よりも農民の啓発から始める必要があったのです。

「スワデーシ・サマージ」の理想的な創設の仕方について、実はこれよりずっと以前に、一九〇八年のパブナ地方会議で、タゴールはすでに提唱していました。

それは、すべての農民に平等《びょうどう》な立場が与えられる地域集団をつくり、互いに何を必要とし、どのような問題を抱《かか》えているかを理解し、精神的な自由と自立心、自尊心《じそんしん》を取り戻すよう助け合っていく、というものでした。

タゴールが打ち出したこの積極的協力政策は、しばしば拷問《ごうもん》や地域内の対立、外国製の衣服の焼き払いなどへと発展していった拒絶的《きょぜつてき》な「非協力政策」よりも、有益《ゆうえき》でした。こうした状況の一例が、タゴールの小説『家と世界』（一九一六年）に生き生きと描写《びょうしゃ》されています。

池田　タゴールの主張は一貫《いっかん》していますね。ムカジー博士が言われる通り、タゴールにとって改革とは、正義と真実の探求でなければならなかった。それゆえ、その眼《め》は、最《もっと》も貧《まず》しい、日々の糧《かて》すらままならない民衆の苦しみに、より向けられていた。

例えば、今おっしゃった『家と世界』には、こうあります。

「人間の歴史は、地球上のすべての国、すべての民族《みんぞく》によって形作られて来たのだ。だから、政治においても、正義《ダルマ》をお払《はら》い箱《ばこ》にして国を祀《まつ》り上げるなどということは、許されんのだ」「真実のために死ぬ時、人間は不死《ふし》となる。もし、どこかの民族がそのために滅《ほろ》びることがあるとすれば、人間の歴史の中で、その民族も不死となるのだ。世界の中で、このインドにおいてこそ、その真実が本当に自分のものとして体得《たいとく》されるよう、願いたいものだ(3)」

心揺《ゆ》さぶられる不滅《ふめつ》のメッセージです。

民衆への「啓発《けいはつ》」と「自助《じじょ》」を重視するタゴールの方針は、ある意味で、どんな運動にも不《ふ》可欠《かけつ》なものではないでしょうか。

農民たちが協力して立ち上がるため、タゴールが実際に手がけて実践《じっせん》した社会運動は、どういうものだったのでしょうか。どういう人たちがタゴールに協力していたのでしょうか。また、どのように人々に受け入れられていったのでしょうか。さらに、今日《こんにち》のインドの農業政策にも、影響《えいきょう》を与えているのでしょうか。

タゴールが取り組んだ「農村再建策」

ムカジー 会長の質問に対して、タゴールは「スワデーシ・サマージ」による農村再建策を提唱するだけに留《とど》まらなかった、とお答えできることをとても嬉《うれ》しく思います。国全体を変革する力《ちから》は持ち合わせていませんでしたが、まずシライドホやポティショルといった自《みずか》らの領地の小さな村で、農村再建という理想を実践に移したのです。

友人や親類、かつての教え子たちが応援に駆《か》けつけました。そのなかにはカリモハン・ゴーシュ、C・F・アンドリューズ、ナジェンドラナート・ゴンゴパッダエ、ブペシュ・チャンドラ・ロイ、サティシュチャンドラ・ゴーシュ、ビピンビハリ・ビッシャシ、ナリニ・チャクラボルティ、ダニエル・ハミルトン等がいました。

少年少女たちのための学校も幾《いく》つか創《つく》られ、農民銀行の創設をはじめとして、村道の修復、貯水池《ちょすいち》の清掃《せいそう》、医療《いりょう》センターの設立、手織《ており》機《ばた》の設置などを行《おこな》いました。タゴールは、教え子の学生たち一人一人に一村を担当させ、その発展に最善を尽くすよう委任しました。これらの活動は、近代インドの農業政策に大きな影響を与え、国の五カ年計画にも反映されました。

池田 私が忘れられないのは、前にも申し上げた農学者のスワミナサン博士が、「農民が不幸な国は、どんな国民も幸福ではありません。農民の幸せな笑顔《えがお》が、その国の幸福を決める。私はそう思っています(4)」と、しみじみと述《の》べていたことです。

これは、いつの時代も変わらないことでありましょう。

スワミナサン博士は、「人間と食物《しょくもつ》の関係」は単に生命を維持《いじ》するだけのものではないとも語られていました。すなわち――

「文化を支え、自然への畏敬《いけい》の念を支えるものなのです。食物は、人間を謙虚《けんきょ》にします。私たちは、この『自然』と『農業』と『文化』の三角関係をさらに強化しなければならないと、強く信じています(4)」と。

まさに、農業は、食料問題はじめ、経済、文化、伝統など、社会のあり方を考える上で重要な基盤《きばん》となるものです。

農業を軽視すれば、社会が不安定になり、人々の生命も守れません。未来は行《ゆ》き詰《づ》まります。

ムカジー　よくわかります。タゴールの創造欲は、理論的な知識のみを与える学園をシャンティニケタンに創設するだけでは満《み》たされませんでした。農民たちの実用的知識を培《つちか》い強化するために、彼は農業経済学者であるレナード・エルムハースト*の協力を得てシュリニケタンに学園を建設しました。こうしたタゴールによる農村再建策は、現在、インドの国家計画策定《さくてい》委員会が主導《しゅどう》する「地域社会開発計画」の先駆《さきが》けになったといえるでしょう。

しかし、この積極的な協力を基調とするタゴールの農村再建策は、期待していたようには農民たちに受け入れられませんでした。ほとんどの農民たちは、その素晴らしさを理解できなかったのです。

タゴールの教え子の保護者たち、かつての教え子たち、さらには、いわゆるガンジー*主義のリーダーたちのなかにも、彼の構想に激《はげ》しく反対する者がいました。

タゴールの計画は、当初の目的を達することはできませんでしたが、独創的《どくそうてき》なものでした。タゴールは、この計画が貧困《ひんこん》にあえぐ同胞《どうほう》を救うと信じていました。だからこそ、師であったガンジーの非協力運動の方針にも、躊躇《ちゅうちょ》なく反対したのです。タゴールは、時代のはるか先を歩《あゆ》んでいました。

池田　タゴールが取り組んだ農村再興――いわば民衆の自立的生活の場、啓発《けいはつ》の場としてのコミュニティー（共同体《きょうどうたい》）の再生は、人間一人一人が本来持つ可能性を開花させるという意味において、まさに今日的《こんにちてき》課題にも通じるものがありましょう。
私は二〇一二年一月に発表した平和提言でも、経済格差や大災害等で苦しむ人々への政治支《し》援《えん》の重要性とともに、国連の「人間の安全《あんぜん》保《ほ》障《しょう》委員会」による報告書の問題提起《ていき》――人間の安全保障《あんぜんほしょう》は「人間に本来備《そな》わっている強さと希望」に拠《よ》って立つものであり、「自《みずか》らのために、また自分以外の人間のために行動を起こす能力は、『人間の安全保障』実現の鍵《かぎ》となる重要な要素である」ということを取り上げました。そして、その人間の本来的な力《ちから》を引き出す粘《ねば》り強《づよ》い対話とエンパワーメントの大切さを強調しました。

日蓮大聖人《にちれんだいしょうにん》も、疫病《えきびょう》が蔓延《まんえん》し、戦火の絶《た》えない時代状況下で「当世《とうせい》は世みだれて民《たみ》の力《ちから》よわし」（『御書《ごしょ》』一五九五ページ）と、人々に広がる諦観《ていかん》や逃避《とうひ》の思想《しそう》こそ一凶《いっきょう》と断《だん》じられ、一人一人の内なる可能性を開花させ、偉大な力を湧《わ》き立たせる宗教をもって、時代の閉塞感《へいそくかん》を打《だ》破《は》し、社会を変革していくことを訴《うった》えられました。

いつの時代、社会においても、変革に不可欠《ふかけつ》なのは、人間をより善《よ》く、より強く、より聡明《そうめい》に向上させゆく「人間のエンパワーメント」です。そして、人々が結合《けつごう》し、連帯《れんたい》していくことです。

ムカジー　私の知る限り、会長のおっしゃる「人間のエンパワーメント」の理念はあらゆる宗教、とりわけ仏教に見ることができます。

仏法の生命への洞察――「十界論」

池田　この「人間のエンパワーメント」に関連して、少々申し上げれば、仏法では、「十界論《じっかいろん》」という生命の洞察《どうさつ》があります。

それは、「地獄界《じごくかい》」「餓鬼界《がきかい》」「畜生界《ちくしょうかい》」「修羅界《しゅらかい》」「人界《にんかい》」「天界《てんかい》」さらに「声聞界《しょうもんかい》」「縁覚界《えんがくかい》」そして「菩薩界《ぼさつかい》」「仏界《ぶっかい》」となります。

簡略化《かんりゃくか》していえば、仏法でいう「貪《とん》」（むさぼり）、「瞋《じん》」（いかり）、「癡《ち》」（おろか）の三毒《さんどく》、そこから現出《げんしゅつ》する権力欲《けんりょくよく》、名誉《めいよ》欲、金銭《きんせん》欲、支配欲等の悪縁《あくえん》に紛動《ふんどう》されやすい最初の六つの境涯《きょうがい》を超えようとしたところに開かれる境涯が「声聞界」「縁覚界」の二乗《にじょう》です。

この二乗は、知性、理性、良心《りょうしん》などの高い精神性を発揮して自己自身の欲望を乗り越えようとします。そして現象の奥にある真理や法則を深く探究しながら、素晴らしい満足と喜びに包まれていく境涯です。しかし、自己のことのみにとらわれて、他者の幸せのための行動を起こさなければ、慢心《まんしん》やエゴイズムに陥《おちい》ってしまうという危険性もはらんでいます。

そこで、仏法は、そこからさらに深く「菩薩界」そして「仏界」へ、さらなる自己の成長を促《うなが》しているのです。

特に、「菩薩界《ぼさつかい》」の特質は、「上求菩提《じょうぐぼだい》・下化衆生《げけしゅじょう》」といわれ、宇宙根源《うちゅうこんげん》の法への限りなき求道心《きゅうどうしん》とともに、他者の幸福のために行動する「利他《りた》」の実践《じっせん》が具《そな》わっていることです。

利他、そして自他共《じたとも》の幸福の実現という使命感を根本《こんぽん》に、現実の民衆の苦悩《くのう》の打開《だかい》に尽くしていくなかで、知性、理性、良心《りょうしん》、智慧《ちえ》、慈悲《じひ》をさらに磨《みが》きながら、高い倫理性《りんりせい》も一段と開発されていく。

それが「仏界《ぶっかい》」という、万人に具わっている尊極《そんごく》の生命を自身の胸中に輝《かがや》かせていく「下地」となっていくのです。

ここに、仏法における「人間のエンパワーメント」の一つの焦点《しょうてん》もあります。

ムカジー　会長が指摘《してき》された仏教が強調している「人間のエンパワーメント」は、タゴールの作品のなかでも言及《げんきゅう》されています。

インドの民族運動とタゴールの詩歌

池田　ここで、もう一つ光を当てておきたいのは、詩歌《しいか》についてです。

タゴールにとって、民族《みんぞく》運動と詩歌は、切っても切り離せないものでした。

タゴールの詩歌は、人々を鼓舞《こぶ》するとともに、タゴール自身がさまざまな苦難《くなん》に見舞《みま》われるごとに、新たな生命が詩の一節、一節に吹き込まれていったように、私には思えてなりません。

闘争《とうそう》のなかで語られたタゴールの言葉、また、タゴールの詩歌について、幾《いく》つかご紹介いただけますか。

ムカジー　深刻な経済問題と、同胞《どうほう》を含《ふく》め、各方面からの辛辣《しんらつ》な批判《ひはん》に直面していたタゴールでしたが、ベンガル分割反対運動の只中《ただなか》でも、それらの不幸な出来事《できごと》を理由に、偉大なる文学作品や詩歌の創作をやめることはありませんでした。それが可能だったのは、タゴールがインドの民衆が抱《かか》えている苦しみを片時も忘れることなく、反対運動において消極的な立場に留《とど》まることを潔《いさぎよ》しとしなかったからです。タゴールは独自《どくじ》のやり方で、機敏《きびん》に反応しました。

英国への抗議《こうぎ》の一環《いっかん》として、数多くの詩や歌を作ったのです。それらは若い愛国者たちを熱狂させ、新たに火を点《とも》されたナショナリズムの精神を大きく燃え上がらせました。

こうして作られたタゴールの詩歌は、今なお最《もっと》も優《すぐ》れた愛国的な詩歌集と受けとめられています。

タゴールの歌が民族独立《どくりつ》運動において重要な役割を演じたということだけではありません。実《じつ》は、この運動そのものが、詩人タゴールの創作活動に大きな影響《えいきょう》を与えました。

実際のところ、インドの独立運動は、初期の段階では民衆運動とはいえないものでした。それは本質的にエリートたちの運動であり、植民地《しょくみんち》支配者の良識に訴《うった》える懇願《こんがん》という形で行《おこな》われていました。こうした抗議《こうぎ》行動は、タゴールが納得《なっとく》できるものではありませんでした。同胞《どうほう》たちが涙《なみだ》を流して懇願する物乞《ものご》いの役割を演じさせられているのは、恥《は》ずべきことだと感じていました。

当時の作品から、次の一節をご紹介します。

「なんてことを！　その涙で　この大地を湿《しめ》らせてはならぬ
さあ勇気を奮《ふる》い起こし　心の扉《とびら》をかたく閉じるのだ
堅《かた》く固《かた》く閉じるのだ
意味もなく　価値もないことのために心を涙で溶《と》かし　路上に投げ捨ててはならぬ
おお　いかなる困難《こんなん》があろうとも　行く手を阻《はば》む障害《しょうがい》には目もくれず
その心とともに必ず最後まで歩き通すのだ
家の中から　あなたの涙の雨を見て笑う連中
周りはそんな輩《やから》ばかりだ
そんな輩の戸口で泣き崩《くず》れて　心を張り裂けさせてはならぬ
恥ずかしさのあまり　あなたの心は張り裂けてしまわないだろうか

朝がきて　皆《みな》が誇《ほこ》らしく仕事に向かう時に
刺《さ》すような心の痛みを抱《かか》え　独《ひと》り道端《みちばた》で身をわななかせている
何度も　その身を震《ふる》わせるだけだ」

池田　タゴールの詩は、人々の精神を映し出す鏡となり、民族《みんぞく》の誇りを取り戻させ、勇気をもって生きることを教えていった。そして、虐《しいた》げられてきた人々が、自身の尊厳性《そんげんせい》に目覚《めざ》めるよう導《みちび》いていった——。

これこそが、タゴールの詩が人々の心を強く打った理由ではないでしょうか。

インドの多くの識者《しきしゃ》の方々、また友人たちと語り合って、皆が皆、タゴールを敬愛《けいあい》し、タゴールを誇りとして、タゴールが心のなかに息づいていることを、私は実感してきました。

ムカジー　おっしゃる通りです。タゴールは、常に私たちの心のなかに存在しています。

独立《どくりつ》運動の第二段階に入り、タゴールは運動の指導者たちが躊躇《ちゅうちょ》し、行動を起こせずにいるのを見て、彼自《みずか》ら指導者たちに民衆と共に歩《あゆ》むよう呼びかけます。民衆と共に歩めば、恐《おそ》れることはない、と。

「爽《さわ》やかな風がこの身を吹き過ぎ
空には雲が垂《た》れ込《こ》めてはいるが

船乗りよ　さあ舟《ふね》を出すときが来た
きみは舵棒《かじぼう》を堅《かた》く握《にぎ》り締《し》めるのだ
わたしは高々《たかだか》と帆《ほ》を張ろう
『さあ引け　強く引け　強く引くのだ　その縄《なわ》を』
舟をつなぐ舫《もや》い綱《づな》は　夜明けにギリリと音を立てる
だがその音は　舟が恐《おそ》れをなす音ではない
舫い綱を解けという　抗議《こうぎ》の音にすぎぬ
舟は自由になりたがっている　ゆえに今日はひどく揺《ゆ》らすのだ
『さあ引け　強く引け　強く引くのだ　その縄を』
出船をいつにするか、何時に出るかを決めるのに
わが心を思い惑《まど》わせ
出航するのか　しないのかを論じ合う
あらゆる惑いや疑いを
消し去ることができるのはわが一念のみ
ゆえに心配げな眼差《まなざ》しを見せてはならない

インド国立ヴィシュヴァ・バラティ大学のスジット・バスー副総長（左）と会見する池田SGI会長（2006年5月、東京）　©Seikyo Shimbun

たとい　シヴァの神が現れて
その蓬髪《ほうはつ》が風で逆巻《さかま》き
荒波が打ちつけようとも
ためらってはならない
その音律の中に敢《あ》えて身を投じるのだ
そして歌うのだ　輝《かがや》かしい勝利のために
『さあ引け　強く引け　強く引くのだ　その縄を』」

池田　タゴールの信念《しんねん》と民衆への思いが、凝《ぎょう》結《けつ》したような一節ですね。

かつてヴィシュヴァ・バラティ大学のバスー副総長が力説されていました。

「タゴールは近代性のシンボルであり、教育、文化、社会一般、政治といった人間の諸活動における『悪』には、常に抗議《こうぎ》しました。そして、その著作《ちょさく》と音楽を通してタゴールが強く訴《うった》えたのは、真理を真剣に求めぬくことでした。悪と知っていながらそれを容認《ようにん》し、手を組むことは犯罪行為《はんざいこうい》であり、罪《つみ》とは不法行為や窃盗《せっとう》、嘘《うそ》をつくといったことだけでなく、だれかが罪を犯《おか》すことを防《ふせ》ぐための適切な手段を講《こう》じずにいることも、罪を犯す、すなわち悪に等《ひと》しいと訴えたのです」

私の心に強く残っている言葉です。民衆と共に、勇敢《ゆうかん》に、新しい道を進もうとした詩聖《しせい》の軌《き》跡《せき》が偲《しの》ばれます。

第四章

「生命の尊厳」を時代精神に

1

時代が希求する新たな生命哲学

運命の試練を乗り越えたタゴール

池田 「人間の尊厳《そんげん》」を謳《うた》い、人々を鼓舞《こぶ》してきた詩聖《しせい》タゴールは、人間の「生死」の問題についても示唆深《しさぶか》い言葉を残しています。

「われわれのうちには不死不滅《ふしふめつ》であって死の恐怖《きょうふ》も、苦悩《くのう》ももたず、苦しみを喜びのもう一つの側面と見なす、世界と同じ大きさに拡大された人間が存在している」(1)

「われわれの苦しみの大部分は、われわれが存在の新しい面にはいる始まりであることを、われわれは知らなければならない」(2)

前にも触れましたが、タゴールは四十一歳の時に、最愛の夫人ムリナリニ・デビを病気で亡《な》くします(一九〇二年)。その前年、シャンティニケタンにタゴールが学園を創設した際も、共に奔走《ほんそう》し、自《みずか》らの宝石も売り、生徒の食事をつくり、心から尽くした夫人でした。その夫人が病《やまい》に倒《たお》れ、タゴールは昼夜を分かたず看護《かんご》にあたり、枕辺《まくらべ》に座って静かに団扇《うちわ》をあおぎ続けたといいます。

夫人が世を去った、わずか九カ月後、次女レヌカが肺病で亡《な》くなります。さらに、その四カ月後、将来を嘱望《しょくぼう》されていた若き詩人であり、友人のショティシュ・チョンドロ・ロイが、天然痘《てんねんとう》で急死してしまいます。そして、一九〇五年には、マハーリシ（大聖《たいせい》）と仰《あお》がれた父デベンドロナトが永遠の別れを告《つ》げました。

一九〇七年には、次男で末っ子のショミンドロナトがコレラにかかり、世を去ります。天分《てんぶん》に恵まれ、活躍《かつやく》が期待された十三歳の少年でした。タゴールにとって、どれほどの衝撃《しょうげき》であったでしょうか。

ムカジー　人間は誰《だれ》しも、その苦悩《くのう》の大きさはともかくとして、悲しみや苦しみに直面するものです。概《がい》して人は、不幸に見舞《みま》われるとそれに押し潰《つぶ》されてしまいがちですが、タゴールの人生は、それと異《こと》なる生き方を教えてくれます。

タゴールが子どもの頃からさまざまな不幸を経験してきたことは、まぎれもない事実です。十代前半で母親と死別。敬慕《けいぼ》していた義理の姉カドンボリ・デビを失《うしな》ったことも、タゴールに

若きタゴールと妻ムリナリニ・デビ（1883年。現在「タゴールの家」に飾られている写真額より）
〈提供＝Bharat Soka Gakkai〉

大きな衝撃を与えました。四十一歳になるまでに、愛する妻ムリナリニ・デビや次女のレヌカを相次《あいつ》ぎ亡くします。さらに、追い討ちをかけるように、タゴールは各方面からの攻撃の格好《かっこう》の標的《ひょうてき》にされました。

普通であれば、正気を失わんばかりの状況に追い込まれてしまうほどの悲劇《ひげき》の連続でした。しかしタゴールは、そのような人間ではありませんでした。自《みずか》らに課《か》した学園の建設とその発展への献身《けんしん》、また創作活動を通して、すべての悲劇を受け入れることのできる平静《へいせい》と沈着《ちんちゃく》さを培《つちか》っていたのです。

池田　わずか六年ほどの間《あいだ》に、タゴールの心安らぐ家庭は消え去り、深い悲哀《ひあい》のなか、彼は数カ月間を東ベンガルの自然豊かな小さな村、シライドホの領地で過ごします。

社会活動の面では、タゴールはベンガル州分割の反対運動の指導的立場にいましたが、運動が暴力的《ぼうりょくてき》になったため第一線から退《しりぞ》きます。そのことで、周囲《しゅうい》からの非難《ひなん》にもさらされます。容赦《ようしゃ》なく襲《おそ》いかかる人生の試練《しれん》と社会からの打撃《だげき》に、大詩人タゴールは、どう向き合っていったのか。生と死という最大の難問《なんもん》を、どう受け止め、立ち上がっていったのかという点も、タゴールの生涯から学ぶ大事なテーマですね。

ムカジー　叙事詩《じょじし》『ラーマーヤナ』は伝説的著者《ちょしゃ》であるヴァールミーキの作品です。ある時、つがいの鳥の一羽が猟師《りょうし》に殺され、残された鳥がその死を悲しむ姿を目《ま》の当《あ》たりにし、心を動かされたヴァールミーキのなかに、『ラーマーヤナ』の最初の詩節が自《おの》ずと浮かび、偉大な叙事詩が生まれたとされています。

同じように愛《いと》しい家族の死を悼《いた》む悲哀《ひあい》を、タゴールは、詩集『ギタンジャリ』や『ジティマルヤ』に見られるように、情熱的で真情《しんじょう》溢《あふ》れる簡潔《かんけつ》な詩句へと昇華《しょうか》させていったのです。だからといってタゴールは、個人的な悲しみにまったく動揺《どうよう》しなかったわけではありません。

妻の死後、ベンガルの民話研究家であるディネシュ・チャンドラ・セン*から届いた哀悼《あいとう》の手紙への返書で、タゴールは綴《つづ》っています。

「神は私に、この苦悩《くのう》を与えました。もし、この苦悩が私に何の影響《えいきょう》も与えなかったとしたら、それは理不尽《りふじん》なことになるでしょう。この苦痛《くつう》を、頭《こうべ》を垂《た》れ、最大の謙虚《けんきょ》さをもって受け入れます」

動かしがたく、容赦のない死というものの真実を、タゴールは十分に理解していました。その真実を彼は進んで受け入れました。なぜならば、厳《きび》しい真実は決して人を欺《あざむ》くことがないからです。もし、その厳しい側面を受け入れることができなければ、それは真実の道からの逸脱《いつだつ》を意味します。ですからタゴールは、真実をありのままに迷わず受け入れたのです。かつてタゴールは、妻ムリナリニ・デビに宛《あ》てた手紙のなかで、たとえ真実が良いものであっても悪いものであっても、すべてを従容《しょうよう》と受け入れる精神の強さを持つよう、助言していました。

池田　運命の試練に立ち向かい、乗り越え、確かな創造の軌跡《きせき》を残していった人生には、深い精神の闘争《とうそう》があるものです。

私は恩師の戸田城聖《じょうせい》先生を思い出します。先生は若い頃に、幼《おさな》い娘《むすめ》さんを肺結核《はいけっかく》で失《うしな》いました。最初の夫人も相次《あいつ》いで亡《な》くすなど、間近《まぢか》に死という問題に直面されました。

ある時、恩師は、子どもを早く亡くした人を励《はげ》まして、こう語られました。

「私は、年二十三で『ヤスヨ』という子供をなくしました。女の子であります」「ぼくも、冷たい死骸《しがい》を一晩《ひとばん》抱《だ》いて寝《ね》て泣きました」

「私は、そのときぐらい世の中に悲しいことはなかったのです」

「そこで、もし自分の妻が死んだら……と私は泣きました。その妻も死にました。もし母親が死んだらと思いました。それは私としても、母親が恋《こい》しいです。今度はもう一歩つっこんで、ぼく自身が死んだらどうしようと考えたら、私はからだがふるえてしまいました。

それが牢《ろう》にはいって、少しばかりの経典《きょうてん》を読ませてもらって『ああ、よくわかりました』と解決したのですが、死の問題は二十何年間かかりました。子供をなくして泣きすごすと、妻の死も自分自身の死もこわかった。これがようやく解決できたればこそ、戸田は創価学会の会長になったのであります(3)」

戸田先生は、ご自身の苦しんだ体験のなかから、また、軍国主義に反対して投獄《とうごく》され、獄《ごく》中《ちゅう》で法華経《ほけきょう》を身読《しんどく》されるなかで、人生の真実を深く知ることができた。ありとあらゆることで苦しんだからこそ、人の心がわかる人間になれたのだ、今、大衆のリーダーとして大勢の人を励《はげ》ませるのだ、とも言われておりました。

その時は、苦しく、やりきれなくても、負けないで生き抜いていけば、あとから「ああ、こういう意味があったんだ」とわかる時がくる。「あの苦しみがあったからこそ、今の自分がある」と感謝し、大勢の人に勇気と希望を贈りながら、依怙依託《えこえたく》となっていける。

それこそが人生の真髄《しんずい》であり、あらゆる古今東西《ここんとうざい》の偉大な思想《しそう》や哲学《てつがく》、宗教が目指した一つの焦点《しょうてん》も、ここにありましょう。

タゴールも「苦悩《くのう》が人間を祈りへと向かわせ、内なる無限、すなわち、聖なるものの門を叩《たた》かせる」[4]と綴《つづ》っていますね。

人生の悲哀をも創造の源泉に

ムカジー　タゴールは、自分自身の悲しみを人に話そうとはしませんでした。個人的な悲しみは、清純で静謐《せいひつ》なものである。ゆえにそれによって日常生活に支障《ししょう》を来《きた》したり、人々の注目を集めたりするのは恥《は》ずべきことである、と考えていました。

彼のただ一人の孫息子《まごむすこ》が死んだ時、シャンティニケタンでの雨祭りをしばらく見合わせたらどうかとの話が持ち上がりましたが、タゴールはこの提案に賛成しませんでした。

また、長女マドゥリロタが死去した翌日、タゴールは人に会う約束がありましたが、それを取りやめることはしませんでした。

友人のラメンドラ・スンダル・トリヴェディ*は、定期的にタゴールのもとを訪《おとず》れていました。

タゴールの次女レヌカが亡《な》くなった当日も、ラメンドラはいつものようにタゴールの家を訪問していました。長時間にわたり話をした後、辞去《じきょ》しようと立ち上がり、「ところで、レヌカはお元気ですか」と尋《たず》ねました。するとタゴールは、「じつは娘《むすめ》は今日、亡くなりました」と静かに答えたというのです。

池田　象徴的《しょうちょうてき》な逸話《いつわ》を紹介していただきました。ムカジー博士は、以前にも、タゴールは自身が幼《おさな》い時から直面してきた人生経験のなかで「死は清純で静穏《せいおん》で安らかな出来事《できごと》」とも感じていたとおっしゃっていましたね。

ムカジー　生命に対するタゴールの哲学的《てつがく》洞察《どうさつ》は、とりわけ『イーシャ・ウパニシャッド』の教えから多大な影響《えいきょう》を受けています。

——タゴールは子どもの頃から、ブラフマン（梵《ぼん》）は「我」と同一（不二《ふに》）であり、別物ではない、という考え方を学んでいました。それらは、流れる油のように分かつことのできない、統合された切れ目なく連続する存在です。それは万物《ばんぶつ》に遍在《へんざい》し、生物と無生物のすべてを包摂《ほうせつ》する「普遍《ふへん》的意識《いしき》」を持つものです。人間の意識は、その普遍的意識の一表現にすぎず、それを離れては何も存在しないのです。人間という存在、そしてこの宇宙《うちゅう》に存在するすべてのものは、有形、無形を問わず、相互《そうご》に密接に結ばれている——

タゴールは「意識の単一性《たんいっせい》」を以上のように説明しました。

このような認識を、タゴールは末娘ミラ・デビ宛《あ》ての手紙（一九三二年八月）で次のように述《の》べています。

末息子《すえむすこ》のショミンドロナトが亡くなった次の日、夜汽車《よぎしゃ》に乗って旅をしていた時のことを述《じゅっ》懐《かい》しながら、タゴールは空と目に映《うつ》る自然、そのすべてが満月の光を浴《あ》びて皓々《こうこう》と輝《かがや》きわたり、あたり一面の隅々《すみずみ》にまで生命が満《み》ち溢《あふ》れ、欠けているものは何一つなく、そして、万物が一つの完全なる全体であり、その全体性のなかに自分も存在していると感じた、と綴《つづ》っています。

タゴールは、無限なるものが有限なるものに浸透《しんとう》し、永遠性をはらんでいることを実感したのです。もはや、ショミンドロナトの死を悲しみ、嘆《なげ》く気持ちはなくなりました。なぜなら、息子の肉体は滅《ほろ》んでも、その精神は永遠の意識という全体性のなかに生き続けていくからです。

こうして、永遠なる意識の単一性という思想《しそう》は、一体性の精神を生み、タゴールの内なる自己を覚醒《かくせい》させました。今や新たなる力《ちから》が注《そそ》ぎ込まれたタゴールの内なる強さは、彼の内面世界を一変させました。個人的な苦悩《くのう》を転換し、生命の尊厳《そんげん》と尊重《そんちょう》へと進展《しんてん》させました。そして、さらなる創作活動に取り組んだタゴールは、自《みずか》らにふりかかる不運な出来事《できごと》、悲しみを克服《こくふく》していきました。

池田　歴史学者のトインビー博士と語り合った際にも、東洋の宗教が説く永遠の生命観がテーマになり、仏法の生命観を、私はさまざまな観点《かんてん》から申し上げました。

仏教では、「輪廻《りんね》生死《しょうじ》」——生命は輪廻しながら永続していく。「生」と「死」を繰《く》り返《かえ》しながら、永遠に存続していく超《ちょう》時間的実在《じつざい》であることを説きます。

この思想《しそう》に立つならば、人がそれぞれ生まれながらに持っている宿業《しゅくごう》は、神のような超絶者《ちょうぜつしゃ》の意思《いし》によって定められたものでもなければ、まったくの偶然《ぐうぜん》によるものでもない。自分自身の身口意《しんくい》の三業《さんごう》によって決定づけられている。

つまり、仏教の思想は、人間に、すべてについて自分自身が責任を持っていることを自覚させ、本源的《ほんげんてき》な主体性《しゅたいせい》を打ち立てるよう促《うなが》しています。

そして、自身の宿業を超克《ちょうこく》していく偉大な境涯《きょうがい》を開くことは可能であるとして、釈尊《しゃくそん》はその法理を法華経《ほけきょう》のなかで示し、偉大なる〝法〟によって、自己の内に実在する仏性を開覚《かいかく》する道を教えました。

それは言《い》い換《か》えれば、「いかにして自己を実現するか」というテーマに通じます。

その自己とは、利己心《りこしん》や末梢的《まっしょうてき》な欲望に支配された〝小我《しょうが》〟ではなく、宇宙大《うちゅうだい》の無限の可能性を持った本源的な自己であり、慈悲《じひ》と英知《えいち》の源泉としての〝大我《たいが》〟ともいえましょう。

我が生命の仏性を開覚した時、その人の活動は、他の人々に対する無限の慈悲として現れていきます。

タゴールも、自《みずか》らの悲哀《ひあい》を自らに課《か》せられた「試練《しれん》」と受け止め、次なる創造へのバネとしていきました。人類の幸福と平和を目指すという「使命」の大道《だいどう》を、より力強《ちからづよ》く闊歩《かっぽ》していきました。

私は創価大学の学生に、タゴールの崇高《すうこう》な生き方を通して訴《うった》えてきました。

「誰人《たれびと》も長い人生には、苦難《くなん》や試練や悲運《ひうん》と思われるような出来事がある。しかし、負けてはならない。次代を担《にな》いゆく諸君は、胸中の悲哀を制覇《せいは》せよ！　悲哀をも創造の源泉にせよ！あらゆる試練は『創造の源《みなもと》』となるからだ」と――。

ムカジー　タゴールの同胞《どうほう》を代表して、会長に心から御礼《おんれい》申し上げます。

会長が創立者として創価大学の学生たちのみずみずしい心に、「悲哀を克服《こくふく》せよ、悲哀を創造に昇華《しょうか》せよ」とのタゴールのメッセージと思想を伝え、学生たちを育《はぐく》んでくださっていることは、誠《まこと》に素晴らしいことです。

他の団体・機関も、会長の行動を模範《もはん》とすべきです。悲しみに立ち向かう心の準備を整《ととの》えることで、学生たちは何事《なにごと》にも勇気をもって潔《いさぎよ》く立ち向かえるようになり、人類文明を豊かにし、平和で安穏《あんのん》な世界へと一歩前進させることができるでしょう。

短い間《あいだ》に相次《あいつ》ぎ近親者を失《うしな》った深い痛手《いたで》から、立ち上がっていったタゴールの精神的な強さについて語り合ってきたことを、思い起こしていただきたいと思います。

タゴールはやがて自《みずか》らの天命を感じ、シャンティニケタンの学園の教え子たちのもとへと戻ります。

子どもたちは皆《みな》、創造力を備《そな》え、神の教えを携《たずさ》えた存在であり、世間の些末《さまつ》なことに染まっていない、と彼は信じていました。タゴールは、この教え子たちに対して実《じつ》の子どものように接しました。生徒たちを彼独自《どくじ》の方法で教え、学園の日常的な運営を監督しました。教師となったタゴールは、生徒たちのよき友人となったのです。生徒たちと共に多くの時間を過ごしました。

学園の創立と息子の死

池田　胸に迫《せま》ってくるお話です。

日本の高名《こうめい》なタゴール研究家である森本達雄《たつお》先生は、こう述《の》べられていました。

「息子《むすこ》を亡《な》くして悲嘆《ひたん》にくれていたタゴールは、ある時、学園の子どもたちが元気に遊んでい

学生たちに囲まれるタゴール（1929年、インド・シャンティニケタン）

©E. O. Hoppe/Getty Images

るのを見て、こんなことを考えます。
この子どもたちは亡くなった自分の子と同じだ。この子どもたちの中に自分の子も生きている。そして、この子どもたちこそ自分の子である、と。こうしてタゴールは、学園の子ども一人一人のうちにわが子を見たのです」[5]

釈尊《しゃくそん》も、法華経《ほけきょう》において「其《そ》の中（＝輪廻《りんね》する六道《ろくどう》の世界）の衆生《しゅじょう》は　悉《ことごと》く是《こ》れ吾《わ》が子なり」（譬喩品《ひゆほん》）と説いています。

一切《いっさい》衆生は皆、平等《びょうどう》に「仏の子」である――。仏法の人間の尊厳観《そんげんかん》・平等観《びょうどうかん》を端的《たんてき》に示したものです。

釈尊は、自他彼此《じたひし》の差別《さべつ》なく、一切衆生を我が子の如《ごと》く慈《いつく》しんでいきました。そして仏《ぶっ》知見《ちけん》の「開示悟入《かいじごにゅう》」、すなわち、一人一人の生命に具《そな》わる仏性《ぶっしょう》を開き、示し、悟《さと》らせ、その仏性を根本《こんぽん》に、偉大な社会貢献《こうけん》の人生へ入らせていこうと行動したのです。

これは大いなる人間教育の振《ふ》る舞《ま》いといえるでしょう。

タゴールの人生の軌跡《きせき》にも、これに深く重《かさ》なり合うものを、私は強く感じてなりません。

ムカジー　その通りですね。

タゴールは、生徒たちがアルファベットを覚《おぼ》えやすいようにと、初等読本《しょとうどくほん》『ショホジ・パト』を自《みずか》ら著《あらわ》しました。タゴールは生徒たちと共に学び、共に歌い、共に踊《おど》りました。やがて創作意欲を掻《か》き立てられ、生きる喜びの讃歌《さんか》を綴《つづ》った戯曲《ぎきょく》『秋祭り』を書き上げます。

タゴールも生徒たちと一緒にこの劇の舞台《ぶたい》に立ちました。「全人的《ぜんじんてき》な人間」の育成を目指して、タゴールは、生徒たちの精神性の涵養《かんよう》に心を砕《くだ》き、さまざまな手を打ちました。

古代インドでは森林で学校が運営されていたという例に倣《なら》って、タゴールは自身の学園を「家庭」兼《けん》「学び舎《や》」にしたいと考えていました。この考えをタゴールは、小学校校長であったフレデリック・ローズ氏への返書で表明しています。ローズ校長は、生徒たちの知的かつ精神的な能力の開発のために、タゴールの教育法を学びたいと思っていた人物です。

このように、人生の妙味《みょうみ》を生徒たちと分かち合い、高め合うなかでタゴールは、生徒たちの姿に失《うしな》った我が息子《むすこ》を見いだしていったのです。こうした学園での生徒たちとの交流は、タゴールの教育観を変えていきました。

タゴールは宗教的な人間

池田　示唆《しさ》深《ぶか》いお話です。

我が子の死は、タゴールの教育観とともに、詩作にも深い影響《えいきょう》を与えていますね。『ギタンジャリ』には、死や別れをテーマにした作品も少なくありません。

例えば、こう歌われています。

「おお、死よ、わたしの死よ、生を最後に完成させるものよ、来ておくれ、わたしに囁《ささや》きかけておくれ！

来る日も　来る日も、わたしは　おまえを待ちうけてきた――おまえのために　人生の喜びにも痛みにも　わたしは　じっと耐《た》えてきた。

わたしの存在　所有　望み　愛――すべてが、秘《ひそ》かな深みで　たえずおまえに向かって流れていた。最後に　ひとたびおまえが目くばせすれば、わたしの生命は　永遠におまえのものになるだろう(6)」

死を「生を最後に完成させるもの」と捉《とら》えるタゴールの言葉は啓発的《けいはつてき》です。

いったい人間は、どのように人生の最終章を迎《むか》えるべきか——。

「かしこき《賢》もはかなき《愚》も老《お》いたるも若きも定《さだ》め無き習《なら》いなり、されば先臨終《まずりんじゅう》の事を習うて後に他事《たじ》を習うべし」（『御書《ごしょ》』一四〇四ページ）とは、日蓮大聖人《にちれんだいしょうにん》の言葉です。

誰人《たれびと》も死は免《まぬか》れることができません。いかなる境遇《きょうぐう》であれ、必ず訪れます。百年も経《た》てば、今いる人類はほとんど誰もいなくなっています。

「死」から目をそむけて何をなそうとも、結局は砂上《さじょう》の楼閣《ろうかく》を築《きず》くに等《ひと》しい。真の意味での生の充実《じゅうじつ》はないともいえます。真に価値ある人生を生きるためには、確固《かっこ》とした死生観《しせいかん》の確立が不可欠《ふかけつ》となる。

大聖人は、「（生老病死《しょうろうびょうし》という）四相《しそう》を以《もっ》て我等《われら》が一身《いっしん》の塔《とう》を荘厳《そうごん》する」（『御書』七四〇ページ）とも仰せです。生老病死の苦悩《くのう》が実《じつ》は、我が生命という宝塔《ほうとう》を荘厳していくというのです。

ハーバード大学での講演でも触れたのですが、法華経に「方便現涅槃《ほうべんげんねはん》」とあるが如《ごと》く、死は決して忌《い》むべきものではなく、生と同じく恵みであり、一日の充実した仕事を終えて、睡眠《すいみん》によって明日の活力を蓄《たくわ》えるように、次の新しい生への充電《じゅうでん》期間のようなものとして捉えることができる——。

インド・ニューデリー近郊のグルガオンにある創価菩提樹園　©Seikyo Shimbun

結論からいえば、仏法は「生死ともに仏」という本源的な幸福境涯《きょうがい》の確立を指し示しています。

我がＳＧＩの同志の方々も、常楽我浄《じょうらくがじょう》の薫《くん》風《ぷう》そよぐが如き、晴れ晴れとした人生の総仕上げをされている姿を、私はそれこそ数限りなく見、また知っております。

タゴールは、「この生を愛するゆえに　死をもまた愛するだろうことを知っている(6)」とも歌っていますね。

ムカジー　タゴールは、極《きわ》めて宗教的な人間であり、詩人でした。タゴールにとっての宗教は、独断的《どくだんてき》教義や儀式《ぎしき》にとらわれるものではありません。本質的に人生を愛する人でした。

詩人タゴールの宗教は「人間の宗教」です。彼の心は足元の草のたおやかさを歌い、路傍《ろぼう》の花は詩人の光と生命《いのち》の世界を驚《おど》かせます。悠久《ゆうきゅう》の時を刻《きざ》む振り子が紡《つむ》ぎだす創造のリズムを感じ取ります。幸福の奔流《ほんりゅう》が世界中へと流れていくのが感じられるのです。「わが心は今いる場所の不思議を歌う／光と生命満《いのちみ》つこの世界の」と謳《うた》ったタゴールは、自《みず》らを「世界詩人」と称《しょう》しました。「歓《よろこ》びの大潮《おおしお》が世界の各地へ押し寄せ」、自分は歓びと幸福の祝祭《しゅくさい》に招《まね》かれたのだ、と捉《とら》えていました。詩人タゴールにとって、この世界は地上の塵芥《じんかい》までもすべてが、喜びに満ちていたのです。

自らを「世界詩人」と称したように、自分一人だけで人生の喜びを味わうといった詩人ではありませんでした。

詩集『ギタンジャリ』には、詩人の人生と世界がいかに相関《そうかん》しているかが表現されています。タゴールは、そうした世界のあらゆるものへの愛情から、謳いました――「わたしにとって／解放とは世捨て人になることではない／歓びという無数の絆《きずな》のなかに自由の抱擁《ほうよう》を感じる」。魂《たましい》の内奥《ないおう》だけでなく、外の世界にも自身の「神」あるいは「至高《しこう》の実在《じつざい》」を求めました。一切の無限なるものと有限なるものの間《あいだ》には、永遠の結びつきがある。その結びつきは束縛《そくばく》ではなく、一つの調和《ちょうわ》（シンフォニー）として顕現《けんげん》するものである、と強く実感していました。無限なるものは、有限なるものを通じて自らを表現するのです。

このような人生の歓びを知るタゴールが、死を欲することはありません。死を欲することはなくても、死は必定《ひつじょう》です。

それでもこの詩人が死を恐《おそ》れることはありませんでした。死とは、生涯にわたって会いたいと待ち望んできた愛《いと》しい存在である、とタゴールは考えていたからです。

2

対話は不信の壁を超えて

交友を大きく広げたタゴールの世界旅

池田　「人々の間《あいだ》に結合をもたらし、平和と調和《ちょうわ》を築《きず》くことこそが、文明の使命である」(1)——。

我が創価大学に立つタゴール像の台座の銘板《めいばん》に刻《きざ》まれた詩聖《しせい》の箴言《しんげん》です。

この像は、インド文化関係評議会（ＩＣＣＲ）の長官であったＮ・デサイ博士が、かつて創《そう》大《だい》を訪《おとず》れた際、記念講堂に立つユゴー*、トルストイ、ホイットマン*の像をご覧になり、「アジアの象徴《しょうちょう》として、タゴールの像を、ぜひ創価大学に」とのお話があり、寄贈《きぞう》してくださったものです。

コルカタの著名《ちょめい》な彫刻家《ちょうこくか》パール氏父子が制作したもので、高さ三メートル。晩年のタゴールをモデルにしています。

創価大学に立つタゴール像と学生たち　©Seikyo Shimbun

二〇〇九年の九月八日、創価大学生、創価女子短大生、世界各国からの留学生、教職員が見守るなか、「タゴール広場」に設置された像の除幕式《じょまくしき》が晴れやかに行われました。

学生や教職員の喜びの拍手《はくしゅ》が響《ひび》き、貴国《きこく》インドからの留学生の皆さんも、「母国の偉人《いじん》が讃《たた》えられて、嬉《うれ》しい」と声をはずませておりました。

像のある場所は、人間教育を広げる教職大学院棟《とう》、そして大教室棟などに囲《かこ》まれており、毎日のように、学生の語らいで賑《にぎ》わい、まさに若き世界市民の広場となっています。

ムカジー　グルデブ（師・タゴール）の銅像が温《あたた》かな眼差《まなざ》しで「大学家族」の皆さんを見つめながら、平和と調和、そして愛に満《み》ちた創価大学の学風を築《きず》く学生の方々を祝福しているのですね。なんと嬉《うれ》しいことでしょう！

タゴールが十七歳の時、将来、公務員か弁護士《べんごし》になるために、渡英《とえい》させられたことは、よく知られています。ですが、そのどちらにもならず、幸《さいわ》いにも普遍的《ふへんてき》な視野と人類愛に溢《あふ》れた、インドを象徴《しょうちょう》する文豪《ぶんごう》へと成長しました。

タゴールは、「人間」のなかにある「普遍の真理」の探究者でした。

この〝人間の宗教〟という洞察《どうさつ》は、タゴールの青年期に形作られたものです。東ベンガル（現・バングラデシュ）のパドマ河畔《かはん》にある、タゴール家伝来《でんらい》の領地で出会った農夫や貧《まず》しい村人たち、とりわけ、バウルと交《まじ》わるなかで育《はぐく》まれたものです。

「バウル」とは、帽子《ぼうし》を被《かぶ》り、ゆったりとしたサフラン色の上着を身につけ、インドの村々を歌い歩き放浪する吟遊《ぎんゆう》詩人の一派です。彼らは単に「神」のみを讃《たた》えたのではなく、人間生命の偉大さのさまざまな側面を讃美《さんび》したのです。

池田　バウルの歌は、ユネスコ（国連教育科学文化機関）の無形文化遺産《いさん》にもなっていますね。

タゴールは、国籍《こくせき》やあらゆる差異《さい》にかかわらず、すべての人間は平和で幸福に生きる権利を与えられていると主張しました。チョウドリ元国連事務次長に、タゴールの言う「人間の宗教」の「宗教」について伺《うかが》った際、「それは〝人類への奉仕《ほうし》〟ということではないでしょうか」

アンワルル・チョウドリ国連事務次長（当時）夫妻と池田SGI会長夫妻（2003年3月、東京）　©Seikyo Shimbun

「人間として生まれた以上、私たちは同胞《どうほう》である人類に、また私たちの惑星《わくせい》に対して、何らかの貢献《こうけん》をなす責任がある」[2]ということだと思う、と答えられていました。

　まさに、人間と人間を結ぶ普遍的真理こそ、タゴールが求め続けたものでありましょう。

　タゴールは、世界を旅しました。ムカジー博士が言われた通り、十七歳でイギリスに留学して約一年半を過ごしたのを最初として、七十一歳でのイラク訪問まで、生涯に実《じつ》に十二回の海外渡航《とこう》を重《かさ》ねました（スリランカ訪問は独立《どくりつ》前のため除く）。

　しかも、ヨーロッパ諸国の大半、革命後のソ連、北米、南米のアルゼンチン、日本や中国を含《ふく》むアジア諸国、中東諸国、さらに北アフリカのエジプト……と、オセアニアを除《のぞ》き、まさに世界のほとんどの地域に足跡《そくせき》が残されています。

それは、世界中に知己《ちき》を広げた旅路《たびじ》でもありました。

ムカジー タゴールは五十二歳の時からインドの民間大使として、団結と一体性という祖国のメッセージを掲《かか》げながら、個人や人種間の調和《ちょうわ》を推進するという使命を携《たずさ》えて、世界中を歴訪《れきほう》しました。いずこの地においてもタゴールは、異文化に敬意《けいい》を表し、有限なるもののなかに「無限性」を見いだそうとしました。アルベルト・シュバイツァー*が、タゴールを〝インドのゲーテ〟と評《ひょう》したのはこうした理由からです。

この広範《こうはん》な旅の間《あいだ》に、タゴールは訪《おとず》れた国々で、傑出《けっしゅつ》した人物に会うことに情熱を注《そそ》ぎました。その結果、数多くの人たちと親交を結びました。

池田 タゴールが生きた時代は、二度の世界大戦があり、国家主義が台頭《たいとう》して、対立と憎悪《ぞうお》の風潮《ふうちょう》が高まる一方でした。そのなかで、東洋と西洋の違い、国や民族《みんぞく》の違いを超えて、新しい友情を結び、詩と文学という創造の翼《つばさ》で、人々の「融和《ゆうわ》」と「統合」を図《はか》ろうとした。

ゲーテが若き友に「国家間の敵対心」について語った言葉を思い出します。

「文化のもっとも低い段階のところに、いつももっとも強烈《きょうれつ》な憎悪があるのを君は見出《みいだ》すだろう。ところが、国民的憎悪がまったく姿を消して、いわば国民というものを超越し、近隣《きんりん》の国民の幸福と悲しみを自分のことのように感ずる段階があるのだよ。こういう文化段階が、私の性分《しょうぶん》には合っている」(3)

ゲーテも、精神の光を人々に贈り、文化を愛し、平和を探求しました。

実《じつ》は、ワイマール・ゲーテ協会の顧問《こもん》であるマンフレット・オステン博士も、ゲーテは「インドであるとか、アジアからもいろいろと学ぶべきだというように考えていた」と、私に語られたことがあります。それはそれとして、タゴールの交友について、ムカジー博士が深く心に留《とど》めておられる出会いやエピソードはございますか。

ムカジー タゴールが経験した興味深《きょうみぶか》い出会いのすべてを紹介したいのですが、ここでは幾《いく》つかに絞《しぼ》らせていただきます。タゴールが親交を結んだ偉大な科学者のアルベルト・アインシュタイン、小説家で哲人《てつじん》のロマン・ロラン、空想科学小説家のH・G・ウェルズ*との出会いから、興味深い事柄《ことがら》を論じることとします。

タゴールとアインシュタイン

ムカジー アインシュタインはタゴールを深く尊敬《そんけい》していました。タゴールはアインシュタインより十八歳も年上であり、二人の専門分野もまったくかけ離《はな》れていましたが、その友情はよく知られています。

タゴールは四度、アインシュタインと会っていますが、一九三〇年七月十四日の、ベルリン郊外《こうがい》のカプートにあったアインシュタインの別荘での会見は、最《もっと》も注目に値《あたい》します。

二人の偉大な人間が、果たして真理は人間の意識《いしき》とは無関係に存在し得るのかという、慎《しん》重《ちょう》を要する問題について論じ合ったのです。

典型的な西洋的視点に立つアインシュタインの見解は、真理は存在する、そしてそれは人間の意識とは完全に独立《どくりつ》して存在する、というものでした。これが有名な「テーブル論議」の始まりでした。

物体は、認識する人がいるかどうかにかかわらず存在する、とアインシュタインは主張しました。例えば、誰《だれ》もそれに気づかない場合でも、家にあるテーブルは物体として存在する。それゆえテーブルは、人間の意識とは独立して存在するわけです。

タゴールはその見解を断固《だんこ》否定しました。普遍的《ふへんてき》真理は、人間にとっての真理と結びついていると確信していたのです。タゴールが関心を持っていたのは抽象《ちゅうしょう》的概念《がいねん》ではなく、血肉を備《そな》えた生きている人間でした。

アメリカで再会したアインシュタインとタゴール（1930年12月、ニューヨーク）

©AP/アフロ

インドの*ヴェーダーンタ哲学を深く信奉《しんぽう》していたタゴールは、絶対的な真理は一つである、すなわちブラフマンであり、「普遍的な実在《じつざい》」である、と確信していました。

もし、人間の意識の外に何かが（先に述《の》べた例においては、テーブルが）存在するとすれば、それはあくまでも「普遍的意識」の内側に存在している、とタゴールは説明しました。

タゴールの見解では、主観的実在と客観的実在とが調和《ちょうわ》することによって、個別の差異《さい》を超越《ちょうえつ》した人間（普遍的な真理に目覚《めざ》めた人間）のみが知覚《ちかく》できる、人智《じんち》を超えた客観性が導《みちび》き出されるのです。

人間の意識から離《はな》れて真理が存在することはない、というのがタゴールの論点でした。

池田　このタゴールとの対話は、アインシュタイン博士にとっても印象深《いんしょうぶか》いものであったようですね。

いわゆる東洋的思考《しこう》と西洋のそれとの違いともいえますが、インドの精神性の奥深さが感じられます。

このほかにも、インドの音楽と西洋の音楽や、何よりも「人間の宗教」についての真摯《しんし》な意見の交換《こうかん》が行《おこな》われていますね。

ムカジー　ええ、タゴールの宗教は、「普遍的《ふへんてき》精神」を体得した人間、すなわち「個別の差異《さい》を超越《ちょうえつ》した人間」と個人としての存在の融和《ゆうわ》を追求することにありました。それによって、個々の人間が「無限なるもの」と完全に一つになることができる、その時初めて「絶対的真理」を覚知《かくち》できる、という信念《しんねん》でした。

タゴールは、あらゆる現象には客観的側面と主観的側面の二面性があると考えていました。客観的側面は、時間と空間という次元の存在に属《ぞく》しており、人が意識《いしき》の上で物理的に体験できる現象といえます。宇宙《うちゅう》のあらゆるものは、「一《いっ》なるもの」すなわち「普遍的実在《じつざい》」から生《しょう》じているがゆえに、「普遍的意識」がそれらに遍在《へんざい》し、時間や空間、あるいは個人の意識とは関係なく存在するのです。これは、すべての現象に備《そな》わる永遠性の反映であり、主観的側面でもあります。実在の主観的側面と客観的側面の合理的調和《ちょうわ》が、人智《じんち》を超えた客観性を生みます。この人智を超えた客観性は、一般的な個人の通常の感覚では知覚《ちかく》することはできません。内なる自己を自覚した者のみが、「至高《しこう》の実在」を「絶対的真理」として、自身のなかに、そして自分を取り巻くすべてのもののなかに感じることができるのです。

このような人間は、人智を超えた客観性を見いだし、自分以外のすべての存在との精神的な繋《つな》がりを認識することができます。さらには、通常の人間としての存在をはるかに超えて、すべてに遍満《へんまん》する人間の意識を通じて宇宙との合一《ごういつ》へと至る、という信念を持った「個別の差異を超越した人間」になるのです。

アインシュタインが真理と呼んだものは、単なるマーヤー、すなわち幻影《げんえい》であるとタゴールは捉《とら》えました。

個人を離《はな》れて真理が存在するという自身の主張は、科学的には立証《りっしょう》できない信念にすぎないということを、アインシュタインは認《みと》めざるを得ませんでした。これは、特に興味深《きょうみぶか》いことです。

池田　タゴールとアインシュタインはそれぞれの主張を述《の》べながらも、共に深い交流を結べたことを喜んでいたようですね。

アインシュタインは、次のような言葉を残しています。

「貴方《あなた》（＝タゴール）は必要性や暗い欲望から噴出《ふんしゅつ》する生き物の闘争《とうそう》について理解している。貴方は静かな瞑想《めいそう》や美の製作に救いを求める。貴方はそれらを与えつつ、長い実《みの》り多き人生によって人類に貢献《こうけん》した。インドの賢人《けんじん》たちによって主張されてきたように柔《やわ》らかい精神を広げたのである」[4]

タゴールは著書『人間の宗教』のなかでも、「人間のほんとうの生は、その人自身の創造によるものであり、それは人間の無限性を表《あら》わすものである」[5]と述《の》べています。そして、その「自身の創造」とは、何らかの無私《むし》の奉仕《ほうし》を通してこそ実現することができ、「無限なるもの」「永遠なるもの」[5]を自《みず》らの内に見いだすことができると考えた。

タゴールは「人間は孤立《こりつ》すると、自己を見失《みうしな》う。すなわち人間は、広い人間関係のなかに、自らのより大きく、より真実な自己を見出《みいだ》すのである」[5]と喝破《かっぱ》しています。

子どもたちのための教育事業に打ち込み、農民たちのための運動をタゴールが進めたのも、その具体的な現れでしょう。

ムカジー　次に、個人としての人間が「無限なるもの」に帰入《きにゅう》するとき、人間は「至高《しこう》の存在」に昇華《しょうか》するという、タゴールの固《かた》い信念《しんねん》に焦点《しょうてん》を当てたいと思います。

この「人間の宗教」という概念《がいねん》は、西洋の物質的な視点より、はるかに崇高《すうこう》で精神的です。

池田会長は、ご自身の思想《しそう》とタゴールのヒューマニズムには、類似点《るいじてん》があると思われますか。

池田　もちろん、あると思います。

タゴールは「人間のうちなる聖性《せいせい》――それこそが人間の人間たるゆえんのもの、すなわち人間性である」(5)と述べています。

インドで発祥《はっしょう》した仏教も、まさしく、森羅万象《しんらばんしょう》を貫《つらぬ》く永遠なる根本法《こんぽんほう》を覚知《かくち》し、生老病死《しょうろうびょうし》の四苦《しく》を克服《こくふく》して、人間の尊厳《そんげん》を確立しゆく道を提示しました。

真実の仏法は、人間主義の宗教です。

東西冷戦の最中の一九七四年九月、私は初めてソ連（当時）を訪問しました。

その折、当時のコスイギン*首相とも会見しました。率直《そっちょく》な語らいとなり、首相から「あなたの根本的なイデオロギーは何ですか」と問われました。私は「平和主義であり、文化主義であり、教育主義です。その根底《こんてい》は人間主義です」とお答えしました。

資本主義にせよ、社会主義にせよ、皆《みな》、そもそもの目的は人間の幸福にあり、その底流では、「平和」と「人権」の実現を志向《しこう》していたはずです。

ところが、冷戦時代のイデオロギー対立は不信や憎悪《ぞうお》を増幅《ぞうふく》し、人類絶滅《ぜつめつ》の危機さえ招《まね》きかねない軍拡競争《ぐんかく》を引き起こしてしまいました。二十世紀を生きた私たちの世代には、そうした悔恨《かいこん》があります。

　コスイギン首相も「その思想を、ソ連も実現すべきであると思います」と語られました。体制は違っても、そこにいるのは同じ人間です。共に平和を願っています。人間という共通の大地に立ち返り、胸襟《きょうきん》を開いて話し合っていけば、必ずわかり合えるはずです。

　私は、これからの宗教の役割は、そうした開かれた精神性の薫発《くんぱつ》にある、と考えます。狭《せま》い自己にとらわれた「小我《しょうが》」の生命から、普遍的《ふへんてき》真理に基づく「大我《たいが》」の生命への転換《てんかん》ともいえましょうか。こうした思いもあり、私は、かつてハーバード大学で講演した際、宗教が〝人間復権《ふっけん》の機軸《きじく》〟となり得《う》るかを判断するために、「宗教を持つことが、人間を強くするのか弱くするのか、善《よ》くするのか悪くするのか、賢《かしこ》くするのか愚《おろ》かにするのか」という指標が必要であると訴《うった》えたのです。

タゴールとロマン・ロラン

池田　さてタゴールは、先ほどのアインシュタインのほかにも社会活動家のヘレン・ケラー、*作家のロマン・ロランとも会って友情を深めていますね。

ハーバード大学で「21世紀文明と大乗仏教」と題し、2度目の講演をする池田SGI会長（1993年9月、アメリカ）　©Seikyo Shimbun

ムカジー　タゴールがノーベル賞作家のロマン・ロランに会ったのは、一九二一年四月のことでした。それは第一次世界大戦直後のことで、やがては世界を震撼《しんかん》させ大きな災厄《さいやく》へと導《みちび》くこととなる、ファシズムの嵐《あらし》が高まりを見せていた時期でした。

　ロランは、タゴールとの会見以前から、ファシズムと闘《たたか》うべき知識人たちの無力さにすっかり幻滅《げんめつ》していました。ロランは、一九一九年に「精神の独立《どくりつ》宣言」を起草《きそう》し、世界中の知識人たちに、戦争反対のために立ち上がることを呼びかけたのです。この宣言の署名者には、タゴールもアインシュタインも名を連《つら》ねています。

　一九二六年六月から七月にかけて、再びロ

ランに会った頃、タゴールはイタリアの独裁者《どくさいしゃ》*ムッソリーニに関して、極《きわ》めて深刻な誤解をしていました。ムッソリーニは、鉄の統治《とうち》をもってイタリアを壊滅《かいめつ》状態から救った救世主《きゅうせいしゅ》であると、タゴールは考えていたのです。しかし、ファシズムの本質は恐怖《きょうふ》による統治であることを、ロランはタゴールに理解させました。ファシストは数こそ少なかったものの、効率的に組織化されていたために、ムッソリーニは国民に対して、恐怖《きょうふ》政治を確立することができたのだと、ロランは説明したのです。

ファシストの支配下にあったイタリアの国民は、人質《ひとじち》にとられていたようなものでした。反ファシスト的なことを一言でも口にすればたちまちすべてを失《うしな》い、命にも及《およ》ぶことを彼らはよく知っていたのです。国内での恐怖統治に加えてファシズムは、国民の間《あいだ》に他国に対する嫌悪《けんお》の感情を植え付けました。しかしロランは、暴力《ぼうりょく》が真理を征服することはできず、真理こそが暴力に打ち勝つことができると確信していました。やがていつかはイタリア国民も恐怖を乗り越え、その時こそムッソリーニは必ずや失脚《しっきゃく》すると信じていたのです。

さらにロランは、（イタリアがそうであったように）強硬《きょうこう》なナショナリズムよりも、潜在的《せんざいてき》な不安要素をはらんだ国内における階級間の衝突《しょうとつ》のほうが、はるかに危険であるとの見解を表明していました。

こうしたロランとの交流によって、ファシズムに対するタゴールの誤《あやま》った認識は払拭《ふっしょく》されていきました。タゴールはさらに、強硬なナショナリズムではなく、（インドの発するメッセージだとロランが信じていた）人類の精神的一体化こそが、最大の戦争抑止力になるとの確信に至ったのです。

池田　時期は少し後になりますが、私の友人であったローマクラブ創設者のペッチェイ博士*も、ファシズムに抗《こう》して投獄《とうごく》されました。

人間が人間でなくなってしまう、狂《くる》った状況下でした。博士が、あの恐《おそ》ろしい時代を振り返りながら、「極限的な状況下にあっても、絶対にたがいを裏切らない真実の友情を結ぶことができた」と、切々と語られていたことは忘れられません。

話を戻しますが、ロランと会った後、タゴールは手紙を送り、「あなたのお言葉に耳を傾《かたむ》け、あなたに語りかけたりしながら、私は思想《しそう》が活《い》き活きとよみがえる深いよろこびを感じたのでした」(6)と述懐《じゅっかい》していますね。

一九三〇年には、タゴールがオックスフォード大学で、後に『人間の宗教』としてまとめられる講演をする旅の途上《とじょう》で、三度目の出会いを重《かさ》ねます。麗《うるわ》しい交友は生涯、続きました。

ロランは、タゴールについて、こう書き綴《つづ》っています。

「その調和《ちょうわ》のとれた面だちと音楽的な線の下に、乗り超えてきた悲しみや、幻影《げんえい》にまどわされることのない視覚《ヴィジョン》や、生の闘《たたか》いに敢然《かんぜん》と立ち向かいつつも、心乱されることのない雄々《おお》しい知性が秘められていることに気づく」[7]

二人の交流の深まりが感じられます。

ほかにも、作家のバーナード・ショー*、H・G・ウェルズ、哲学者《てつがくしゃ》のバートランド・ラッセルらと会ったタゴールは、「新しい友人たちのあいだに見出《みいだ》した視野の広さと、回転の速い思《し》考力《こうりょく》」[8]に感銘《かんめい》を受けたといいますね。

また、哲学者《てつがくしゃ》*ベルクソン、ベネデット・クローチェ、著名《ちょめい》なインド学者シルヴァン・レヴィなど錚々《そうそう》たる名前も見えます。英国人牧師のC・F・アンドリューズのようにインドに渡り、タゴールともガンジーとも深く関《かか》わっていく人物もいました。

ムカジー　タゴールと空想科学小説家のH・G・ウェルズとの会談について触れたいと思います。

会う以前よりタゴールは、それぞれの国がお互いに心を開くことができれば、そこから世界の一体化が促《うなが》されると確信していました。これにより、世界の異《こと》なる文明の結びつきが進み、一人一人が自身の可能性を最大限に開く機会も拡大すると考えていました。

しかしウェルズは、この考えには賛同しませんでした。タゴールの構想は、「全世界的な一体性」を生み出しはせず、むしろ、世界を幾《いく》つもの小単位の集団に分裂《ぶんれつ》させるものであると考えていました。つまり、タゴールが思い描《えが》く新秩序《しんちつじょ》は、個人に充足感《じゅうそくかん》を与えるものではなく、それぞれが暮らす地域に根差《ねざ》したアイデンティティー（帰属意識《きぞくいしき》）を薄《うす》れさせ、むしろ人類世界の秩序の分裂という望ましくない状況を生み出すものであると考えたのです。

タゴールは直《ただ》ちに自分の論旨《ろんし》の誤《あやま》りに気づき、自分が望んだものは人間精神の普遍化《ふへんか》であって、決して個人を犠牲《ぎせい》にするものではないと訂正《ていせい》しました。なんと潔《いさぎよ》い態度でしょうか。

すでに申しましたように、タゴールは世界中の多くの人たちと有意義な友情を育《はぐく》みました。冬のようなタゴールの晩年に春をもたらしたアルゼンチンの小説家、ビクトリア・オカンポとの親交については、すでに触れました。

忘れてはならないのは、英国政府から発禁《はっきん》図書に指定された『インドの真相』の著者《ちょしゃ》で、哲学者のウィル・デュラントとタゴールの会見です。デュラントは会見の折、この書物に「あなたの存在、それだけでもインドが解放されるべき十分な理由となる」との献辞《けんじ》を添《そ》えて、タゴールに贈りました。

池田　タゴールは、インド独立《どくりつ》の精神的支柱になっただけでなく、新しい精神の光を世界の人々に贈ったといえます。

ドイツの哲学者ヘルマン・カイザーリング伯爵《はくしゃく》も、熱烈《ねつれつ》な讃辞《さんじ》を送りましたね。

「数世紀もすれば、ラビンドラナート・タゴールはインドにとってホメーロス*と同じ意味をもつことを、人類は知るだろう。彼の詩は、インドが熱望する解放のもっともすぐれた歌であり、それは現代のインド人がなしえた最初の全人的《ぜんじんてき》な尊厳《そんげん》の芸術作品であった。今日《こんにち》の闘《たたか》えるインドにとって、他の人たちがラビンドラナート以上に重要に思われるとすれば、それは現代のインドが陣痛《うみ》の苦しみにあるという事実のためである。ラビンドラナートは、来たるべき世紀の、完全に成熟《せいじゅく》した普遍的《ふへんてき》なインド人の大きな典型である」(7)と。

こうした評価も注目される点です。

ムカジー　ドイツを訪《おとず》れた時、タゴールはカイザーリング伯爵、クルト・ヴォルフ、ライナー・マリア・リルケ、そして大学の若き学生たちからも心温まる歓迎《かんげい》を受けました。

一方、残念なことに、タゴールの旅は「あからさまな売名行為《ばいめいこうい》」そのものであると考える人々から心ない非難《ひなん》を受けました。例えば、ドイツの作家トーマス・マン*はタゴールと会うことを拒否《きょひ》しました。やがて、あるレセプションで二人は出会うことになりましたが、マンはタゴールと口をきこうとはしませんでした。マンは自身の日記に、無礼《ぶれい》にもタゴールの印象《いんしょう》を

〝トインビー・池田対談〟開始40周年を記念するシンポジウムでスピーチするムカジー博士（2012年12月、インド・コルカタ）　©Seikyo Shimbun

「きれいな年老《としお》いたイギリス風女性」と記しました。おそらく、タゴールの長衣《ちょうい》、長髪《ちょうはつ》から、そう評《ひょう》したのでしょう。

こうした見当違《けんとうちが》いの批判《ひはん》を除《のぞ》けば、概《がい》してタゴールは、どこを訪れても友人たちから尊《そん》敬《けい》と称讃《しょうさん》を集めました。バラの花は美しく、芳香《ほうこう》を放つ一方、棘《とげ》もあります。棘に刺《さ》されてもなお花の美しさを愛《め》でる人こそ、本物の人格者《じんかくしゃ》といえましょう。タゴールはそうした円満な人物でした。

人間愛に溢《あふ》れたタゴールが、「心のままに歌うバウルのように、あらゆる人間に深い愛情を示した人」と評されるのは当然のことです。

池田　世界が戦乱に突入《とつにゅう》していく時流のなか

で、タゴールのような対話交流があったことは、一つの希望の曙光《しょこう》でもありましょう。

トインビー博士は、半世紀ほど前（一九五六年）、日本で行《おこな》った講演で、人間の歴史には発展と衰亡《すいぼう》を繰《く》り返《かえ》す、何らかの法則性《ほうそくせい》や反復性《はんぷく》といったパターンを見いだすことができると指摘《してき》しました。

博士は、文明興亡《こうぼう》の周期を八百年にまで広げ、その周期が繰り返されていく反面、「まったくパターンのない人間的事象《じしょう》がたしかにあるものと本当に信じている」(9)とも述《の》べ、こう結論されました。

「人間的事象のうちでパターンが事実存在しないと思われるのは、人格《じんかく》と人格のあいだの邂逅《かいこう》接触《せっしょく》の分野である。この邂逅接触のなかから、真に新らしい創造といったなにものかが発生するのだと思う」(9)と。

地球的問題群《もんだいぐん》が山積《さんせき》し、閉塞感《へいそくかん》が漂《ただよ》う現代社会にあって、タゴールが残したような人間愛による対話は、大いに啓発的《けいはってき》です。

翻《ひるがえ》って、民主主義の社会にあっては、市民社会のなかから起こった人間的な対話、人間的な交流の広がりが平和への確かな礎《いしずえ》を築《きず》いていくに違いありません。

このことを、私は小説『人間革命』の第一巻にも書きました。

「政治」や「経済」の結びつきだけでは力《ちから》の論理や利害の結びつきになり、危《あや》うい。大事なのは「民衆と民衆」の繋《つな》がりであり、〝人間の顔〟が見える対話です。そのための「文化と文化」「教育と教育」の交流も、ますます求められているのではないでしょうか。

民衆交流が大海とすれば、政治・経済は船に譬《たと》えられる。

民衆の交流の「大海」があれば、一時の嵐《あらし》で政治や経済の「船」の航海が行《ゆ》き詰《づ》まっても、対話の往来《おうらい》は厳然《げんぜん》と開かれていきます。これが、迂遠《うえん》のように思えても、長い目で見れば、最《もっと》も確実な平和と友好の大道であると、私は思ってきました。

3 人間と環境の調和

タゴールが展望した民衆が主役の地球社会

池田　この六月（二〇一二年）、南米ブラジルのリオデジャネイロで、「国連持続可能な開発会議」＊（リオ＋20）が開催《かいさい》されました。

会議では、環境保全《ほぜん》と経済成長を両立させた「グリーン経済」の実現に向け、各国に努力を促《うなが》すことなどを謳《うた》った成果文書が採択《さいたく》されたのは、周知《しゅうち》の通りです。

この会議に合わせて、ＳＧＩも地球憲章《けんしょう》インタナショナルと共同企画・制作した環境展を現地で開催しました。また、「リオ＋20」の公式関連行事として、ＳＧＩ主催《しゅさい》の教育円卓《えんたく》会議「私たちが創《つく》る未来」を行《おこな》いました。

私も、新たな国連の体制強化などを訴《うった》えた環境提言「持続可能な地球社会への大道」を国連総会のナシル・アブドルアジズ・アルナセル議長に提出しました。環境問題のような地球規模の問題解決には、国境を超えた市民社会からの働きかけがますます重要と考えるからです。

長い目で見れば、時代を動かすのは民衆の意志です。民衆の声であり、力《ちから》です。

東西を結び、南北に橋をかけたタゴールは、民衆が主役の地球社会の到来《とうらい》を、どう展望し、どういう理想像を描《えが》いていたと思われますか。


ムカジー　地球社会の未来に関するタゴールの展望を、池田会長が慧眼《けいがん》をもって評価しておられることに、インドの友人として深く感謝申し上げます。世界の民衆を結び、文化・教育交流を通して、世界の民衆の胸中に「友情と平和」を育《はぐく》んでいこうとする会長の信念《しんねん》は、タゴールの信条《しんじょう》と見事に合致《がっち》する素晴らしいものです。

タゴールは、座《ざ》して考える哲学者《てつがくしゃ》でもなければ、象牙《ぞうげ》の塔《とう》に閉じこもる人間でもありませんでした。民衆と共に生きる詩人でした。

政治・経済という怪物《かいぶつ》が物理的な力を行使《こうし》した第一次世界大戦の壊滅的《かいめつてき》な影響《えいきょう》は、詩人に深い悲しみを与えました。同時に、帝国主義者《ていこくしゅぎしゃ》の我欲《がよく》が生み出した第二次世界大戦が、音を立てて近づいてきていることにタゴールは気づいていました。人類、民族《みんぞく》の融和《ゆうわ》が急務《きゅうむ》であるとタゴールは強く感じていたのです。

しかし、どうすればそれが実現できたのでしょうか。タゴールは政治指導者でもなければ、軍の司令官《しれいかん》でもなく、「人間の真理」への敬愛《けいあい》と、深き信念《しんねん》が薫《かお》る詩歌《しいか》を創作する一介《いっかい》の詩人にすぎませんでした。

タゴールは、その聖人の如《ごと》き洞察《どうさつ》によって、人間同士の分断《ぶんだん》に対抗《たいこう》しうるものは、人類の融和《ゆうわ》しかないということを理解していました。互いの文化に対する尊重《そんちょう》と理解をもって、さまざまな人々や集団の頻繁《ひんぱん》な交流を行《おこな》うことによって、変化を生み出していけるのです。これこそが不信や疑念を一掃《いっそう》し、恒久的《こうきゅうてき》な平和をもたらす唯一《ゆいいつ》の道であるとタゴールは感じました。まさしく、それが詩人の描《えが》いた理想だったのです。

池田　今、地球社会は急速に一体化しています。しかし、一口《ひとくち》にグローバル化といっても、経済の発展ばかりが優先され、ブルドーザーで地ならしするように、多様《たよう》な文化や習慣《しゅうかん》を強引《ごういん》に排除《はいじょ》したり、画一《かくいつ》的な価値観《かちかん》に従属《じゅうぞく》させようとすれば、混乱や摩擦《まさつ》を生むことは誰《だれ》が見ても明らかです。本来、経済や科学の発展も、より良い社会建設のためにあるはずが、かえって格差を広げ、人々を分断している感さえあります。

宗教の本来の使命も、人間の幸福のため、平和の創造のためにこそあり、そのために誕生したはずです。すなわち「人間のための宗教」です。それがいつしか形式化、権威《けんい》化《か》して、「宗教のための人間」という転倒《てんとう》の姿が往々《おうおう》にして見られたり、宗教が紛争《ふんそう》に利用されたりしてきました。

ムカジー　宗教の役割は、人々に究極的な「人間の真理」を覚知《かくち》させることにあると、タゴールは固《かた》く信じていました。しかし、東洋においても西洋においても、宗教はその本来の役割を果たせず、弱い立場にある人々の品位を貶《おとし》める狡猾《こうかつ》な道具に成り下がっていました。

さらに、人間的な感覚をなくし、道徳的自由を保障《ほしょう》するという責任を果たす覚悟もない偏《へん》狭《きょう》なナショナリズムの台頭《たいとう》によって、凶悪《きょうあく》な障害物《しょうがいぶつ》となり、東洋と西洋の分断を深めてしまったのです。コミュニケーション手段の急速な発達にもかかわらず、全人類の内なる魂《たましい》の真実を求める叫《さけ》びの前に、西洋諸国の政治的・商業的な利害が大きな障害として立ちはだかっていたのです。

すでに申し上げましたように、人類が置かれたこうした状況を知ったタゴールは、自分を取り巻く環境から外の世界へと踏《ふ》み出すこととなりました。五十二歳から始めて、最後となった八十歳での旅まで、あらゆる有限なもののなかに「無限なるもの」を見いだすヴェーダーンタ哲学《てつがく》に従《したが》い、世界各地を巡《めぐ》りながら人々に、あらゆるところに存在する内なる一体感を自覚させるよう努《つと》めました。

池田会長は、「世界全体を一つの村に」と熱心に訴《うった》えながらグローバル化を鼓吹《こすい》する現代の風潮《ふうちょう》について的確《てきかく》に指摘《してき》されました。その風潮は、通商《つうしょう》と政治の分野でのグローバル化を指します。仮にタゴールが今も存命であったならば、さらなる搾取《さくしゅ》と人間の分断《ぶんだん》を招《まね》く、このようなグローバル化を決して認《みと》めることはないでしょう。

タゴールにとって受け入れられる唯一《ゆいいつ》のグローバル化の形は、多様性《たようせい》や差異《さい》を超えて共通の絆《きずな》をもたらす、人間精神のグローバル化です。そのような試《こころ》みが実現するならば、この世界は紛《まぎ》れもなく精神的な豊かさを増し、住みやすい場所となることでしょう。

この精神こそが、池田会長の優《すぐ》れたリーダーシップのもと、SGIが追求してこられたものであると、私は理解しています。その精神について理解を語るだけでは無意味です。確固《かっこ》たる行動によって「普遍《ふへん》的人間性」という究極的真理への信念《しんねん》を示すことが、世界を変える力《ちから》となります。その厳格《げんかく》な実践《じっせん》の道を貫《つらぬ》いておられる貴団体の皆さま全員に感謝を申し上げます。

池田　深いご理解に感謝します。いうなれば、仏法は究極的な平等《びょうどう》の法の覚知《かくち》から出発しています。差異を超えて、人々の心を結び合わせていく道を示しています。

私たちは多くの心ある人々の運動に学びつつ、また連帯《れんたい》しつつ、市民社会レベルの運動をさらに広げ、進めていきたい。そのための一つの具体的方途《ほうと》として、文化・教育の力を強く感じ

民音が開催した「第4回シルクロード音楽の旅・遙かなる平和の道」では、中国、トルコ、ソ連のウズベク共和国（当時）の3カ国と日本の音楽家等が共演（1985年7月）
©Seikyo Shimbun

ています。

私が創立した民音では、毎年、世界各国との音楽・芸術交流を活発に推進していますが、こんなこともありました。

一九八五年、「シルクロード音楽の旅」と題した公演を日本で行《おこな》いました。当時、政治的に対立していた中国とソ連の出演者の間《あいだ》には、初め、硬《かた》い雰囲気《ふんいき》がありましたが、共に演奏し、共に踊《おど》り、歌っていくなかで見事に打ち解け、感動的な舞台《ぶたい》となりました。

観客からは、「二千年前、シルクロードで行われた人々の交流が今、ステージの上に復活した」「精神のシルクロードがついに誕生した」と絶讃《ぜっさん》の声が寄せられました。私たちは、イデオロギーの違いや政治的対立があっても、人間はそれを超える偉大な精神性を秘《ひ》めていると実感したものです。

その四年後、中ソは劇的《げきてき》に和解しました。

法華経《ほけきょう》には、漢訳《かんやく》で「妙音菩薩《みょうおんぼさつ》」という芳《かぐわ》しい名前の菩薩が登場します。経文《きょうもん》には「(=妙音菩薩が)経《ふ》る所の諸国は、六種に震動《しんどう》して、皆悉《みな》七宝《しっぽう》の蓮華《れんげ》を雨《ふ》らし、百千の天楽《てんがく》は、鼓《く》せざるに自《おの》ずから鳴る」とあります。仏法上の深義《じんぎ》の説明は割愛《かつあい》しますが、偉大な芸術家や音楽家などは、国境を超えて、文化の妙《たえ》なる力《ちから》で人々の心を開き、目覚《めざ》めさせ、歓喜《かんき》させゆく使命があるともいえましょう。

また、法華経は、万物《ばんぶつ》の共生《きょうせい》を教えています。薬草喩品《やくそうゆほん》には、「三草二木《さんそうにもく》」の譬《たと》えが説かれます。名前も、姿形《すがたかたち》も、特質も異《こと》なる多様《たよう》な草木が、天から降《ふ》り注ぐ雨の恵みを平等《びょうどう》に受け、差異《さい》に応じて、繁茂《はんも》していく様子《ようす》が描《えが》かれています。

これは、生きとし生けるものの尊厳性《そんげんせい》と、それを育《はぐく》む平等なる仏の慈悲《じひ》を高らかに謳《うた》い上げています。

この「草木」を「文化」に当てはめれば、さまざまな文化が〝独自性《どくじせい》〟〝多様性〟を発揮しながら、地球上で共存していく「平和の文化」が花咲《さ》く世界を、仏法の精神性は志向しているともいえましょう。

タゴールは、釈尊《しゃくそん》の登場について、「われわれの歴史には、民衆の意識《いしき》ににわかに光があたり、日常の単調な自明《じめい》の出来事《できごと》をはるかに超えた実在《じつざい》に、民衆が気づく機会《とき》がある。そのとき、世界が生命感に躍動《やくどう》し、われわれは全身全霊《ぜんしんぜんれい》をもってそれを見、感じる。かつて仏陀《ぶっだ》の声がそのようにして物理的・道徳的なさまざまな障害《しょうがい》を乗り超えて、はるか遠くの岸辺《きしべ》にまで届いた時機《とき》があった。そのとき、われわれの生命と世界は、われわれに愛の解放をもたらしてくれた指導的な人物と結ばれることによって、深い実在の意味を見出《みいだ》したのである」(1)と振り返っています。

すでに、博士とも語り合ったように、釈尊は、誰人《たれびと》も尊厳な存在であることを、封建的《ほうけんてき》な時代に人々に目覚めさせた人であり、まさしく、〝人類の教師〟の一人でありました。

釈尊は、人間が人間らしく生きるために法を説いたのです。

ムカジー　人間の心に宿《やど》る「神性」は、寺院やモスクあるいは教会に閉じ込めておくことはできません。

タゴールは、畑を耕《たがや》す人々、石を砕《くだ》いて道路を造る人々、一日中、労働に励《はげ》む人々のなかに、自身の「神」を見いだそうとしました。

さらにタゴールは、ラタヤトラ（ヒンズー教の神輿《みこし》祭り）を例に挙《あ》げています。この祭りでは、神が寺院から出て民衆のなかへ分け入り、人々の喜びや悲しみを等《ひと》しく分かち合うのです。こうしたヒンズー教の持つ驚《おどろ》くべき生命の力《ちから》は、いつか私たち一人一人が自身に内在する〝永遠なる神〟の座《ざ》す車駕《しゃが》を開き顕《あらわ》すことができるように、という祈りにタゴールを駆《か》り立てたのです。

　歴史が示す通り、いつの時代にあっても、人間は知的探究の途上で立ち止まり、自己実現の追求を断念《だんねん》してきました。暴力《ぼうりょく》や圧政《あっせい》、民衆の狂気《きょうき》がしばしば残忍《ざんにん》な攻撃を生み出してきましたが、それらが勝利することは絶対にないと感じていたタゴールは謳《うた》っています。

「歓《よろこ》びの大潮《おおしお》が　世界の各地へ押し寄せ
昼も夜も　わたしたちへと打ち寄せる
数え切れないほどの　神の恵みが
果てしない大空に　遍《あまね》し」

　新しい世代が誕生して、愛と敬虔《けいけん》の焔《ほのお》が人類の祭壇《さいだん》に輝《かがや》くことを詩人は願っていました。東洋と西洋における新旧の思想《しそう》が融合《ゆうごう》し、新たな夜明けの到来《とうらい》を告《つ》げるのです。インドが「普遍《ふへん》的《てき》ヒューマニズム」の松明《たいまつ》を掲《かか》げ、人類の新たなる行進の先頭に立つことを願い、詩人は次のようにも謳っています。

「ある時　まさにこの地で
止むことなき聖なる言葉が響《ひび》いた
悔悛《かいしゅん》の苦行《くぎょう》の薪《たきぎ》の中に
あまたのものをくべ
私の心にあなたの苦しみを引き受けよう
『一《いっ》なるもの』の声を聴《き》くがよい」

ここでタゴールは、東洋と西洋の融合から「至高《しこう》の生命」が生み出され、そこに一つの声――「一なるもの」の声だけが聞こえるという情景《じょうけい》を見ています。

人類と自然、地球の共生

池田　その一節からは、心から「人間の世紀」の到来《とうらい》を願ったタゴールの真情《しんじょう》が伝わってきます。

そこで、前に伺《うかが》ったこととも関連しますが、タゴールの言う「人間の世紀」とは、人間社会の共生《きょうせい》を求めただけでなく、人間と自然の調和《ちょうわ》と共生を志向していたと思われます。

タゴールは、自然と人間は分かつことのできない関係性にあり、一体だと感じていました。

太陽も、月も、星も、大地も、草や木や花までも、自身と共に存在する。自然を破壊《はかい》する者は、自分自身を破壊しているのだ、と訴《うった》え続けました。

こうした主張は、人間と環境が決して別個《べっこ》のものではなく、根底《こんてい》において「不二《ふに》」であり、密接不可分《みっせつふかぶん》であるという仏法の「依正《えしょう》不二」論とも響《ひび》き合うものです。

この人間と自然の親和性《しんわせい》へのタゴールの直観は、どのように形成されていったと考えますか。

ムカジー　タゴールは子どもの頃からの修練《しゅうれん》により、生活のあらゆる面で自然を崇《あが》めるというインド古来の伝統を身につけていました。また、生命は「五元素《げんそ》」（風・地・水・火・空）によって生み出されるというインドの考え方に従《したが》って、タゴールは『パンチャブータ』（五元素の日記）という興味深《きょうみぶか》いエッセーを著《あらわ》し、そのなかで、人間と環境の親密で不可分の関係についての認識を見事に描《えが》き出しています。

池田会長が自然を讃美《さんび》し、環境を大切にする方であるということはよく知られています。会長の撮《と》られた写真や、多くの著作物《ちょさくぶつ》からもわかります。仏教を深く信奉《しんぽう》するお立場から、人間と人間を取り巻く万物《ばんぶつ》とが互いに関連し合い、一体不可分の関係にあることを説く「依正不二」の原理に基づいて行動していらっしゃいます。

このような人間と環境との密接で不可分の関係を、実《じつ》は古代インドの先達《せんだつ》たちも理解していたことに、インド人として誇《ほこ》りを感じます。インドの四大ヴェーダ*は、いずれも「大地」を「母」と捉《とら》えてきました。

池田　「五元素」（五大）についていえば、仏法では「一身《いっしん》は地水火風空の五大なり」（『御書《ごしょ》』一三〇四ページ）とも説かれ、人間の体も、この五大が構成要素《こうせいようそ》であるという考え方があります。

日蓮大聖人《にちれんだいしょうにん》はまた、「天崩《くず》れば我《わ》が身も崩る可《べ》し地裂《さ》けば我が身も裂く可し地水火風滅亡《めつぼう》せば我が身も亦《また》滅亡すべし、然《しか》るに此《こ》の五大種は過去・現在・未来の三世は替《かわ》ると雖《いえど》も五大種は替ること無《な》し」（同五六八ページ）とも説いています。

そこには自然と人間を切り離す境界線《きょうかいせん》はありません。

ムカジー　最古の文献《ぶんけん》といわれる『リグ・ヴェーダ』は、およそ三千年から四千年前に編《へん》さんされたものですが、自然と人間の不可分の関係を見事に謳《うた》いあげています。ここで、その美しい詩を一緒に味わいたいと思います。

「吹く風は　心正しき者に蜜《みつ》を贈り
流れる川は　甘《あま》い蜜を運びくる
わが草花よ　蜜のように甘くあれ
夜よ　朝の蜜のようであれ

地上の空よ　父なる天空よ　蜜《みつ》のように甘《あま》くあれ
樹木《じゅもく》よ　蜜に満《み》ちてあれ　太陽よ　蜜に満ちてあれ
わが牛の乳《ちち》よ　蜜のように甘くあれ」

人間が宇宙《うちゅう》全体の小さな一部であることを知る時、人間と自然の関係がいかに健全《けんぜん》なものになるかを、この讃歌《さんか》は表現しています。

ヴェーダだけでなくインドにおけるあらゆる聖典、例えば『ウパニシャッド』『*プラーナ文献』『*スムリティ文献』やさまざまな叙事詩《じょじし》、そしてこのほかのインドの古典文学のすべてが、このメッセージを伝えています。

インドの大詩人*カーリダーサの戯曲《ぎきょく》『シャクンタラー』、叙事詩『クマーラ・サンバヴァ』と『ラグ・ワンシャ』、そして抒情詩《じょじょうし》『メーガ・ドゥータ』、バーナバッタによる『カーダンバリー』、バヴァブーティの『ウッタラ・ラーマチャリタ』、シュードラカの『ムリッチャカティカ』、その他多くの作品でも、「自然」は単なる背景ではなく、これらの文学作品の縦糸《たていと》と横《よこ》糸《いと》として、人間と他の被造物《ひぞうぶつ》（生物）とをつなぐ橋渡しの役割を担《にな》っているのです。

池田　よくわかります。そうした伝統的な自然観には、大いなる叡智《えいち》の輝《かがや》きがあります。それを真摯《しんし》に学びながら、人間と自然、人類と地球の共生《きょうせい》へ、確かな理念とビジョンをもって行動していくことが大切です。

日蓮《にちれん》仏法では「衆生《しゅじょう》の心けがるれば土もけがれ心清《きよ》ければ土も清しとて浄土《じょうど》と云《い》ひ穢土《えど》と云うも土に二の隔《へだて》なし只我等《ただわれら》が心の善悪によると見えたり」(『御書《ごしょ》』三八四ページ)、さらにまた「此《こ》の心の一法より国土世間《こくどせけん》も出来《しゅったい》する事なり」(同五六三ページ)等と教えております。

環境保全《ほぜん》運動といっても、人間自身の行動、突《つ》き詰《つ》めれば、人間の心が変わることから出発します。ゆえに私たちは環境教育を重視しています。

かけがえのない生命の宝庫である美しき地球の自然を、私たちは次の世代のためにも守っていかねばなりません。

「母なる大地」「母なる海」「母なる地球」といいますが、まさに自然は人類の「母親」だからです。

ムカジー　その通りですね。戯曲『シャクンタラー』で描《えが》かれている一場面が、その点を説明できるのではないかと思います。

シャクンタラー姫《ひめ》がカンヴァ仙(カーシュヤパ仙人《せんにん》)の草庵《そうあん》を去るシーンです。この時、仙人は、養女であるシャクンタラー姫を結婚相手のもとへ送り出すに当たって、「母なる自然」の許可を得るのです。またシャクンタラー姫は、友人たちだけでなく、木々や灌木《かんぼく》にも抱《だ》きついて別れを告《つ》げました。親を失《うしな》い、シャクンタラー姫《ひめ》に育てられた小鹿《こじか》は姫の衣《ころも》の袖《そで》を引っ張り、静かに木の枝に佇《たたず》むつがいの孔雀《くじゃく》も、マンゴーの木に絡《から》まる甘《あま》く美しい花をつける蔓草《つるくさ》も、草《そう》庵《あん》を取り巻く生き物すべてが、この愛《いと》しい姫との別れを悲しんだのです。

ここでは「自然」は、単なる一つの存在ではなく、カンヴァ仙、ガウタミー、アヌスーヤー、プリヤンバダー、そしてシャクンタラー姫自身のような登場人物以上に重要なのです。さらに「自然」は、「母親の魂《たましい》」として美しく表現されています。この母なる「自然」は、子どもたちが堕落《だらく》して忌《い》まわしい貪欲《どんよく》や情欲《じょうよく》に耽《ふけ》り、善の道を踏《ふ》み外《はず》したり調和《ちょうわ》を乱《みだ》すと、厳《きび》しい罰《ばつ》を与えて戒《いまし》めるのです。

ある時、シャクンタラー姫は、ドフシャンタ王の愛欲《あいよく》に溺《おぼ》れて精神的な真実の愛を忘れ、客人の聖者ドゥルヴァーサスをもてなす務《つと》めを怠《おこた》ります。その報《むく》いとして姫は王に捨てられてしまうのです。ですが、やがて聖者マリーチの草庵で、我が身を犠牲《ぎせい》に捧《ささ》げる悔悛《かいしゅん》の苦行《くぎょう》を行《おこな》って、魂を清《きよ》め、王のもとに戻ることができました。シャクンタラー姫は自己放棄《ほうき》の苦行を経《へ》て清められ、情欲の穢《けが》れから解放されました。これに感動した詩人ゲーテは、姫を題材にした一篇の美しい詩を書きました。

自然豊かな地に創設された学園

池田　実《じつ》に示唆《しさ》に富んだ話です。

ドイツの文豪《ぶんごう》ゲーテが『シャクンタラー』の序幕から、不朽《ふきゅう》の名作『ファウスト』の「舞台《ぶたい》での前戯《ぜんぎ》」の着想を得たのは有名な史実です。(2)

ゲーテは歌っていますね。

「春咲《さ》く花も　秋の木《こ》の実《み》も／心に甘く　たのしきものも／満《み》ち足《た》らわして　育《はぐく》むものも／天地もこめて　言わまくば／われは唱《とな》えん　なれが名を／サコンタラ（＝シャクンタラー）のひとことに」(2)——。

ゲーテが東洋的な「人間と自然」観を持っていたことはよく知られています。

残念ながら、近代から現代への時代の流れは、利便性《りべんせい》や豊かさを追い求めるなかで、そうした自然観は脇《わき》に置かれ、科学の進歩を武器に自然を征服《せいふく》、開発する道を歩《あゆ》んできました。それが、環境破壊《はかい》を生み出したことは周知《しゅうち》の事実です。

かつてハーバード大学の講演でも触れたのですが、ゲーテは「あらゆるものが一個の全体を織《お》りなしている。／一つ一つがたがいに生きてはたらいている」(3)と『ファウスト』で語っています。

この生命の深き連関性《れんかんせい》を洞察《どうさつ》した仏教的な知見《ちけん》は、現代社会にこそ重みを増していると、私は考える一人です。

ムカジー 現代世界では産業化と都市化が急速に進み、人間はますます貪欲《どんよく》になり、幸福になるために、より多くの物を欲《ほっ》するようになりました。グローバリゼーションは、留《とど》まることなく多くの機械を発明し、一方で人間自身をも機械に変えてしまうという狂気《きょうき》なのです。人間と環境のバランスも揺《ゆ》るがしています。その結果、森林伐採《ばっさい》や地球温暖化、温室効果、動植物の生育環境の破壊《はかい》、無節操《むせっそう》なダム建設などが行《おこな》われ、大洪水《だいこうずい》やその他の災害を引き起こしています。人間の機械化により、人間と自然の調和《ちょうわ》ある絆《きずな》が分断《ぶんだん》されていく様子《ようす》を目《ま》の当《あ》たりにして、タゴールは狼狽《ろうばい》しました。

現実主義者であったタゴールは、自《みずか》らの個人的努力では、人間のこうした自己破壊的な行動を阻止《そし》するには十分ではないことに、気づいていました。そこで、タゴールは自分なりのやり方で、少なくとも環境保護の必要性を人々に自覚させようと対策を講《こう》じました。自身のおびただしい数の著作物《ちょさくぶつ》を通じて、代々受《う》け継《つ》がれてきた知恵を人々に思い起こさせようとしています。

インドでは、伝統的に「歓《よろこ》びの原理」が説かれます。これは私たちの意識《いしき》が、万物《ばんぶつ》は精神的に結ばれていると認識する時にのみ、互いに歓びを感じる関係性を通して、万物と一体化できるというものです。この歓びは、自然を支配することによって実感できるのではなく、自然のあらゆる要素との円満な融合《ゆうごう》を理解することによって可能となります。タゴールは自身の実践《じっせん》を通じて、私たちに環境保全《ほぜん》の道を示しました。これはレイチェル・カーソン*の著書《ちょしょ》『沈黙《ちんもく》の春』（一九六二年）が発刊されるより、はるか以前のことでした。

池田　レイチェル・カーソンは、危険な農薬の使用禁止を訴《うった》えたアメリカの作家・海洋生物学者ですね。

害虫駆除《がいちゅうくじょ》のために農薬が使用されて、それが環境汚染《おせん》を引き起こし、害虫以外の虫も、魚も、空飛ぶ鳥までもが次々と死に絶《た》え、春は「沈黙」した。農薬を浴《あ》びた人間にも病気が続発《ぞくはつ》した。

彼女は、莫大《ばくだい》な利益《りえき》を上げてきた企業《きぎょう》関係者等から激《はげ》しく攻撃《こうげき》されましたが、「真実」を訴《うった》え続けました。やがて、こうした事実は多くの人々に認識されていきました。

先覚《せんかく》の人は、常に迫害《はくがい》されるものですが、彼女は述《の》べています。

「地球の美しさと神秘を感じとれる人は、科学者であろうとなかろうと、人生に飽《あ》きて疲《つか》れたり、孤独《こどく》にさいなまれることはけっしてないでしょう」(4)と。

真に生命の尊厳性《そんげんせい》を知り、守ろうとする誇《ほこ》りを感じます。大いなる自然の中で教育を進めようとしたタゴールも周囲《しゅうい》の冷たい視線など眼中《がんちゅう》になく、彼の思想《しそう》を実行していきましたね。

ムカジー　タゴールは森林に覆《おお》われた広大な土地の一画に、シャンティニケタンの学園を創設しました。

人間の貪欲《どんよく》さが、近い将来、自然の豊かさを消滅《しょうめつ》させてしまうことをタゴールは予感していました。そこで、学園の施設《しせつ》に「タパヴァーナ」(草庵《そうあん》)のモデルを取り入れ、生命の再生に繋《つな》がる文化を創造しようとしました。各授業は緑陰《りょくいん》で行《おこな》われ、教師も学生も自然とより身近《みぢか》に接し、母なる大地を敬愛《けいあい》することを学ぶようになりました。

シャンティニケタンの学園の各種校舎は、環境に配慮《はいりょ》した構造になっている上、すべて平屋《ひらや》建《だ》ての小さな造《つく》りで、それぞれが快適な距離《きょり》を保《たも》って並んでいます。例えば「シャマリ」は夏でも涼《すず》しい泥土造《でいどづく》りの家屋《かおく》です。

タゴールは、すでに一九二七年には、シャンティニケタンに年中行事として「植樹祭」を導《どう》入《にゅう》しています。この祭りでは、学生も教師も色とりどりの衣装《いしょう》を身にまとい、歌を歌い、ダンスをしながら苗木を植えました。タゴールはどこを訪《おとず》れても木を植えていました。

その意味でも、私が創価大学を訪れた後、私の母の名前を冠《かん》した桜の木を植樹してくださったことをとても嬉《うれ》しく思います。これは会長の偉大さと真のタゴール精神を物語るものです。

タゴールは季節ごとに、各種のお祭りを催《もよお》しました。例えば「雨祭り」「秋祭り」「春祭り」などです。また、それぞれのお祭りにふさわしい歌を自《みずか》ら作曲しています。

これは学生たちに、それぞれの季節の特徴《とくちょう》を気づかせるためのもので、自らもそうした歌や踊《おど》りに参加しています。雨期には「耕作祭《こうさくさい》」を行い、青年たちに農業の尊《とうと》さを教えました。

これらはすべて、環境保護の必要性を深く認識させるために行ったものです。

タゴールは、戯曲《ぎきょく》『赤い夾竹桃《きょうちくとう》』『自由の流れ』、さらにはアフリカを歌った多くの詩を通して、生態系のバランスを破壊《はかい》する機械の利用を最小限にするように、私たちに呼びかけました。

タゴールは、人間と環境の精神的な調和《ちょうわ》を歌う吟遊《ぎんゆう》詩人だったのです。

こうしたタゴールの取り組みと、人間と環境が一体不可分《ふかぶん》の関係性にあると説く仏法の「依《え》正不二《しょうふに》」の思想に、かなりの類似性《るいじせい》を感じます。

池田 実《じつ》は、先の「国連持続可能な開発会議」（リオ＋20）では、教育円卓《えんたく》会議で、私たちのアマゾン自然環境研究センター（現・創価研究所――アマゾン環境研究センター）が実施《じっし》した二万本

ブラジルにある「創価研究所――アマゾン環境研究センター」（アマゾナス州マナウス市近郊）　©Seikyo Shimbun

の植樹運動、また、二万人の小中学生への環境教育運動などの報告もさせていただき、多くの共感の声をいただきました。

本来、生命は自然との繋《つな》がり、関《かか》わり合いがあってこそ、生き生きと成長していく。

太陽や月や星、そして美しい草木と、清らかな水に囲《かこ》まれた自然の中でこそ、人間生命はみずみずしく輝《かがや》きます。自然を離《はな》れての人間はあり得ません。また依正不二《えしょうふに》なるがゆえに、人間の心が濁《にご》ってしまえば自然を汚《よご》し、破壊《はかい》してしまう。自然を破壊するのは人間の傲慢《ごうまん》であり、愚《おろ》かさです。

地球の砂漠化《さばくか》も、人間の「心の砂漠化」と一体です。

タゴールの警鐘《けいしょう》は示唆的《しさてき》です。

『自由の流れ』について綴《つづ》った手紙のなかで、タゴールは、怪物《かいぶつ》と化した機械や科学技術によって人間と自然を破壊する者たちを指して、「かれらは人間性を殺しました。その人間性はかれら自身の中にもあるのです(5)」と述《の》べています。

焦点《しょうてん》となるのは、タゴールが求め続けたような大いなる「人間性」の蘇生《そせい》です。

私たちの仏法の運動は、そのための貢献《こうけん》を目指すものです。そして、百の理論よりも、まずできることから一歩前に進むことが大事であると思っております。

第五章

青年の力と情熱の連帯

1

「教育のための社会」への挑戦

伝統的な東洋の教育とタゴールの学園

池田　「生命の伸長《しんちょう》に力《ちから》を与えるものを価値ありとする」「自他共《じたとも》に、個人と全体との、共存共栄《きょうぞんきょうえい》を為《な》し得る人格《じんかく》に引き上げんとするのが教育である」[1]

創価教育の父・牧口会長の信念《しんねん》の言葉です。

人間の偉大な可能性を、最大に開花させるために教育はあります。教育はすべての人々のためにあり、一部の特権階級のためのものでは断《だん》じてありません。

第二次大戦の時、牧口会長が軍部政府に迎合《げいごう》せず、そのために獄死《ごくし》（一九四四年）してから七十年近くになりますが、教育が権力に統制《とうせい》された当時の日本のように、「教育の自立性」が侵害《しんがい》されることがいかに社会を狂《くる》わしていくか――。多くの識者《しきしゃ》も指摘《してき》していますが、教育の危機《きき》は人間の危機を招《まね》き、社会全体の危機に連動していきます。

ムカジー博士は、教育行政《ぎょうせい》にも長年関《かか》わってこられた豊かな経験をお持ちです。教育の自立性について、そして今後の教育のあり方について、所感《しょかん》をお聞かせください。

ムカジー　どのような国にあっても、文化と文明の精神を決定づけるものは、教育の性質とその特徴《とくちょう》です。教育は、その形態や機能が特定の個人の選択や行為《こうい》に左右されないかぎり、極《きわ》めて建設的な役割を果たすことができます。

そのような独立《どくりつ》した教育制度は、人格《じんかく》形成において、各個人に最適な方法を中心に置くことによって実現されます。そこで焦点《しょうてん》が当てられるべきは人間性であり、「真理」という究極の目的を追究し続ける人間の内なる生命です。

その教育においては、高度な倫理規範《りんりきはん》を生み出す人間関係に最高の価値が置かれます。世代から世代へと受《う》け継《つ》がれてきたその規範は、人間性への信頼を掲《かか》げ、文明に活力を与えるものです。道義的《どうぎてき》・精神的な価値観を築《きず》くことによって、そうした教育制度は人間の「魂《たましい》」への果てしない探究を促《うなが》していくのです。

池田　この対談では、タゴールが豊かな自然の中で〝人間〟を育《はぐく》む教育を目的として、シャンティニケタンの地に学園を創立し、自《みずか》ら学生のなかに入って魂の触発《しょくはつ》となる教育を実践《じっせん》したこ

ラビンドラ・バラティ大学の卒業式で挨拶するムカジー博士（2003年5月、インド・コルカタ）
〈提供=Bharat Soka Gakkai〉

とを前に紹介しました。これは、インドの古典的な教育をモデルとしていた、ということでしたね。

タゴールは、一九一六年、「全人類の最初の勝利の旗《はた》がこの地に掲《かか》げられるだろう(2)」と確信をもって述《の》べています。そして、この地で、インディラ・ガンジー首相も、マハトマ・ガンジーの高弟《こうてい》であるラマチャンドラン*博士やパンディ*博士も、さらにノーベル経済学賞を受賞したアマルティア・セン博士なども学んでいます。

パンディ博士は「私は、タゴールが開いた教育機関である、シャンティニケタンの『平和の学園』に入学しました。タゴールは『普《ふ》遍性《へんせい》』と『人間性の豊かさ』を持った偉大な人間でした」「タゴールが『平和の学園』にいる間《あいだ》は、いつでも彼のひざもとに座り、彼の教えを聞くことができました。このことが、私の洞察力《どうさつりょく》を養《やしな》い、知的視野を広げてくれたのです」と語られていました。

ムカジー　主体的に人格《じんかく》形成を目指す、というこの教育モデルは、東洋で伝統的に取り入れられてきました。こうした教育モデルに則《のっと》ったからこそ、中国文明は世界最古の文明の一つとして、今日《こんにち》まで続いてきたといえましょう。

もう一つの例はインドです。古代インドには「タパヴァーナ」（草庵《そうあん》）における教育制度がありました。そこでは聖者《せいじゃ》が師匠《ししょう》となり、弟子《でし》たちに「真理」の持つ基本的な三つの側面——シャーンタム（安寧《あんねい》）、シヴァム（善）、アドゥヴェイタム（一如《いちにょ》）——を教えました。「安寧」は、恐《おそ》れや躊躇《ためら》うことなく得られ守られるべきものであり、万人が互いに愛情を持ち、慈悲《じひぶか》深い行動を通して一体になることで、初めて実現されるものと考えられてきました。

ところが近代インドでは伝統的な教育制度を踏襲《とうしゅう》することなく、西洋の教育制度を選択しました。

「わが祖先たちの心の奥底《おうてい》からのメッセージが、私たちの瞑想《めいそう》のための教本《きょうほん》であり続け、また人類にとっての平和の使者であり続ける」ことをタゴールが願ったように、私たちも願ってい

ラリー・ヒックマン博士（左）、ジム・ガリソン博士（中央）と会談する池田SGI会長（2008年8月、長野）　©Seikyo Shimbun

きましょう。

タゴールと同時代を生きたデューイの教育観

池田　まったく同感です。そのような精神的価値を重んじる教育は、各国でも心ある人々によって行《おこな》われてきました。

数年前、私はアメリカのジョン・デューイ*協会の会長を歴任《れきにん》されたラリー・ヒックマン*博士、ジム・ガリソン*博士とも現代の教育の課題などについて、てい談を行ったことがあります。

偉大な教育哲学者《てつがくしゃ》デューイは、タゴールとほぼ同じ時代を生きました。実《じつ》は、デューイ博士らが始めた「戦争非合法化運動」は、第二次世界大戦後、日本の平和憲法の成立に当たり、その思想的基盤《しそうてききばん》にも影響《えいきょう》を及《およ》ぼしたといわれています。ちなみにデューイ博士は、一九一九年、来日中に日本政府からの叙勲《じょくん》を辞退し、国家主義に対する抗議《こうぎ》の意志を示しました。

デューイ博士も「人種の異《こと》なった生まれの人々や肌の色の違う人々を我慢《がまん》するような、たんに受け身の寛容《かんよう》を養《やしな》うために、われわれの学校は今何をしているか、と問うのではなく、民主主義社会に欠《か》くことのできない理解と善意を育てるために、積極的に、前向きの姿勢で、しかも建設的にわれわれの学校は現在何をしているか、と問うことである」(3)と書いています。

また「わたしたちは、子どもの側《がわ》に立ち、子どもから出発しなければならない」(4)との信念《しんねん》を持っていました。さらに教育の目的とは「狭《せま》い功利的《こうりてき》な考え方から解放され、この人間精神の可能性が開かれていること」(4)であると、鋭《するど》く洞察《どうさつ》していました。

そうした一人一人の個性を尊重《そんちょう》し伸ばす、健全《けんぜん》で開かれた全人《ぜんじん》教育こそが求められるという点で私たちは一致《いっち》し、語らいを重《かさ》ねました。

デューイ博士は、日本の教育の民主化と改革にも影響を与えました。また、その教育思想は中国にも伝えられています。

なお、日本や中国を訪問したデューイ博士が、「それまでの自身の西洋的な世界観に対して、距離《きょり》を置いて批判的《ひはんてき》に見るようになり、東洋思想の良さを認識するようになった」(5)とガリソン博士は語っていました。

ムカジー　教育は、その形態においても内容においても、外的な機関や勢力に支配されてしまうと独立性《どくりつせい》を失《うしな》ってしまいます。そのような制度下では、個人と社会全体に恩恵《おんけい》をもたらす道《どう》義的《ぎてき》・精神的な価値の探求ではなく、物質主義が優先されます。

すなわち、人間としての内なる可能性の開拓に代わって、迅速《じんそく》かつ、貪欲《どんよく》に物を蓄《たくわ》えたいとの欲望に駆《か》られるようになります。そして、日本が経験したように、この種の教育が最終的に行き着く先は自滅《じめつ》なのです。

かつて、日本の教育政策は、独自《どくじ》の伝統的・東洋的特質に彩《いろど》られ、調和《ちょうわ》や謙虚《けんきょ》さを培《つちか》うことを重んじていたと理解しております。

ところが二十世紀に入ると、周辺諸国との戦争へと突入するにつれて、日本の教育は次第《しだい》に軍事色を増し、熱狂的《ねっきょうてき》愛国主義、帝国《ていこく》主義が強調され、第二次世界大戦中に、それが頂点に達したと私は考えています。

当時の為政者《いせいしゃ》たちは、ナショナリズムの名のもとに軍国主義を取り入れました。そして、対戦国に使用する膨大《ぼうだい》な量の武器を調達しただけでなく、国内でも国民に害をもたらす政策を行《おこな》いました。学校では軍事教育を行《おこな》い、授業を通して伝統的・道徳的価値を否定する思想《しそう》を生徒に教え込んでいきました。偽《いつわ》りの愛国心を掲《かか》げ、教育機関は拡大主義、物質的豊かさへの欲望、他民族《たみんぞく》への嫌悪感《けんおかん》や攻撃心《こうげきしん》を学生たちに植えつけたのです。このような軍国主義的な傾向《けいこう》は若者ばかりか、日本国民全体を残酷《ざんこく》な戦争へと駆《か》り立てました。この種の教育は自由な教育でも自立した教育でもありません。

タゴールは心より日本を愛していました。すでに第一次世界大戦の破壊的《はかいてき》な影響《えいきょう》を目《ま》の当《あ》たりにしていたタゴールは、洗練《せんれん》された人間主義に基づく日本の伝統文化の優《すぐ》れた側面を貶《おとし》め、破壊し、さらには日本を貧困《ひんこん》、暴力《ぼうりょく》や戦争へと向かわしめる、このような教育制度の改悪を認《みと》めるはずはありませんでした。

政治権力からの教育の独立を

池田　歴史の重い教訓《きょうくん》です。教育の「独立性《どくりつせい》」と「主体性」の確保という課題は、戦後も常に問われ続けてきました。

トインビー博士と対談した時にも、国家や大企業《だいきぎょう》にコントロールされない、教育機関の自由の保障《ほしょう》ということが一つのテーマになりました。博士は、「教育機関は、あくまで完全な自治《じち》

牧口常三郎初代会長の『創価教育学体系』と、その各国語版　©Seikyo Shimbun

的《てき》機関でなければなりません[6]」と強調されていました。

　創価教育の父・牧口初代会長も、〝教育に関わりないものが権力にものをいわせ、教育に口を出すべきではない〟と、「教育の独立性」を守るために、戦われました。

　牧口会長は、権力の露骨《ろこつ》な介入《かいにゅう》である「視《し》学《がく》（戦前、教育を視察《しさつ》・監督《かんとく》した行政官）制度」の廃止《はいし》などを直言《ちょくげん》し、圧迫《あっぱく》を加えられたりもしました。また、地元の有力者の子弟《してい》を特別扱《あつか》いせよという指図《さしず》を拒否《きょひ》したために、当時の校長職を逐《お》われ、他校に転任させられたこともありました。その後も、同様の干渉《かんしょう》を受けています。

　いつの時代も、教育が権力に左右されたり、教育の本来の目的が見失《みうしな》われれば、社会は行《ゆ》き詰《づ》まります。教育はすべての土台です。「目的観の明確なる理解の上に築《きず》かれる教育こそ、やがては全人類がもつ矛盾《むじゅん》と懐疑《かいぎ》を克服《こくふく》するものであり、人類の永遠の勝利を意味するものである」(7)とは、牧口会長の信念《しんねん》の叫《さけ》びです。

また、牧口会長はすでに一九三〇年発刊の『創価教育学体系』のなかで、「地震計《じしんけい》」を譬《たと》えに、こう示しておりました。

すなわち――

「地震計は、大地の振動《しんどう》を受けながら、しかも、まったく不動の状態を維持《いじ》することによって、震度《しんど》を測定することができる。それと同じように教育の機関は、政治や経済や思想《しそう》など、現実社会の動揺《どうよう》の圏内《けんない》に立脚《りっきゃく》しながらも、その動揺に左右されず屹立《きつりつ》して、社会をリードしていかねばならない」(8)(趣意)と。

こうした信念が、私どもの運動の淵源《えんげん》にはあります。

平和の鐘を！　人間勝利の鐘を！

池田　昔も今も大事なことは、国家や社会の繁栄《はんえい》のために個々人《こころじん》の教育がなされるのではなく、個々人の幸福のために、社会全体が教育について考え、携《たずさ》わっていくべきであるとの考え方です。

二〇〇〇年、私は「教育のための社会」への転換《てんかん》の必要を訴《うった》えました。

これは今までの、いわば「社会のための教育」からのパラダイムの転換です。

この「教育のための社会」というパラダイムについて、アメリカのコロンビア大学宗教学部長を務《つと》めたロバート・サーマン*博士は、私が創立したアメリカの平和研究機関「ボストン21世紀センター」（現・池田国際対話センター）の機関紙上で、「社会において教育はいかなる役割を果たすべきか」との質問を受けた際、「私は、むしろ、この質問は『教育における社会の役割は何か』であるべきだと思います。なぜなら、教育が、人間生命の目的であると私は見ているからです」と答えられました。

後日、サーマン博士は、こうした発想は、インドが生んだ〝人類最初の教師〟の一人である釈尊《しゃくそん》の教えに学んだものであると語られていました。

そして「仏の立場から見れば、人間はすべて、かけがえのない宝物《たからもの》です。そして、その宝物である人間は、生涯にわたり、地獄《じごく》や奴隷《どれい》のような状況から解放される自由と機会を与えられた存在なのです」と強調されました。

大乗《だいじょう》仏教の精髄《せいずい》である「法華経《ほけきょう》」には「如我等無異《にょがとうむい》」（我《わ》が如《ごと》く等《ひと》しくして異《こと》なること無《な》からし

めん）と説かれています。

「仏」の誓《ちか》いとは何か――。それは、すべての人間に内在《ないざい》する仏界という尊極《そんごく》の生命に目覚《めざ》めさせ、無限の可能性を開かせ、万人《ばんにん》を平等《びょうどう》に、仏と同じ境涯《きょうがい》へと高めていくことだというのです。すなわち、一人一人の生命から最《もっと》も輝《かがや》かしい光を解き放ち、確かな平和と幸福への道を照《しょう》射《しゃ》していくのです。

貴国《きこく》の悠久《ゆうきゅう》の精神の大光《たいこう》は、教育はもとより、あらゆる次元《じげん》において人類の心の蘇生《そせい》の源《みなもと》でありました。

振り返って、二十世紀は、戦争と革命の世紀だったともいえるでしょう。そして平和へと転《てん》換《かん》すべき二十一世紀は、テロと暴力《ぼうりょく》の連鎖《れんさ》から幕を開けてしまいました。永遠なる世界平和を祈り、私は二〇〇三年四月に一詩を詠《よ》みました。(9)

「人生とは
　いったい何なのか。
　何のために
　生きてきたのか。
　戦争のために

苦しむために
怯《おび》えるために
大声で泣くために
私たちは
生きているのではない」

「あの　日一日と
無惨《むざん》な空襲《くうしゅう》の苦しさ。
哀《あわ》れな庶民《しょみん》が
必死に生き延《の》びようと
逃《に》げ惑《まど》う切《せつ》なさ。
人生の幸福を
悲しく一変《いっぺん》させた戦乱よ！」

「庶民の

恒久《こうきゅう》平和への願望《がんぼう》は
不滅《ふめつ》！
物言わぬ
悲しみの人間に
断《だん》じてなるな！」

「平和の合図《あいず》の鐘《かね》を
打つのだ！
断じて
すべての民衆に告《つ》げゆく
あの平和の鐘を
勝利の鐘を
打ち鳴らしてゆくのだ！
あの黒い太陽から
明々《あかあか》とした

富士山と夕日（池田SGI会長撮影、2009年1月、東京）

平和の太陽を仰《あお》ぐのだ！」

少々長い引用になり恐縮《きょうしゅく》です。

この詩を詠《よ》んだ四月二日は、「この地上から〝悲惨《ひさん》〟の二字をなくしたい」と、民衆のため、平和のために戦った、私の恩師・戸田城聖《じょうせい》先生の祥月命日《しょうつきめいにち》でした。恩師の平和への悲願を実現しゆく誓《ちか》いの詩でもありました。

ムカジー　池田会長、あなたは何と素晴らしい詩を師匠《ししょう》に捧《ささ》げたのでしょう！

私たちは個人の心からも、家庭の団《だん》らんからも、あらゆる幸せを奪《うば》い去る戦争などをするために生まれたのではありません。

池田会長がおっしゃった通り、「平和の鐘」「人間勝利の鐘」を打ち鳴らすべく生まれてきたのです。

会長の詩は、心がえぐられるような恐《おそ》るべき戦争の実体を描《えが》き出しておられます。

しかし、その結びには、平和を求める永遠の旅路《たびじ》のなかで、最終的には人間の魂《たましい》が必ず勝利を収め、善なるもの、そして崇高《すうこう》なる精神性への信念《しんねん》を取り戻すことができる、とのメッセージが込められています。

池田会長、この素晴らしい詩を後世の人たちへ贈られたことに、私は心からの感謝を申し上げます。

二十一世紀は、私たちの文明を根底《こんてい》から揺《ゆ》るがすテロリズムや暴力《ぼうりょく》の脅威《きょうい》に絶《た》えずさらされていることは疑《うたが》う余地《よち》もありません。

会長の詩は、タゴールが、迫りくる第二次世界大戦の足音を感じながら作った晩年の詩を思い起こさせてくれました。

長編詩「おお　晴朗よ　おお　自由よ」から、引用します。

「いまこの世界は　憎《にく》しみの狂騒《きょうそう》に荒廃《こうはい》し
惨《むご》たらしい闘争《とうそう》は　絶えざる苦悩《くのう》に満《み》ち
その行く道は曲がりくねり
強欲《ごうよく》の縄《なわ》が絡《から》み合っている

おお　御身《おんみ》よ　広大無辺《こうだいむへん》の生命よ
生きとし生けるものが熱望する
御身の新生によって
彼らを救い給《たま》え　永遠なる希望の声をあげて
御身の光の中で　尽きることなき糖蜜《とうみつ》の宝をもて
愛の蓮華《れんげ》に　その花弁を開かせ給え」

2

生命の讃歌　教育の光

「窓を開けよ」「碧空をさえぎるな」

池田　かつて私は、若き友の前途《ぜんと》に限りない期待を込めて、創価大学の学生寮《りょう》の祭典《さいてん》（滝山《たきやま》祭）で、タゴールの詩を贈りました。

　こういう詩です。

「窓を開けよ、
碧空をさえぎるな、
むせぶような花の香《かお》りを　わたしの部屋《へや》に入れておくれ、
太陽の最初の光に
わたしの全身を隅々《すみずみ》にまでひたらせよ、

わたしは生きている——この讃美《さんび》の音信《ことづて》を
若葉若葉《わかば》のささやきにのせて　わたしに聞かせておくれ(1)」

この詩を歌った時、タゴールは七十九歳、重い病《やまい》の床《とこ》にありました。

しかし、病魔《びょうま》も老《お》いも、暗い病室も、彼の闊達《かったつ》なる精神の翼《つばさ》を閉じ込めることはできませんでした。むしろ、我が人生を生きて生き抜かねばならないとの生命の炎《ほのお》は、ますます強く燃えさかっていたことでしょう。

詩人の魂《たましい》は歌います。

——「窓を開けよ、／碧空をさえぎるな」

自分と青き空との間《あいだ》を、誰人《たれびと》にもさえぎらせはしない——何と力強《ちからづよ》い言葉でしょうか。

そして事実、彼はこの後、強靱《きょうじん》な生命力で、ひとたびは病魔を克服《こくふく》していますね。

ムカジー　ええ、池田会長が引用された「窓を開けよ……」の詩は、逝去《せいきょ》の数カ月前の作品です。

この詩は、タゴールが高齢《こうれい》になっても、いかにみずみずしい生命力に満《み》ちていたかを物語る讃歌《さんか》といえましょう。

そこに込められたものは、タゴールの人生哲学《てつがく》の精髄《せいずい》であり、生命の沸《わ》き立つ喜びに対する彼の深い愛と、人生のあらゆる些事《さじ》に打ち勝とうとする決意の表明でもありました。

周知《しゅうち》の通りタゴールは、生涯を通じて、愛と兄弟愛に基づく宇宙大《うちゅうだい》の普遍的《ふへんてき》な生命観をメッセージとして携《たずさ》えて世界中を旅し、行く先々で自身が詠《よ》んだ詩歌《しいか》を人々に捧《ささ》げました。

タゴールの使命は武力による支配を終わらせること、そして、人間の貪欲《どんよく》に端《たん》を発《はっ》する狂気《きょうき》の争《あらそ》いをなくすことでした。人々に異文化《いぶんか》の美しさを気づかせることによって、タゴールは懸《けん》命《めい》に人々を結びつけようとしました。そうすることによって、人々は一つの韻律《いんりつ》を生み出しながら、調和《ちょうわ》の律動《りつどう》的な調べを共に奏《かな》でていけると考えていたのです。

そうした絶《た》え間《ま》ない旅の連続は、詩人タゴールの身体《からだ》に大きな負担をかけました。しかも彼は、人生の途上《とじょう》、何人もの近親者と死別《しべつ》し、愛《いと》しい人々を失《うしな》った悲しみに耐《た》えてきました。ペルシャ（現・イラン）への最後の旅から帰国した時、唯一《ゆいいつ》の孫息子《まごむすこ》がドイツで逝去《せいきょ》したとの知らせを受けます。

また、愛する甥《おい》シュレンドロナトの死をインド北東部の町カリンポン滞在《たいざい》中に知った時は、あまりにも大きな衝撃《しょうげき》を受け、タゴールはどうしようもない悲嘆《ひたん》に暮《く》れました。

肉親の死ばかりでなく、国際社会の情勢も繊細《せんさい》な詩人の心に痛打《つうだ》を浴《あ》びせました。第一次世界大戦で民衆のおびただしい流血《りゅうけつ》を目《ま》の当《あ》たりにしたタゴールの耳には、早くも第二次世界大

晩年のタゴール
©AKG/PPS通信社

戦の足音が聞こえていました。

　そうした人間の獣性《じゅうせい》に耐えるタゴールの苦《く》痛《つう》はいや増していくばかりでした。彼は困惑《こんわく》し、懊悩《おうのう》します。恐《おそ》れおののき、創造主《そうぞうしゅ》がそうした憎悪《ぞうお》や悪意《あくい》を人間に授《さず》けたのか、そうであるならば何故《なにゆえ》なのか、との問いを投げかけます。

　インド国内においても、長年にわたって騒《そう》然《ぜん》とした状態が続いていました。ベンガルの分割、*コミュナル暴動《ぼうどう》、（英総督府《そうとくふ》によるヒンズー教系住民とイスラム教系住民の）分離《ぶんり》選挙区制の提案、英国帝国主義者《ていこくしゅぎしゃ》の暴挙《ぼうきょ》、不当な個人批判《ひはん》、熱狂的愛国主義、一部の著名人《ちょめいじん》の植《しょく》民地《みんち》支配者への恥《は》ずべき屈従《くつじゅう》——これら数々の出来事《できごと》が、タゴールを精神的に苦しめました。激《はげ》しい肉体的・精神的な苦痛《くつう》は、すでに年老《としお》いていた詩人の健康を大いに損《そこ》ねるものでした。

しかし、タゴールは精神の苦悩《くのう》や身体の苦痛には屈《くっ》しませんでした。彼は頭を垂《こうべ》れて、すべての悲哀《ひあい》と苦悩を受け入れます。

池田　よくわかります。私も先ほどの詩を通して、若き学生たちに訴《うった》えました。

――若い皆さんは、少々のことで自信を失《うしな》ったり、臆病《おくびょう》になってはならない。臆病とはある意味で、人生の不幸をもたらす根本《こんぽん》の原因ともなるゆえである。エゴイズムの狭《せま》い暗い〝部《へ》屋《や》〟に閉じこもってはならない。自分のみの幸福を願うような生き方は、一時は満《み》ち足《た》りたように思えても、結局はみじめな、寂《さび》しき人生に転じてしまうからである。

諸君の頭上には、青春という大空が広がっている。周りには、宝石のように輝《かがや》く友人が多くいる。どうか我《わ》が心に、決して崩《くず》れない魂《たましい》の殿堂《でんどう》を築《きず》いてほしい。そして、精神の窓を広々と開けながら、大きく呼吸していく。そんな青春時代を送っていただきたい――と。

時代が嵐《あらし》のように荒《あ》れ狂《くる》うなか、年齢《ねんれい》を重《かさ》ねても、いな、重ねるほどに、精神は若々しく、みずみずしい。そういうタゴールの生き方の背景には、何があったと思われますか。

ムカジー　タゴールの際立《きわだ》った特徴《とくちょう》、それは生命への愛情でした。

生命に対する強い肯定《こうてい》と愛着《あいちゃく》こそ、彼の揺《ゆ》るぎない信条《しんじょう》でした。生きることの歓《よろこ》び、あらゆるものにそれを見いだすことのできる感受性――これこそが、タゴールが感謝してやまない神からの授《さず》かりものだったのでしょう。

詩人はこの精神に立ち、情熱を込めて生命への慈《いつく》しみと固《かた》い決意を作品のなかで謳《うた》いあげました。

そうした詩の一つが、「死に打ち勝った者」の一節です。

「怖《おそ》れ慄《おのの》く心を抑《おさ》えて　わたしは　あなたの前に立っていた
あなたの険《けわ》しい顔面は　すぐにも訪《おとず》れる運命を予兆《よちょう》していた
そのときだった　あの一撃《いちげき》が落ちてきたのは
わたしの胸は震《ふる》え　両手で押さえた
それから　たずねた
『これが最後か　まだ雷鳴《らいめい》は続くのか
これで終わりか　もうないであろうか』と
このときわが心は　怖れなきものとなった
あの雷電《いかづち》が　空を駆《か》け昇っている間《あいだ》こそ

あなたは　わたしよりずっと大きく見えた
だがあの一撃《いちげき》とともに　あなたが落ちてきたとき
あなたは　わたしと同じ大きさにまで小さくなった
わたしの　羞恥心《しゅうちしん》と恐怖《きょうふ》心は　すべて消え去った
あなたがどんなに大きくとも　死ほどに大きな存在ではない
『わたしは　死よりも大きな存在である』
――わたしはこれを　いまわの際《きわ》の言葉としよう」

「生命の歓喜」のために全生涯を捧げた詩人

ムカジー　どんなに深い闇黒《あんこく》のなかにあっても、タゴールは常に希望に満《み》ちて快活《かいかつ》でした。彼はこう呼びかけていますーーどのような苦悩《くのう》や悲嘆《ひたん》に遭《あ》っても、進むべき道を見失《みうしな》ってはならない、生きる気力《きりょく》を失ってはならない。常に愛の灯火《ともしび》を燃やし続けなさい、すべてを喜びの流れとして受け入れるのです、と。

タゴールは、人生には悲哀《ひあい》や敗北《はいぼく》がつきものであると知っていたのです。人間はそれらに打ち勝たねばなりません。

病《や》める詩人は、カリンポンから思い出深いシャンティニケタンに戻ってくると、わずかに回復の兆《きざ》しを見せました。自然を深く愛した彼は、その素晴らしさに心を躍《おど》らせました。

広々とした原野、紺碧《こんぺき》の空、木々、輝《かがや》く陽光《ようこう》、柔《やわ》らかな草地、道端《みちばた》の草花の香《かお》り、何よりも自分の学園の子どもたちの楽しそうな声――これらすべてが、タゴールに若々しい生命力を取り戻させたのです。彼の心は喜びでいっぱいでした。

池田　「この世界は味わい深く、大地の塵《ちり》までが美しい――

こんな大いなる讃歌《さんか》を
わたしは　心に唱えてきた、
これこそは　心みたされたものの生のメッセージ。
日ごと　わたしは　なにがしか真理の贈り物を受けとってきたが
その味わいは色あせることはない[2]」

これは、タゴールが亡《な》くなる年（一九四一年）の二月の詩です。

みずみずしい感受性をきらめかせながら歌った一節からは、生と死の間《はざま》の深淵《しんえん》を前にしても、詩人はたじろがず、生あるかぎり創造を喜びとして、歩《あゆ》みを止めなかったことがうかがえます。

この年の四月には、タゴールの論文「文明の危機」が朗読《ろうどく》されています。その数カ月後に、医師の勧《すす》めで、シャンティニケタンを離《はな》れることになります。

ムカジー　そうですね。治療《ちりょう》を受けるため、ジョラサンコへと移された詩人は、「鳥が飛び立つ時」が来たことを覚《さと》ります。

タゴールは背筋を正して立ち、己《おのれ》の内なる「命の神」（ジーヴァン・デヴタ）と向き合い、最初に差し込む朝日が全身を隈《くま》なく照らすように、窓を開けさせました。生命の歓喜《かんき》を高らかに宣言し、死の恐《おそ》れを退《しりぞ》けるために、タゴールは自身の魂《たましい》を呼び起こしたのです。

その時、詩人は、自《みずか》らの詩の世界における守護《しゅご》天使である、愛《いと》しき詩神《ししん》、ミューズを思い描《えが》いていました。

ミューズは時に微笑《ほほえ》み、時に涙《なみだ》しながら、タゴールがこれまで歩《あゆ》んできた平坦《へいたん》とはいえない困難《こんなん》な人生の旅を導《みちび》いてきてくれました。その導きによって、タゴールは豊穣《ほうじょう》な詩の世界を創《つく》り出し、詩集『黄金《おうごん》の舟《ふね》』を編《あ》み上げることができたのです。

詩人はその全生涯を、生命の歓喜のために捧《ささ》げ続けました。そのような生来《せいらい》の生命への深い愛情と、死を眼前にしても、たじろぐことのない不屈《ふくつ》の精神によって、タゴールは強靭《きょうじん》にして柔軟《じゅうなん》な精神を持ち続け、若々しい生命力を増していったのです。

池田　文学や教育や芸術、政治や平和など、多岐《たき》にわたった詩人の人間復興《ふっこう》の闘争《とうそう》には、多くの壁《かべ》が立ちはだかりました。

しかし、タゴールは微動《びどう》だにしない。

「すべての大いなる恵みは、私たちの内面にある不滅《ふめつ》の精神力を通じてやってくる」(3)――。

この信念《しんねん》に貫《つらぬ》かれたタゴールの豊穣なる詩と思想《しそう》は、人々の心に深く刻《きざ》まれ、希望の光を与えたのです。

一九四一年八月七日、タゴールは八十歳の天寿《てんじゅ》をまっとうしました。

多くの人々から惜《お》しまれ、その後も、その崇高《すうこう》な精神は民衆のなかに生き続けました。インドは遂《つい》に一九四七年に独立《どくりつ》を勝ち取ります。一九五〇年一月二十四日には、タゴールの詩と曲がインドの国歌に採択《さいたく》されます。

調べてみると、その後、タゴール生誕百周年の一九六一年（タゴール没後《ぼつご》二十年）には、世界各国で記念の行事が催《もよお》されました。

フランスでは、生誕百年祭のために政府機関による委員会がつくられ、*フランス学士院会員など最高峰《さいこうほう》の知性の人々が列席して記念式典《しきてん》が行《おこな》われています。

アメリカでは、詩人ロバート・フ*ロストが心揺《ゆ》さぶる記念の演説を行うなど、タゴールの偉《い》業《ぎょう》に数多くの讃辞《さんじ》が寄せられました。フロストはこの年、*ケネディ大統領の就任《しゅうにん》式典の際に自身の詩を朗誦《ろうしょう》した国民的詩人です。

同じ一九六一年、タゴールが多くの時を過ごした独立前《どくりつまえ》のバングラデシュでも記念行事が開《かい》催《さい》されました。

当時、同国は東パキスタンであり、ベンガル文化を排斥《はいせき》しようとする政府は、国家として記念行事を行《おこな》わない方針を表明します。しかし、人々の間《あいだ》に生誕百年を祝おうという機運《きうん》が高まり、記念行事を実現させたのです。この年、文化人たちの熱意で文化団体（チャーヤナット）が創設され、タゴール・ソングの研究・教育の促進《そくしん》に大きな役割を果たしました。

タゴール研究家のハヤト・マームードは、「かつてタゴール自身が、ベンガル人たちがいつか私を忘れ去る日がやって来るかも知れないが、私の作った歌だけは決して忘れられることはないだろう、と語ったことがあったが、東ベンガルの人々は嵐《あらし》の中で彼のその言葉を立証《りっしょう》した[4]」と感慨《かんがい》を込めて振り返っています。

バングラデシュはその十年後（一九七一年）に独立を遂《と》げました。

タゴールは、あらゆる差別《さべつ》に反対し、人間性を破壊《はかい》するものと闘《たたか》いました。


「すべての人を　ひとつに」

「すべての侮辱《ぶじょく》のかせは　とりはずされよ！[5]」

有名なタゴール・ソングの歌手、サシトラ・ミトラ博士（右）とムカジー博士
〈提供＝ムカジー博士〉

その叫《さけ》びは、虐《しいた》げられた民衆が立ち上がることを促《うなが》すものでした。

創造とは絶えざる自己変革の闘い

ムカジー　爽《さわ》やかな春の朝、小鳥たちの囀《さえず》りとともに蕾《つぼみ》を開く花々の香《かお》りに詩人タゴールが見いだす歓《よろこ》び——そうした心の安らぎと調《ちょう》和《わ》を歌ったメッセージは、多くの人から嘲《ちょう》笑《しょう》されるだろうことも、詩人は予期していました。

しかし、タゴールは悲観《ひかん》主義者ではありませんでした。来《きた》る世紀が、平和と愛のより素晴らしい世紀となり、新時代の詩人が自身のメッセージを理解してくれることを確信していました。この信念《しんねん》に立って、タゴールは

「百年後」という素晴らしい詩を書き残したのです。

けれども、詩人が夢見たこの理想は、いまだ実現されていません。タゴールの時代から百年以上経《た》った今、池田会長のような、ごく少数の高潔《こうけつ》な魂《たましい》を持つ方々だけが、タゴールと現代との繋《つな》がりを実感し、どうすればタゴールの精神性が、この転覆船《てんぷくせん》のような現代社会を救う頼《たの》みの綱《つな》となりうるかに関心を寄せています。

池田　詩人の没後《ぼつご》百年――二〇四一年という節目も彼方《かなた》に見えてきました。

タゴールが願ったように、百年後の人類は暴力《ぼうりょく》から対話へ、争《あらそ》いから平和へと、新たな進歩を遂《と》げることができているでしょうか。

日本がなぜ傲慢《ごうまん》になり、暴走していったのか、その理由の一つとして、タゴールは、「日本の国家権力は、いまや敬虔《けいけん》な宗教心には目もくれなくなった(6)」と論じました。

宗教が教える「弱者《じゃくしゃ》への思いやり」も「柔和《にゅうわ》」も「忍耐《にんたい》」なども否定されてしまった。宗教は、目に見えない「心」を大切にするもの、「内面世界」を満《み》たすものではなくなってしまった。外面を飾《かざ》る、単なる「儀式」だけになってしまった。

その代わりに、ただ「出世して金持ちになればいい」「力《ちから》が強いものが勝つのだ」という、動物的な「弱肉強食《じゃくにくきょうしょく》のジャングルのおきて」を国の方針にしてしまった。

そして外国を侵略《しんりゃく》し、国内では人権を抑圧《よくあつ》した――。

タゴールは、はっきりこの点を指摘《してき》しました。

タゴールは「百年後の詩人が、わかってくれるだろう」と期待しました。

「百年後」という詩には「いまから百年後に／君の家《うち》で／歌って聞かせる新しい詩人は誰《だれ》か？／今日の春の歓喜《よろこび》の挨拶《あいさつ》を／わたしは　その人に送る」(7)と書かれています。

タゴールの時代から「百年後」、これから人間社会は、タゴールのどのような精神性を糧《かて》として、どう変化していくべきと考えますか。

ムカジー　タゴール自身が、その方向性を示しています。何よりまず、私たちは人間というものを真に理解する必要があります。

今日の近代西洋文明は、商業的、政治的目的を満《み》たす物欲《ぶつよく》のみを認《みと》め、人間とは何かを測《はか》る精神的側面をなおざりにしています。人間は、自分自身のためだけに生まれたのではなく、世界全体のために生まれてきたのです。

そのことをタゴールはある詩人のサンスクリットの二行連句《れんく》を引いて、私たちに思い起こさせようとしました。

「家族のために個人を　集団のために家族を捧《ささ》げよう

国のために集団を　そして魂《たましい》のためには全世界を捧《ささ》げよう」

この二行連句《れんく》は、何をさしおいても人間の精神を高めていくべきであることを示唆《しさ》しています。

人間は世俗的《せぞくてき》な欲望をすべて断《た》ち切ることができると期待してはいけませんし、期待すべきではありません。私たちは、生活の有限かつ物質的側面の満足を得《え》るために、世俗的な欲求を満《み》たすべく働かなければなりません。しかし、消費と生産を機械的に繰《く》り返《かえ》すだけの存在になってはならないのです。

現実的な欲望への執着《しゅうちゃく》と、究極の精神の自由へと私たちを向かわしめる力《ちから》――すなわち目に見える有限な世界からの解放――との間《あいだ》に円満なる調和《ちょうわ》を作り出していかなければなりません。

これこそ、古代インドの聖者たちが説いた、「生涯にわたる探究の目的として、わが精神を解放すること」でした。

この点に関連して、『イーシャ・ウパニシャッド』の教えでは「この世界のすべては『神』によって包容《ほうよう》されている。それゆえ汝《なんじ》は、『神』から与えられるものを喜んで受け、決して他者の富《とみ》を欲《ほっ》してはならない」と説いています。

池田　何が、真に「精神の解放」をもたらすのか――。

人生の最晩年、タゴールは力強く歌っています。

「太陽が　霧《きり》のヴェールを晴らしながら　顔をのぞかせるように、
おんみが　現《あら》われ出《い》でんことを、
無限なるものの　果てしない不可思議が
いい、いい、
生の勝利を宣言しつつ
世に現われ出でんことを！」(8)

詩に触れるたびに、タゴールの精神が新たに蘇《よみがえ》ります。

そこには、生命拡大の高らかな勝ちどきが響《ひび》いているように感じられてなりません。それは汲《く》めども尽きぬ「創造的生命」といってもよいでしょう。そして、戦乱や環境破壊《はかい》などをもたらす人間の憎悪《ぞうお》や欲望の肥大化《ひだいか》を伴《ともな》う「小我《しょうが》」の生き方から、「大我《たいが》」の生き方への自身の転《てん》換《かん》でもあります。

創造とは、絶《た》えざる自己変革と向上への闘《たたか》いであるかもしれない。しかし、そこに人間としての確かな証《あかし》があります。創造する価値と歓喜《かんき》を知らぬ人生ほど、はかなく、寂《さび》しいものはありません。

「知恵」と「創造性」育む教育の大きな使命

ムカジー　西洋では、人間の生活は二つの部分――訓練《くんれん》と作業――に分かれると考えます。ですが、インドの伝統的な考え方はこれとは異《こと》なります。

インドでは、まず、適切な教育と訓練によって自制心を培《つちか》うことが必要であると考えます。そうすることで、個人的・社会的な責務《せきむ》を果たし、自身の欲求も満《み》たしていくことができ、さらには私たちの物事に対する執着《しゅうちゃく》を弱め、ついには死のもたらす自由を優雅《ゆうが》に迎《むか》えることができるようになるのです。際限《さいげん》のない富《とみ》の獲得や権力欲を満たすために、絶《た》えずしのぎを削《けず》るようなことは、いかなる場合も、正しい目的とはなり得ません。

自分以外の人々がそれぞれの究極の目的を達成するための手助けができるように、私たちは自己を鍛錬《たんれん》し、常に彼らの支えとなっていかなければなりません。「この世界はすべて私の世界である（ヴァスデヴァ・クトゥンバカマ）」との言葉に倣《なら》うべきです。これこそがおそらく、詩《し》聖《せい》タゴールの夢を実現する道となるでしょう。

池田　大事な点を述《の》べていただきました。人々が共生《きょうせい》の道を生き生きと歩《あゆ》むための「知恵」と「創造性」を育《はぐく》むのが、教育の大きな使命でもありましょう。

ちょうど四十年前、私は、創価大学の学生たちに、そうした点を踏《ふ》まえた上で、〝知識や技術などを使いこなせる「知恵」を身につけ成長を〟、そして「創造的生命の開花を」と呼びかけ、こう語りました。

「私の胸にあふれてやまぬ〝創造〟という言葉の実感とは、自己の全存在をかけて、悔《く》いなき仕事を続けたときの自己拡大の生命の勝ちどきであり、汗《あせ》と涙《なみだ》の結晶《けっしょう》作業以外の何物でもありません。〝創造的生命〟とは、そうした人生行動のたゆみなき錬磨《れんま》のなかに浮かび上がる、生命のダイナミズムであろうかと、思うのであります」

より良き社会の建設への参画《さんかく》を促《うなが》し、確かな自己の成長と人生の充実《じゅうじつ》へと導《みちび》く――その本来的な教育の意義は、いつの時代も不変のものです。それは、ある意味で、〝宗教的なるもの〟が目指す方向性とも通じ合うといえましょう。

3 アショーカ王の治世と精神遺産

古代インドにあった民主的統治の基本原則

池田　ここで貴国《きこく》インドの精神遺産《いさん》について、アショーカ王の事績《じせき》を通して語り合いたいと思います。二〇〇四年にムカジー博士と東京で語り合った際に、古代インドの政治や哲学《てつがく》が話題となりました。

そのなかで特に印象《いんしょう》に残ったのは、いわゆる「福祉《ふくし》国家」のような概念《がいねん》が、マウリヤ朝（前三一七年頃~前一八〇年頃）の時代から生まれていたとのお話です。

仏法に帰依《きえ》し、「法（ダルマ）」に基づく統治《とうち》を進めたアショーカ王は、まさにそうした政策を進め、マウリヤ朝の黄金《おうごん》時代を築《きず》いた指導者として知られています。アショーカ王については、日蓮大聖人《にちれんだいしょうにん》も、お手紙のなかで何度も言及《げんきゅう》されており、私もこれまでスピーチなどを通して語ってきました。

また、私が創立した東京富士美術館では、一九九四年、貴国の文化関係評議会《ひょうぎかい》と共に「アショカ、ガンジー、ネルー展」を開催《かいさい》し、時代を超えて輝《かがや》きを放《はな》つ、貴国の人間愛の指導者像と、そこに脈打《みゃくう》つ非暴力《ひぼうりょく》の精神の系譜《けいふ》を紹介させていただきました。

展示を見た人たちは、アショーカ王の事績に、すでに平和外交や慈悲《じひ》の政治、また福祉政策などの先駆《さきが》けともいうべきものがあることに驚嘆《きょうたん》していました。

ムカジー　アショーカ王の治世《ちせい》と政治哲学について語り合うことは、私たちが今日《こんにち》直面する諸《しょ》問題《もんだい》を考察《こうさつ》する上でも意味があることだと思います。

その一例として、代表制の原理に基づく統治という、近代的な民主主義の形態が挙《あ》げられます。

そこでは、民衆から権力を付託《ふたく》された人民の代表は、その民衆に対して倫理的《りんりてき》、法的に責任ある行動を取ることを期待されています。これは理論的な期待です。

現在の状況においては、このような代表制による統治の本質が、まったく忘れ去られてしまっていることを私たちは経験上《けいけんじょう》、知っています。

池田会長は、インド独立《どくりつ》運動の父ガンジーについてかつて触れてくださいましたが、ガンジーは、民衆の依託《いたく》を受けてその地位を得《え》た人民の代表たる為政者《いせいしゃ》は、権力を手にすると、その存在の拠《よ》って立つところの民衆を忘れてしまう、と強く実感していました。現実から遊離《ゆうり》した象牙《ぞうげ》の塔《とう》に身を置いたまま、民衆から完全に隔絶《かくぜつ》してしまう、と慨嘆《がいたん》したのです。この点については後で取り上げたいと思います。

驚《おどろ》くべきことに、古代インドには民主的統治《とうち》の基本原則がすでに存在していたという史実《しじつ》があります。政治体制としては君主制が支配的でしたが、インドの古典法『シャーストラ』には、〝支配者たる王は自《みずか》らを全民衆よりその地位を信託《しんたく》されし者と考えるべし〟と定められています。

古代インドの文献《ぶんけん》を調べてみたところ、今から二千三百年ほど前のインドでは、支配者と被《ひ》支配者の近しい関係を基盤《きばん》として、十分に考え抜かれた福祉《ふくし》国家の体制が一般化していたことがわかりました。

池田　先ほど申し上げたように、アショーカ王は仏法の慈悲《じひ》の精神に基づいて、さまざまな社会事業・福祉事業を行《おこな》いました。

各道路に沿《そ》って街路樹《がいろじゅ》を植え、一定の間隔《かんかく》ごとに井戸《いど》を掘《ほ》り、旅人《たびびと》のための休息所《きゅうそくじょ》を設《もう》けました。また、領土のいたるところに、人間と動物のための「病院」を建てたといわれています。

薬草の栽培《さいばい》にも力《ちから》を尽くしました。

西洋で病院のような施設《しせつ》が初めて建設されたのは四世紀、ローマ帝国《ていこく》のコンスタンティヌス*帝の時代であるとも聞いたことがあります。

アショーカ王の取り組みが、どれほど先進的なものであったかがわかります。

アショーカ王の福祉政策は、周辺の国々にも影響《えいきょう》を及《およ》ぼしており、同様の取り組みを行う国が多く出たといいますね。

ムカジー　今日《こんにち》では一般に、福祉国家の体制は、近代西洋に端《たん》を発《はっ》したものであると広く認識されています。しかし、公平な眼《まなこ》で歴史を精査《せいさ》すると、古代インドのマウリヤ朝に起源を発し、アショーカ王の治世下で本格的に発展していったものであることがわかります。

池田　注目すべき点ですね。マウリヤ朝はインドを初めて統一した王朝で、アショーカ王は第三代です。

初めアショーカ王は暴虐《ぼうぎゃく》な王として知られていました。しかし、若き日にカリンガ国との戦争に勝ち、同国を征服《せいふく》した際、幾万《いくまん》もの人々が犠牲《ぎせい》になり、捕虜《ほりょ》となっていった。その嘆《なげ》きの声は天地を覆《おお》ったといわれています。

その悲劇《ひげき》が、アショーカ王を武力などに基づく「力による征服」から改心させ、「法（ダルマ）による征服《せいふく》こそ真の征服」であることに目覚《めざ》めさせるきっかけになったと伝えられていますね。

ムカジー　アショーカ王は若い頃、その残虐《ざんぎゃく》な気質から「チャンド・アショーカ」（暴虐《ぼうぎゃく》の王アショーカ）として知られていました。

しかし万人《ばんにん》への慈《いつく》しみと人道《じんどう》の実践《じっせん》を説く仏教を尊重《そんちょう》するようになってからは、「ダルマ・アショーカ」（法の王アショーカ）となりました。その仏教が示す「法（ダルマ）による統治《とうち》」においては、「究極の真理」に基づいて万人を結びつける絆《きずな》は、人類に対する愛情によって育《はぐく》まれると教えています。

あらゆる宗教に共通するこの信念《しんねん》が、最終的には「至高《しこう》の存在」との合一《ごういつ》へと導《みちび》くのです。これを実現させるには、個人個人の自己中心性を改めること、そして、人間の生存自体に伴《ともな》う束縛《そくばく》から解《と》き放たれることです。この永遠の真理への絶《た》えざる探究によって、万人の魂《たましい》との合一が達成されるのです。

アショーカ王はあらゆる宗教を尊重しました。そこから思い起こされるのは、同様な見解を持つシュリ・ラーマクリシュナ・パラマハンサ*（スワミ・ヴィヴェーカーナンダの師匠《ししょう》）の言葉です。

ラーマクリシュナ・パラマハンサは、「神に至るには、多くの見解があるように、多くの道がある」と説いています。

「法（ダルマ）」に基づく「慈悲の政治」

池田　アショーカ王は、ムカジー博士も触れられた通り、自身は仏教に帰依《きえ》しながら、仏教を国教とせず、あらゆる宗教的信条を尊重しました。

いわば「信教の自由」の保障《ほしょう》です。これは人類の精神的遺産《いさん》ともいうべき歴史です。

こうした寛容《かんよう》の精神は、仏教の伝統的なものですが、いつの時代においても、平和のため、社会の健全な発展のために各宗教が協力し合っていく上で、基盤《きばん》となるものでありましょう。

王は詔勅《しょうちょく》に刻《きざ》み残しています。

「一切の人々はわが子（pajā）である。わたしは、あたかもわが諸皇子《しょおうじ》のために彼らすべてが現世ならびに彼岸《ひがん》の利益安楽《あんらく》を得《え》ることを願うのとまったく同じく、またすべての人々に対してもこれを願う（1）」と。

また、政治とは生きとし生けるものに対する国王の「報恩《ほうおん》の行《ぎょう》」でなければならない、との理念を、次のような言葉で記《しる》し残しています。

「わたしがいかなる努力をしても、それはすべて、一つにはわたしが衆生《しゅじょう》に負《お》う債務《さいむ》を返還《へんかん》するためであると同時に、また、彼らをしてこの世においては安楽ならしめ、かの世においては天に到達《とうたつ》させるためである」[1]と。

さらに外交において、シリアやエジプト、マケドニアなど西方世界にも「平和の使節《しせつ》」を派《は》遣《けん》し、親善《しんぜん》を図《はか》っています。

広大な領土を有し、絶大《ぜつだい》な権力を持つ「帝国《ていこく》」の指導者で、こうした思想《しそう》を持った人物は、人類史においても極《きわ》めてまれだったのではないでしょうか。

ムカジー　仏陀《ぶっだ》の説いた公平な配分《はいぶん》という経済倫理《りんり》に倣《なら》って、アショーカ王が行《おこな》った経済格差を是正《ぜせい》する行動からは、カール・マルクス*が提唱した思想が連想されます。

また、アショーカ王の近隣《きんりん》諸国との友好親善を促進する努力は、息子《むすこ》のマヒンダ王子や娘《むすめ》のサンガミッター姫《ひめ》をはじめ、平和の使節を遠方の国々まで派遣《はけん》したことからもうかがえます。

これには、国際親善を提唱し、そのために世界中を歴訪《れきほう》したタゴールの晩年の姿を思い起こさずにはいられません。

さらに、女性に対する配慮《はいりょ》から女性のための施策《しさく》を担当する大臣を特別に任命したことは、強い男女平等《びょうどう》の意識《いしき》を物語っていると思います。

アショーカ王の獅子柱頭石柱
©Seikyo Shimbun

こうした、仏教の法（ダルマ）に対する真《しん》摯《し》な献身《けんしん》、そして法（ダルマ）を取り入れた政策が、アショーカ王の統治《とうち》を「慈悲《じひ》の政治」にし、国民の愛情と尊敬《そんけい》を勝ち得たのです。今なおアショーカ王は、理想的な君主と仰《あお》がれています。

　アショーカ王は自《みずか》らが「デヴァナーマプリヤ・プリヤダルシャ」（天愛喜見王《てんあいきけんおう》＝見る者に喜びを与え、神々に愛されし王）と呼ばれることを好んでいました。

池田　歴史家トインビー博士や、欧州《おうしゅう》統合の父*クーデンホーフ＝カレルギー伯も、私との対談のなかで最《もっと》も尊敬する政治家の一人として、アショーカ王の名前を挙《あ》げていました。

貴国《きこく》インドで、アショーカ王がどれだけ尊

敬され、誇《ほこ》りとなってきたか。独立《どくりつ》から二年半後の一九五〇年一月二十六日、憲法が施行《しこう》され、共和制が発足しました。この日に行《おこな》われた大統領の就任《しゅうにん》式の椅子《いす》には、アショーカ王が建てた石柱の柱頭《ちゅうとう》にあった四頭の獅子《しし》のレプリカが飾《かざ》られていたと聞いています。

博士は、かつてアショーカ王が行った「法（ダルマ）による統治《とうち》」「慈悲《じひ》に基づく政治」といった理念は、現代のインドにおいて、どのように息づいているとお考えでしょうか。

ムカジー　お恥ずかしいことに、会長の質問には「いいえ」と申し上げるしかありません。

もちろん、インドの憲法には、それらの理念のすべてが謳《うた》われています。そして、池田会長がおっしゃったように、インドの国旗にもアショーカ王が建てた石柱の柱頭にあった四頭の獅子の足元に彫刻《ちょうこく》されているアショーカ・チャクラ（法輪《ほうりん》）が、また国章には獅子の紋章《もんしょう》が描《えが》かれています。

しかし実際のところ、今日《こんにち》のインドの政治においては、アショーカ王が掲《かか》げた理念はほとんど失《うしな》われています。

独立以前のインドには、高貴《こうき》な心、聡明《そうめい》さ、鋭《するど》い知性と精神を持ち、精神的な合一《ごういつ》と普遍的《ふへんてき》な友愛を説く、燦々《さんさん》たる信念《しんねん》の人が現れました。

しかし、独立後わずか二十年の間《あいだ》に、その先達《せんだつ》たちの教えは消《き》え失《う》せてしまったようです。

抗《こう》しがたい奔流《ほんりゅう》のような政治的自由の力《ちから》が、この国土を十分な財力を持つ一握《ひとにぎ》りの者たちにとっての絶好の狩場《かりば》へと変え、大多数の国民を飢餓《きが》と貧困《ひんこん》と病弊《びょうへい》に陥《おとし》れました。

その後、強い伝播力《でんぱりょく》を持った経済のグローバル化が到来《とうらい》し、庶民《しょみん》の魂《たましい》を従属《じゅうぞく》と屈辱《くつじょく》で支配してしまいました。

蔓延《まんえん》する汚職《おしょく》、際限《さいげん》のない欲望、権力主義が、制御不能な自己中心主義と相《あい》まって私たちにのしかかり、民衆そして特に指導者たちは自分の利益を守るために、人の意見に対して不寛容《ふかんよう》になりました。

こうした状況から敷衍《ふえん》してみると、仏陀《ぶっだ》が説き広めた慈悲の政治の最《さい》たるものである一切衆生《いっさいしゅじょう》への友愛と宗教的真理といったものは、残念ながらその形すら残っていません。

民衆自身が賢明になり、強くなり、連帯していく

池田　日本では、政治家に確固《かっこ》たる人格《じんかく》や信念、風格、哲学《てつがく》が感じられなくなったといわれて久しい。

政治家には本来、秀《ひい》でた見識とともに、深い倫理観《りんりかん》や道徳観が求められるはずです。

かつて、ある日本の新聞社からインタビューを受けた時、私もその意味で、「宗教性のない

政治は無慈悲《むじひ》であり、愛情のない化石だ」と答えたことがあります。(2) 真に民衆のための政治となり、政治家とならなければ、民衆が不幸です。

権力が腐敗《ふはい》するという問題は、どの時代、どの国にも起こります。民主主義の社会にあっても、常に闘《たたか》い続けなければならない問題でありましょう。

人間を「手段」と見なし、支配しようとするのが、「権力の魔性《ましょう》」です。

仏法では権力の魔性の本質を「第六天の魔王《まおう》」の働きと説いています。これは別名を「他化《たけ》自在天《じざいてん》」ともいい、他者の生命を自分の意のままに操《あやつ》り、支配し、己のエゴの充足《じゅうそく》のために利用しようとする衝動《しょうどう》です。

ゆえに、民衆自身が賢明《けんめい》になり、強くなり、連帯《れんたい》していくことです。なかんずく、批判力《ひはんりょく》旺盛《おうせい》な青年が正義の声を上げていくことです。

恩師・戸田城聖《じょうせい》先生は「青年よ、心して政治を監視《かんし》せよ」と叫《さけ》ばれました。平和と人権を守るために、青年の鋭《するど》い眼と行動力に期待したのです。

ともあれ、高邁《こうまい》な精神性を持ち、政治などに具現化することは、どれほど困難《こんなん》な戦いであることか。その現実のなかで、インド独立《どくりつ》の道を開いたガンジーには、アショーカ王の理念がどう影響《えいきょう》したと考えられますか。

ムカジー　政治に対するアショーカ王の人道的な取り組みは、仏教のダルマに説かれた一切衆《いっさいしゅ》生《じょう》への愛情と慈悲を根本《こんぽん》とするものでした。その理念を具体的に表現したのが、ガンジーの思《し》想《そう》でした。

ガンジーこそ、インド解放運動の傑出《けっしゅつ》した指導者です。ガンジーの呼びかけがあったればこそ、全国民が数世紀にわたる眠《ねむ》りから目覚《めざ》め、少数エリートの運動であった独立運動は大衆運動へと転換《てんかん》を遂《と》げました。

実務家でしたが、彼の哲学《てつがく》は真に人間的であり、その本質は宗教的なものでした。ガンジーは人間一人一人の内に神性（ヒンズー教の神ラム）を見いだし、あらゆる人々を我が子のように考えていました。大人も、子どもも関係なく、万人《ばんにん》へ注《そそ》いだ愛情によって、人々から「バプー（お父さん）」の愛称《あいしょう》で親《した》しまれ、タゴールはガンジーを「マハトマ（偉大なる魂《たましい》）」と呼んだのです。

ガンジーは植民地《しょくみんち》主義者に立ち向かいましたが、植民地政府に抗《こう》する彼の戦い方は「非暴《ひぼう》力《りょく》」を基調としていた点で、まったく前例を見ないものでした。

ガンジーは、こう感じていました。

――植民地の民衆は圧政《あっせい》に苦しんでいる。民衆の魂は弱まり、束縛《そくばく》されている。こうした消《しょう》耗《もう》した状況にあって民衆は、暴力《ぼうりょく》に立ち向かうことで、さらなる苦しみが支配者からもたらされることを恐《おそ》れ、暴力に立ち向かう道徳的勇気をなくしてしまっている——と。

それゆえに、民衆は死者も同然になっていると考えたのです。

完全な自由を得るためには全民衆が、植民地《しょくみんち》主義者が振《ふ》るう暴力の苦しみに耐《た》える覚悟を持つべきであると主張しました。しかし、彼はまた、暴力を受けているインド人民に対して、いかなる状況においても暴力による応戦——例えば一九二二年の「チャウリー・チャウラー事件」*のようなこと——を決して許しませんでした。

非暴力をもって、いつの日か人類が憎悪《ぞうお》と殺戮《さつりく》の悪夢《あくむ》から目覚《めざ》め、世界が「神の王国」となることが、ガンジーの悲願であったのです。こうした、非暴力への深い信念《しんねん》と人類への愛情が、ガンジーを仏陀《ぶっだ》に近似《きんじ》する人物たらしめているのです。

仏教哲学の水脈を汲み取り文学に昇華させたタゴール

池田　ガンジーの思想《しそう》は、アメリカの公民権運動の指導者、マーチン・ルーサー・キング博士*にも大きい影響《えいきょう》を与えたことが知られています。キング博士の盟友《めいゆう》であったハーバード大学のハービー・コックス博士*と対談した折にも、そのことが話題になりました。

それ以前の一九三〇年代にも、ガンジーのもとをアメリカの二人の黒人紳士《しんし》が訪《おとず》れています。どうすればアメリカにおいて不当な差別《さべつ》を撤廃《てっぱい》することができるのか、との彼らの質問に答えて、ガンジーは語っています。

「わたしに言えることは、非暴力の方法による以外に他《ほか》に道はないということです――ただしそれは、弱者《じゃくしゃ》や愚者《ぐしゃ》の道ではなく、強者《きょうしゃ》や賢者《けんじゃ》の道です」

「仏陀の非暴力の行為《こうい》の結果は、いつまでも滅《ほろ》びることなく、年とともに増大してゆくように見うけられます。そして、非暴力は実践《じっせん》されればされるほど、いっそう効果的に、尽きせぬものになるのです。そして、ついには全世界が唖然《あぜん》として、『奇蹟《きせき》はなされた』と呼ぶことでしょう(3)」と。

この言葉通り、ガンジーは非暴力運動という実践を通して、虐《しいた》げられてきた民衆の心に誇《ほこ》りを取り戻させ、一人一人の胸のなかに確固《かっこ》たる精神の砦《とりで》を築《きず》いていきました。

ガンジーは言いました。

「非暴力を弱者の武器だと言うのは完全に間違《まちが》っています。非暴力を用《もち》いるには、暴力を用いるよりもはるかに大きな勇気がいるのです(3)」と。

彼の指導のもと、インドの民衆が不屈《ふくつ》の勇気を胸に、植民地支配の圧政《あっせい》に立ち向かい、独立《どくりつ》を勝ち取っていったことは、不滅《ふめつ》の歴史です。

タゴールの思想《しそう》についても、釈尊《しゃくそん》の思想と共通する点が前にも話題になりましたね。

ムカジー　アショーカ王の統治《とうち》の基盤《きばん》となった、仏陀《ぶっだ》の教えである万人に対する愛情と親善《しんぜん》、平和、非暴力《ひぼうりょく》は、タゴールの文筆《ぶんぴつ》活動においても、その当初から、進むべき道を指し示す北極星《ほっきょくせい》として彼の指標《しひょう》となりました。

ウパニシャッド哲学《てつがく》に通暁《つうぎょう》していたタゴールの精神は、若くして仏陀の教えを受け入れる準備ができていました。

後年、仏陀について知るようになったタゴールは、深い尊崇《そんすう》の念を抱《いだ》きました。すでにその教えを理解する基盤が整《とと》っていたタゴールの心は、〝万人《ばんにん》の内なる生命に聖なるものを求めよ〟という、仏陀の至高《しこう》のメッセージによって純化されていきました。

仏陀が説いた寛容《かんよう》、忍耐《にんたい》、親睦《しんぼく》、慈悲《じひ》、非暴力、平等《びょうどう》、そして調和《ちょうわ》といったメッセージは、まさにタゴールにとっての生涯の基軸《きじく》となりました。

池田　タゴールは、詩や戯曲《ぎきょく》などのなかで釈尊についてさまざまに述《の》べていますね。

特にタゴールが注目したのは、釈尊の平等思想と、苦しむ人々を救うために行動を続けたことであったといいます。

とりわけ大乗《だいじょう》仏教が説くところの菩薩的《ぼさつてき》な生き方に深い共感を寄せていますね。

タゴールは述べています。

「インドにおける釈尊は人間を偉大なるものとなさった。カーストというものをお認《みと》めにならなかったし、犠牲《ぎせい》という儀礼《ぎれい》から人間を解放なさったし、神を人間の目標から取外《とりはず》してしまわれた」(4)

タゴールが生きた時代のインドにおいては、もはや仏教はほとんど姿を消してしまっていました。しかし、タゴールは、インドで誕生した仏教の哲学の水脈を汲《く》み取り、文学へと昇華《しょうか》させています。

釈尊の思想に、時空を超えた、普遍《ふへん》的な人間性の光を見いだしたからでしょう。

かつてムカジー博士がおっしゃっていたように、タゴールの思想は、過去のものではなく、グローバル化した二十一世紀の社会にあって、人間復興《ふっこう》を願う心ある人々のなかで一段と輝《かがや》きを増していくのではないでしょうか。

ムカジー　タゴールの戯曲『贖罪《しょくざい》』、『自由の流れ』、『犠牲』、『踊《おど》り子《こ》の礼拝』など、私たちがこの対談で取り上げてきたさまざまな作品が、そのことを立証《りっしょう》しています。

タゴールが抱く仏陀の思想に対する崇敬《すうけい》の念は、詩やエッセーなどの創作物、また彼が各国で行《おこな》ったさまざまな講演にも表明されています。

後に、このインドの至高《しこう》のメッセージを携《たずさ》えて、タゴールは世界を行脚《あんぎゃ》して回りました。高《こう》齢《れい》になるまで、東西を問わず多くの国々を訪《おとず》れ、文化交流を促《うなが》し、精神性に対するインドの認識や、インドの基本的なヒューマニズムの思想《しそう》への理解の促進《そくしん》に努《つと》めました。

タゴールの使命は、私たちの誰《だれ》もが「一つの究極の実在《じつざい》」の現れであることを人々に理解させ、民族性《みんぞくせい》や人種に対する考え方を進化させることにありました。このようにタゴールは自《みずか》らを、人間の価値と尊厳《そんげん》に関する智慧《ちえ》、そして恒久《こうきゅう》平和を訴《うった》える預言者として、恐怖《きょうふ》に打ちのめされる世界に生きる人々の心に潜《ひそ》む暴力性《ぼうりょくせい》と闘《たたか》ったのです。

4　開かれた対話の精神

臣民の尊敬集めたアクバル大帝

池田　「人間はこれまで、技術面にかけては驚《おどろ》くほど豊かな才能を示し、創意《そうい》も発揮《はっき》してきましたが、こと政治にかけては逆に、驚くほど能力も創意も示していません」(1)

これは、歴史学者トインビー博士が、私との対談で強調されていたことです。

人間が高い倫理観《りんりかん》と道徳観をもって政治に関《かか》わり続け、平和と幸福を享受《きょうじゅ》できるより良い社会を創出《そうしゅつ》することは可能なのか――。

前節では、インドの政治と哲学《てつがく》、特に紀元前三世紀頃のアショーカ王の平和主義の理念や事績《じせき》などをめぐって意見を交換《こうかん》しました。ムカジー博士は、インドの歴史上で、アショーカ王以外で、政治家として最《もっと》も優《すぐ》れた資質《ししつ》を持っていた人物は誰だと考えられますか。

ムカジー　アショーカ王を理想的な模範《もはん》の政治家とすれば、王に肩を並べる指導者を見つけようとするのは、無駄《むだ》な努力かもしれません。ですが、あえて歴史を辿《たど》ってみれば、アショーカ王に近いといえるのは、ムガル帝国《ていこく》のアクバル大帝《たいてい》ではないでしょうか。*

アクバル大帝は、常に民衆と共にありながらも、民衆よりも先を歩《あゆ》んでいたことから、大きな尊敬《そんけい》を集めていました。大帝は、民衆の喜びや悲しみを分かち合い、いつも民衆の幸せのために働き、臣民《しんみん》全体の幸福を確かなものとするために、正しい方向へと導《みちび》いていったのです。

池田　「喜びや悲しみを、絶《た》えず民衆と分かち合う」――これこそ、いつの時代にあっても指導者に求められる根本《こんぽん》の精神でありましょう。

仏教徒が多い日本では、仏典《ぶってん》にも登場するアショーカ王は比較的《ひかくてき》よく知られています。一方、アクバル大帝は、その偉大な事績《じせき》にもかかわらず、一般の日本人にとって少し縁遠《えんどお》い存在であるかもしれません。

ここではまず、アクバル大帝やムガル帝国について、簡潔《かんけつ》に触れておきたいと思います。

ムガル王朝はインドにおける最後の専制君主《せんせいくんしゅ》による帝国で、十六世紀前半に興《おこ》った同朝が滅《めっ》亡《ぼう》したのは一八五八年です。

「ムガル」とはモンゴルを意味するペルシャ語の「ムグール」が転訛《てんか》したものといわれていま

アクバル大帝
©Mary Evans Picture Library/アフロ

すね。実際、ムガル帝国の初代皇帝《こうてい》*バーブルは中央アジアの出身で、母方の祖先は、モンゴル帝国の創始者である*チンギス・カンにまでさかのぼるとされ、興味深《きょうみぶか》い。
　三百年以上にわたるムガル帝国の歴史において、第三代のアクバル大帝は領土を拡大するとともに、多様《たよう》な民族《みんぞく》を包摂《ほうせつ》する帝国としての統治《とうち》体制を確立しています。アクバル大帝に始まる百数十年余りの期間が、ムガル帝国が最《もっと》も繁栄《はんえい》した時代であるといわれていますね。

ムカジー　アクバル大帝は、一五五六年二月十四日、極《きわ》めて若くしてムガル帝国の帝位《ていい》に就《つ》きました。その後、一六〇五年十月に死去するまでの四十九年間にわたる長い在位期間中、大帝《たいてい》は、類《たぐい》まれなる治国《ちこく》の才能を発揮《はっき》しました。それによって領地を全方位へ広げ、ムガル帝国《ていこく》を、大帝国たらしめたのです。

大帝による数多くの軍事侵略《しんりゃく》のそもそもの目的が、領土拡張にあったことは明らかですが、民衆の安寧《あんねい》を脅《おびや》かす反乱勢力の鎮圧《ちんあつ》のためという側面もありました。

数々の侵略を行《おこな》ったにもかかわらず、アクバル大帝は、インドに何世紀にもわたって受《う》け継《つ》がれてきた王位の高潔《こうけつ》な理想を失《うしな》わずにいました。アクバル大帝は、生涯の大半を戦役《せんえき》のなかで過ごしています。しかし、綿密《めんみつ》に練《ね》り上げられた、行政《ぎょうせい》、社会、文化、宗教の分野における諸改革によって、大帝は強固な土台の上に帝国を築《きず》き、さらに戦乱と対立で疲弊《ひへい》していたインドの統一を成《な》し遂《と》げたのです。

池田　アクバル大帝は父が不慮《ふりょ》の事故で亡《な》くなったことから、わずか十三歳で帝位《ていい》に就《つ》いていますね。優《すぐ》れた執政《しっせい》にも恵まれ、最初の困難《こんなん》な時期を乗り越えます。やがて成人となってから、統治《とうち》の実権を握《にぎ》るための体制を整《ととの》え、自身が望む政策を実行していきます。

彼は帝国の拡大のための戦争に多くの時間を費《つい》やしましたが、戦時においても農民からの略《りゃく》奪《だつ》などはまれで、そのような行為《こうい》が大帝の耳に入ると、当事者は罰《ばっ》せられ、農民にはその代価が支払《しはら》われたといいます。

また、戦闘《せんとう》が終了した後には、さまざまな寛大《かんだい》な処置を行っています。例えば戦争捕虜《ほりょ》を鎖《くさり》に繋《つな》いだり、彼らを強制的にイスラム教に改宗させることを禁止しました。また敵が抵抗《ていこう》せずに降伏《こうふく》した場合、その財産や領地をとりあげることはしませんでした。帝国の要職《ようしょく》や地方の行政権を委《ゆだ》ねることもあったようです。

もちろん多様《たよう》な民族《みんぞく》を束《たば》ねていくための懐柔策《かいじゅうさく》としての側面もあったでしょう。しかし、寛容的《かんようてき》な方針で臨《のぞ》んだことは、特筆《とくひつ》すべきでしょう。(2)

ムカジー　アクバル大帝の最大の関心は、民衆の物質的な幸福と民心の安定でした。

そのために、ムガル帝国を維持《いじ》するに足《た》る強固な中央政府をつくり上げるとともに、地方分権化の政策を実施《じっし》し、帝国を十五の州に分割しました。また、帝国全土への共通通貨と公用語の導入《どうにゅう》も、大帝の政治的な先見性《せんけんせい》を示すものでした。アクバルの王命は、広大な帝国のいたるところで確実に遂行《すいこう》されました。

また、帝国の各地方、各地域の違いを考慮《こうりょ》した行政的、法的な施策《しさく》を実施したため、さまざまな地域で臣民は、自分たちが蔑《ないがし》ろにされていると感じることはありませんでした。むしろ、帝国への帰属意識《きぞくいしき》が芽生《めば》え、連帯感《れんたいかん》が形成されたのです。こうして帝国の中央政権はアショーカ王の治世下《ちせいか》と同等まで強固なものになりました。

池田　資料によると、アクバル大帝《たいてい》が構築《こうちく》した統治機構《とうちきこう》は、全土に網《あみ》の目《め》のように張《は》り巡《めぐ》らされたようですね。もちろん、帝国《ていこく》の領土は広大ですから、すべてを皇帝《こうてい》が監督《かんとく》するなどということは不可能だったでしょう。州の知事《ちじ》は秩序《ちつじょ》の維持《いじ》や徴税《ちょうぜい》の遂行《すいこう》、そして皇帝の勅《ちょく》を実行して、「強者が弱者《じゃくしゃ》を虐《しいた》げないよう監視《かんし》したり、圧政《あっせい》を阻止《そし》する」(2)といった義務を負《お》っていたようです。また、官吏《かんり》の行《おこな》いに対して民衆が不満を申し立てられるようなシステムがつくられたのも注目すべきことです。

　アクバル大帝の人柄《ひとがら》については、彼に接する機会のあったスペイン人のアントニオ・モンセ*ラーテが次のような記録を残しています。

「彼が人びとに接見《せっけん》するとき、どれほど気さくにふるまうかをここで語るのは困難《こんなん》である。相手が平民であれ貴族であれ、ほとんど毎日そうした人びとすべてに、彼と言葉を交《かわ》す機会を与えており、彼らと語るときは気難《きむずか》しい人物というより気さくな人柄の人という印象《いんしょう》を与えるよう努《つと》める」

「性格的には心の寛《ひろ》い優しい人物である。罪は私心《ししん》をまじえることなく罰《ばっ》され、罪もないのに私心に動かされることのないよう注意している」(3)

彼は卓越《たくえつ》した軍事や行政《ぎょうせい》の手腕《しゅわん》とともに、多くの人々を引きつける寛大《かんだい》さや、開かれた心を持っていたのでしょう。アクバル大帝の人種政策、宗教政策については、どう見ていますか。

ムカジー　この時代、帝国内の臣民は、さまざまな人種、宗教、言語によるグループに分かれていました。しかし、アクバル大帝は、そうした差異《さい》にとらわれることはありませんでした。大帝にとっては、臣民はすべて一人も漏《も》れなく平等《びょうどう》でした。

大帝は、封建《ほうけん》階級に対して、行政・軍事機構に組み入れるための位階制《いかいせい》である「マンサブダーリー制」を導入《どうにゅう》しました。この「位階」（マンサブ）を与えるに際し、ヒンズー教徒もイスラム教徒も差別《さべつ》しませんでした。軍事的な職務、その他の職位を委託《いたく》するに当たっては、表面上の差異による差別は一切ありませんでした。こうした正義を遂行する能力によって、大帝は民《みん》心《しん》をつかんだのです。

アクバルは宗教による差別もしませんでした。あらゆる宗教は同じ真理に基づいており、「究極の実在《じつざい》」に繋《つな》がるものであると、大帝は信じていたからです。こうした信念《しんねん》から、アクバルはやがて新しい宗教「ディーン・イラーヒー」（神の宗教）を説くに至りました。この点では、アクバル大帝の思想《しそう》は、アショーカ王の信教の自由の理念にとても近いものであったといえましょう。

人間復興をもたらす「宗教性」が求められる

池田　アクバル大帝《たいてい》はヒンズー教徒が聖地に参詣《さんけい》する際に徴収《ちょうしゅう》していた税を廃止《はいし》し、非イスラム教徒に課《か》されていた人頭税《じんとうぜい》の廃止も行《おこな》っていますね。イスラム教徒とヒンズー教徒の融和《ゆうわ》にも力《ちから》を尽くしたといいます。

また、各宗教の学者を宮廷《きゅうてい》に招《まね》いては議論を行わせ、自身もキリスト教の教義などを学びました。[2] 寛容《かんよう》の精神と対話を重視する姿勢は、確かにアショーカ王と並び立つものでしょう。

歴史上、往々《おうおう》にして、宗教の違いが、為政者《いせいしゃ》によって対立や紛争《ふんそう》の理由として利用されてきました。宗教者は、この教訓《きょうくん》を忘れてはならないと思います。

私の恩師・戸田第二代会長は、よく、〝釈尊《しゃくそん》や、キリスト、マホメット（ムハンマド）などの宗教の創始者が一堂《いちどう》に会《かい》して「会議」を開けば、話が早い〟と語っていました。

創始者には、後世の宗教に見られるようなドグマはない。「平和のため」「民衆の幸福のため」との一点で、意見の一致《いっち》が見られるのではないかという考えでした。

私たちＳＧＩが進めている「宗教間対話」「文明間対話」のポイントも、こうした点にあります。

インドの近代史においては、悲劇《ひげき》の歴史もありました。しかし、アショーカ王やアクバル大帝の時代に培《つちか》われた精神性は、今もインドの底流に深く流れているのではないでしょうか。それは、幾多《いくた》の宗教や民族《みんぞく》、言語や文化を包含《ほうがん》しながら、一つの方向へと進んでいく大河《たいが》のうねりのように思われます。

当然、アショーカ王やアクバル大帝の時代と現代社会は異《こと》なりますが、「宗教」と「政治」の関係はどうあるべきだとお考えですか。

ムカジー　宗教と政治の関係を探《さぐ》る上で必要なことは、「宗教」と「宗教性」の意味の違いを明確にすることです。

ここで述《の》べる「宗教性」とは、ヒンズー教、イスラム教、キリスト教などの特定の宗教が持つ既存《きそん》の教義を信奉《しんぽう》することではありません。私が考える「宗教性」とは、人々の心にある人間性の根底《こんてい》から生じ、愛情と智慧《ちえ》をもって万物《ばんぶつ》を包含する魂《たましい》の神聖な真理に従《したが》うことを意味します。「宗教性」とは〝人間をより高い次元《じげん》へと引き上げる、純粋《じゅんすい》に精神的な考え方〟と捉《とら》えるべきです。政治においての「宗教性」は船乗りにとっての羅針盤《らしんばん》のように、その政策決定の過程《かてい》を正しい方向に導《みちび》くものです。

池田　「宗教性」は、あらゆる人々を包摂《ほうせつ》する普遍《ふへん》的な真理や人間性、より良き生き方へと人々を高めゆく精神性を表すものです。「宗教」が時に独善《どくぜん》や狂信《きょうしん》といった負《ふ》の側面をもたらしてきたのに対して、「宗教性」には、そうした響《ひび》きはありません。

近代の理性信仰《しんこう》が、人間に物質的豊かさと便利さをもたらした反面、それが人間のエゴを肥《ひ》大化《だいか》させ、経済至上《しじょう》主義や環境破壊《はかい》などをもたらし、社会のいたるところで行《ゆ》き詰《づ》まりを呈《てい》しているのは、周知《しゅうち》の通りです。その意味で、人間復興《ふっこう》をもたらす「宗教性」こそ、求められるべきものでありましょう。

ムカジー　私は「宗教」の代わりに、サンスクリットでありベンガル語でもある「ダルマ」という言葉を使いたいと考えます。

その言葉を仏陀《ぶっだ》自身が好《この》んで用いていたことは、〝宗教的律法《りっぽう》〟という代わりに、〝ダルマによる律法〟という表現を使用していたことからも明らかです。

「ダルマ」という言葉は、サンスクリットで「守り、支える」を意味する「Dhri」を語根《ごこん》としています。何を「守り、支える」か、それは個人であり、そして社会全体です。

この意味において「ダルマ」は、来世に関する話や、何らかの権力を神と崇《あが》めること、あるいは特定の宗教的見解を持つこととはまったく関《かか》わりがないのです。

むしろ「ダルマ」とは、一つのプロセスを示し、個人として、また社会の一員としての、人間の内面と外面にわたる日常活動を律する一連の規律を定めるものです。
人間は、この過程《プロセス》に沿《そ》うことによって、内面に潜在《せんざい》する能力を最大限に開花させることができます。

池田 釈尊《しゃくそん》が悟《さと》った「ダルマ」とは、宇宙《うちゅう》の森羅万象《しんらばんしょう》を貫《つらぬ》く法であり、真理です。それは、「小宇宙」である人間生命、また人間社会、さらには「大宇宙」へと広がる自然環境も包含《ほうがん》する理法であり、過去、現在、未来にわたる生命の因果《いんが》の法則です。
その意味において、「ダルマ」は宗教的なドグマとは異《こと》なる、普遍《ふへん》の法則であるということができるでしょう。

ムカジー ガンジーは「ダルマ」を、「真理の探究」の過程であるとしました。この「ダルマ」の解釈《かいしゃく》によれば、「宗教」と「政治」という二つの概念《がいねん》は相通《あいつう》ずるのです。
ダルマという形での宗教的規範は、政治の構造のまさに基盤をなすものです。ダルマ（倫理的規範）としての宗教は、政治の本質自体をなすものであると私は確信しています。宗教という基盤を持たない政治形態は、魂《たましい》の抜けた亡骸《なきがら》となる以外に存続する道はありません。

青年こそ未来への希望

池田　ガンジーが「宗教の欠如《けつじょ》した政治は、国家の首を吊《つ》るロープ(4)」と喝破《かっぱ》したことは有名ですが、宗教性なき政治は、道徳性なき政治、倫理《りんり》なき政治へと堕《だ》してしまう可能性をはらんでいます。この意味において、政治家一人一人が確固《かっこ》たる倫理観、道徳観をもつことが、いつの時代にあっても求められているといえます。そうでなければ、民衆が不幸です。民衆がいつまでも苦しむだけです。

長く政治学を専門《せんもん》とされてきた博士は、これからの若い政治家や指導者に何を望まれますか。

ムカジー　率直《そっちょく》に申し上げて、今、世界中、とりわけ、我がインドの若き指導者や政治家たちを見回しても、より良き未来社会を築《きず》き上げようとする積極性や建設力といったものは、あまり期待できそうにありません。

しかし、かつて日本を訪《おとず》れた時、私は、池田会長の卓越《たくえつ》したリーダーシップのもと、貴会《きかい》が青年たちを、世界を未来へ導《みちび》く人材へと、文化的・思想《しそう》的・精神的に育成されていらっしゃる様子《ようす》を拝見《はいけん》しました。それによって私は、未来の指導者が果たしゆく役割に希望を抱《いだ》くことができました。

ただ、今日《こんにち》の世界状況を鑑《かんが》みると、この私の期待は非現実的な単なる絵空事《えそらごと》と、多くの人には思われるかもしれません。

池田　私たち創価学会の運動への深いご期待に対して、心からの感謝を申し上げます。青年こそ、未来への希望です。青年には、新しい世界を創造するみずみずしい生命力があります。青年が高い理想を胸に立ち上がるならば、大きく社会を変えていくことができます。

恩師はよく「ずるい大人は信用できない。もはや青年しか信じられない」との真情《しんじょう》を語られていました。

私自身、戸田第二代会長の後を継《つ》いで、創価学会の第三代会長に就任《しゅうにん》したのは、三十二歳の時でした。多くのリーダーも若かった。学会は「青年学会」として、青年の躍動《やくどう》の息吹《いぶき》で前進し、発展を遂《と》げてきました。そして今や、一九二カ国・地域で、平和と文化と教育の運動を展開しています。とりわけ、私にとっての喜びは、次代を担《にな》う各国の青年たちから活躍《かつやく》の報告が寄せられることです。

現代は、アショーカ王などの時代と異《こと》なり、民主主義の社会であり、民衆自身が自覚し、賢《けん》明《めい》になり、力《ちから》を持って、社会の変革をしていかねばならない。その大きな推進力が青年の若き力と情熱の連帯《れんたい》です。大事なことは一人一人が自身の可能性に目覚《めざ》め、生命の尊厳《そんげん》に目覚め、誰《だれ》もが幸福になる権利があることに目覚《めざ》め、平和創造へと行動していくことです。

ムカジー　人間は誰しも、完全な自由と平等《びょうどう》と自尊心《じそんしん》をもって良い人生を送る権利を享有《きょうゆう》しています。けれども人間は時として、自然災害《さいがい》や経済危機《きき》に直面《ちょくめん》すると自身の無力さを実感します。そのような危機的状況では、多くの場合、指導者が、人々を危機から救い出すメシア（救《きゅう》世主《せいしゅ》）のような存在に思えてしまうことがあります。

ところが、指導者たちの本心は、大抵《たいてい》、自己宣伝にすぎません。言うまでもなく、危機に陥《おちい》った人々に対し、指導者が愛情と慈悲《じひ》の心をもって、眼前《がんぜん》の苦しみから立ち上がる手助けをすることは重要です。しかし、そのような場合、何を正しい行動規範《きはん》にするべきでしょうか。

指導者は犠牲《ぎせい》者たちのそばに寄り添《よそ》い、勇気を奮《ふる》い起こせるよう励《はげ》ますことです。

政府、あるいは民間からの援助《えんじょ》も当面は必要でしょう。しかし、それは最小限に留《とど》めるべきです。ここでの指導者の務《つと》めは、人々が本来持っている内なる力《ちから》を、心身共に再発見できるようにすることです。危機に見舞《みま》われた人々が天の救いを求めたり、自分自身に起こったことを運命として嘆《なげ》いたりするのではなく、自信を湧《わ》き出《いだ》せるように励まし、鼓舞《こぶ》していくことが指導者にとって大切なのです。

タゴールは、苦しみから救われることを祈るのではなく、危難《きなん》を恐《おそ》れない強さを授《さず》けられることを祈りました。このような場合、指導者の役割は、苦悩《くのう》する人々が自《みずか》らの運命を切り開くという責任感に目覚めて立ち上がれるように取り計《はか》らうことです。

また、指導者は、困難《こんなん》に直面した人々に団結することを教え、苦悩する人々が互いに協力し合う精神を育《はぐく》めるよう促《うなが》すべきです。その精神こそ、自らの過酷《かこく》な状況の改善を可能にする創造性を生み出すのです。

また、そうなって初めて、寄付や篤志《とくし》といった、いわば「施し《ほどこし》」を受ける屈辱《くつじょく》から解放され、人々は自らの内なる力を湧き上がらせていくことができるのです。

大惨事《だいさんじ》に見舞われた人々が同じく苦しんでいる仲間と団結し、自信を取り戻し、自立の心を奮い立たせられるように激励《げきれい》していくことにこそ、指導者は最大の関心を払《はら》うべきです。

平和の世紀の建設へ　人間主義の旗を掲げて

池田　大事なご指摘《してき》をいただきました。また、どこまでも人間の尊厳《そんげん》を信じ、行動したタゴールの思想《しそう》の核心《かくしん》を述《の》べられたと思います。

日本では、経済不況《ふきょう》や自然災害が起きた時の政治の対応が課題になってきました。ともに今、博士が指摘された点は、これからの社会のあり方を考える上で大事な示唆《しさ》を与えると思います。

大事なのは庶民《しょみん》です。一人一人が賢明《けんめい》になり、強くなることです。だからこそ、地域や社会のなかで、一人一人の生きる力《ちから》、前へと歩《あゆ》む力を引き出していく関《かか》わりが重要です。

SGIでも、定期的に身近《みぢか》な同じ地域のメンバーが、老若男女《ろうにゃくなんにょ》を問わず集まって座談会を行《おこな》っています。そこでは、仏法の研鑽《けんさん》はもとより、平和や社会問題等について意見を交換《こうかん》したりします。

また、人生のこと、仕事、学業《がくぎょう》、病気、家族のこと、悩みや試練《しれん》を乗り越えた体験などを語り合い、苦しいことも、嬉《うれ》しいことも、共有しながら成長を期《き》しています。

「人間の繋《つな》がり」こそが、人々の心を蘇生《そせい》させゆく大きな力となります。それこそが、宗教が果たすべき大きな役割の一つであると確信します。タゴールも、国と国、民族《みんぞく》と民族、文化と文化、そして人間と人間が引き裂《さ》かれ、対立や憎悪《ぞうお》へ、暴力《ぼうりょく》へと、世界が激《はげ》しく流転《るてん》しゆく時代に、「人間の繋がり」を訴《うった》えました。そのために、社会活動を展開し、教育や芸術、文学の分野で、確固《かっこ》たる信念《しんねん》の行動を貫《つらぬ》きました。世界へと友情を広げていきました。その崇高《すうこう》なる魂《たましい》は、人類の精神を永遠に照らし続けていくでありましょう。

ムカジー　約二年間にわたり、タゴールと共に続けてきた私たちの対談の旅もいよいよ終わり

青年たちが見つめるなか池田SGI会長にラビンドラ・バラティ大学の「名誉文学博士号」が授与された（2004年2月、東京）　©Seikyo Shimbun

を迎えることになりました。目指してきた港が今見えてきました。私たちの小さな〝黄金《おうごん》の舟《ふね》〟（ソナール・タリ）は、タゴールの人生と哲学《てつがく》のさまざまな側面に光を当てた有意義《ゆういぎ》な語らいがもたらしてくれた、黄金に輝く豊《ほう》饒《じょう》な実《み》りでいっぱいです。

この対談を通して明らかになった通り、タゴールの哲学的理念の真髄《しんずい》とは、人々のなかに「究極の実在《じつざい》」を見いだしていくことです。また、人類への友愛と人間主義は、タゴールが自身の著作《ちょさく》と生涯を通じて訴《うった》えた信条《しんじょう》でした。

細い川が、両側の川岸の砂粒《すなつぶ》一つ一つに触れて流れていくように、「究極の実在」の精神はすべての人のなかに顕現《けんげん》されていく、とタゴールは固《かた》く信じていました。こうした認識によって、タゴールは、洋の東西を問わず万人《ばんにん》を受け入れるようになったのです。

この対談において、東洋の偉大なルネサンスの旗手《きしゅ》であり、インドの吟遊《ぎんゆう》詩人でもあるタゴールをめぐって多角的に語り合えたことは、私にとっても、内なる自分を再発見する機会となりました。

池田 タゴールの珠玉《しゅぎょく》の思想《しそう》や信念《しんねん》を、卓越《たくえつ》したインドの知性であられる博士は、現代社会の混迷《こんめい》の闇《やみ》を打ち破《やぶ》りゆく希望の大光《たいこう》として、あらためて深い意義《いぎ》と示唆《しさ》をもって蘇《よみがえ》らせてくださいました。このことを、何よりも、この対談の多くの読者が実感しております。

私は結びにあたって、タゴールの詩を紹介したい。

「あなたの星々が
彼に指し示す道——それは
彼自身の内面への道、
どこまでも透明《とうめい》な明るい道——
彼の純粋《じゅんすい》な信仰《しんこう》で
つねに皓々《こうこう》とかがやく道」

「なにものも　彼を欺《あざむ》くことはできない、
この最後の報酬《ほうしゅう》をたずさえて　彼は
自分の宝庫へ運ぶ。
あなたの欺瞞《ぎまん》を　やすやすと　くぐりぬけた者だけが
あなたの手から
平和への不滅《ふめつ》の権利を受けとるのだ(5)」
この詩は、タゴールが永眠《えいみん》する九日前（一九四一年七月三十日）の生涯、最後の詩です。
いかなる苦難《くなん》にあっても、未来を見つめ、創造の歩《あゆ》みを止めなかったタゴールの如《ごと》く、これからも平和の世紀の建設へ、人間主義の旗《はた》を掲《かか》げて、ともどもに歩んでまいりたい。そう深く決意しております。長い間《あいだ》、大変にありがとうございました。

【注】（＊印のついた項目の五十音順）

〈あ行〉

＊**アインシュタイン**　アルベルト・アインシュタイン（一八七九～一九五五）ドイツ生まれの理論物理学者。ナチスによるユダヤ人迫害が強まるなか、米国に亡命し、プリンストン高等研究所で相対性理論をもとに、研究を続けた。光電効果の研究で一九二一年度のノーベル物理学賞受賞。親日家でもあり、二二年に来日し各地で講演。第二次世界大戦後は平和活動を展開。死去の直前に署名した「ラッセル＝アインシュタイン宣言」は、核兵器の廃絶と科学技術の平和利用を訴え、彼の人類への〝遺言〟といわれる。

＊**『赤い夾竹桃』**　一九二三年作のタゴールの戯曲。機械文明の発達によって繁栄する社会のなかで、薄れゆく人間性を呼び覚ますために立ち上がる人間像が描かれる。

＊**アクバル大帝**（一五四二～一六〇五）インドのムガル帝国第三代皇帝（在位一五五六～一六〇五）。父の急死により十三歳で皇帝に即位。当初は父の遺臣などに実権を握られたが、在位十年余にして絶対君主としての地位を固めた。勢力を拡大するとともに統治制度の大改革を行い、ムガル支配の根幹を築いた。

＊**アショーカ王**（生没年不詳）古代インドのマガダ国マウリヤ王朝第三代の王（在位前二六八頃～前二三二頃）。インド最初の統一王朝を確立するが、侵略戦争の悲惨さを悔い、篤く仏法に帰依して平和と寛容の政策に転換した。

＊**アートマン**　ヴェーダやウパニシャッド哲学に説かれる、個人の本体。「我」と漢訳される。アートマンと宇宙の根本原理とされるブラフマン（梵）は、本質として同一である（梵我一如）と説かれる。

＊**荒井寛方**（一八七八～一九四五）日本画家。水野年《とし》方《かた》に師事し歴史画を学ぶ。第二回文展で三等賞受賞。一九一六年にはタゴールに招かれインドへ渡航

しアジャンター石窟群の壁画を模写した。帰国後は法隆寺金堂壁画の模写事業にも参加。

*『イーシャ・ウパニシャッド』　古代インドの哲学書ウパニシャッドの一部。ウパニシャッドのなかで特に重要といわれる古ウパニシャッドは、初期散文・中期韻文・後期散文に分類されるが、その中期韻文に属する。

*イプセン　ヘンリック・ヨハン・イプセン（一八二八〜一九〇六）　ノルウェーの詩人・劇作家。「近代演劇の父」と称される。日本には明治中頃に紹介され、自然主義文学や女性解放問題にも多大な影響を与えた。代表作に『ブラン』『ペール・ギュント』『人形の家』などがある。

*インディラ　インディラ・プリヤダルシニ・ガンジー（一九一七〜八四）　インド首相（在任＝一九六六〜七七、八〇〜八四）。初代首相ネルーの娘。インド国民会議派に入党し、父を助けて活躍。四二年、法律家フェローズ・ガンジーと結婚。国会議員、シャストリ内閣の情報・放送大臣を経て、六六年、首相に就任。強力な指導力を発揮したが、八四年、護衛警官に暗殺された。

*インド国民会議派　インドの政党。一八八五年にボンベイ（現・ムンバイ）で開催された会議を起源として設立された。初期は限られた階級の人々の利害を代弁する組織だったが、マハトマ・ガンジーやネルーの指導のもとインド独立に大きく貢献した。独立後も、インド政治の中核として何度も政権を担った。

*インドとバングラデシュの国歌　インドの国歌「ジャナ・ガナ・マナ」は「インドの朝」とも訳されておりタゴールによって作詞・作曲。バングラデシュの国歌「我が黄金のベンガルよ」は、独立時にタゴールの詩から選ばれている。

*インパール作戦　一九四四年、日本軍がインド北東部の都市インパールの攻略を目指した作戦名。日本軍は補給路や制空権がないこともあり、多くの犠

牲を出して歴史的な敗北を喫した。

＊ヴァラーハミヒラ　生没年不詳。六世紀にインドで活躍した天文学者、占星術師。インド古来の占いだけでなくヘレニズム時代に流入した西方起源の占星術についても優れた業績を残した。著書に『パンチャ・シッダーンティカー』『ブリハタ・サンヒター』など。

＊ヴィヴェーカーナンダ　スワミ・ヴィヴェーカーナンダ（一八六三〜一九〇二）インドの宗教家、哲学者。宗教家シュリ・ラーマクリシュナ・パラマハンサの支持者で、ヒンズー教の修行僧でもあった。著書に『カルマ・ヨーガ』など。

＊ヴィドヤサーガル　イスワール・チャンドラ・ヴィドヤサーガル（一八二〇〜九一）インドの哲学者・教育者。サンスクリット大学にて次官補、フォートウィリアム・カレッジでは首席書記などを務めた。また児童婚と一夫多妻制の廃止や下層カーストの学生に大学教育の門を開くことに尽力し、ラームモーハン・ローイの改革を受け継いだベンガル・ルネサンス中心人物の一人。

＊ヴェーダ　インド最古の聖典の総称。知識を意味する。宗教儀式を司る祭官が用いる「リグ・ヴェーダ」（讃歌）、「サーマ・ヴェーダ」（歌詠）、「ヤジュル・ヴェーダ」（祭詞）と、個人や家庭での祈禱に用いる「アタルヴァ・ヴェーダ」（呪詞）の四種類がある。

＊ヴェーダの儀式　司祭階級であるバラモンが執り行う宗教儀式。祭壇を設けて火を焚き、供物を捧げ、ヴェーダを詠唱し、現世利益などを祈禱する形式が多い。

＊ヴェーダーンタ哲学　インド六派哲学のなかで主流をなす哲学。ヴェーダーンタとは「ヴェーダ聖典の終わり」の意で、本来はウパニシャッドを指した。純粋精神とするブラフマンを唯一の世界原因として観念論的一元論を展開。開祖は前一世紀頃のバーダラーヤナとされ、八世紀前半にはシャンカラに

よって最盛期を迎えた。その思想はタゴールをはじめ現代でも多くの思想家に影響を与え続けている。

＊ウェルズ　ハーバート・ジョージ・ウェルズ（一八六六〜一九四六）　イギリスの小説家・文明批評家。徒弟奉公として衣料品店や薬局に勤めたのち、奨学金を得て理科師範学校に入学。進化論に影響を受ける。教職に就くが健康を害し文芸の道へ転じた。出世作『タイムマシン』をはじめとする科学小説や歴史書『世界文化史大系』など百編を超える作品を著し、小説家のみならず文明批評家としても名声を博した。

＊ウパニシャッド　インドの哲学書。「奥義書」と訳される。百種類以上にのぼる書物の総称。聖典ヴェーダの最終部に相当する。この書によって初めて輪廻の思想が明示され、インドの宗教・哲学に絶大な影響を与えた。

＊エメラルド・バウアー・キャンパス　ラビンドラ・バラティ大学の第二キャンパス。「人文学部」「芸術学部」「視覚芸術学部」の三学部が入る。

＊エルムハースト　レナード・ナイト・エルムハースト（一八九三〜一九七四）　イギリスの農学者。第一次世界大戦中に訪れたインドで土地経営に関心を抱き、戦後渡米しコーネル大学に農業を学ぶ。米国留学中にタゴールと出会い、インドのシャンティニケタンに赴き、教育と研究に携わった。イギリスに帰国した後、自然資源の開発や農業の技術改革、芸術振興などの活動拠点としてダーティントン・ホールを設立した。

＊エンパワーメント　政治や経済、家庭などのさまざまな分野において、権力や暴力（軍事力）、支配力によらず、民衆が力を合わせてよりよい社会を築くため、自ら意思決定し行動する能力を身につけること。ブラジルの教育思想家パウロ・フレイレの提唱した概念で、世界の先住民運動や女性運動などで用いられている。

＊大隈重信（一八三八〜一九二二）　日本の政治家・教

育者。蘭学や英学を学び、明治維新後には外国事務局判事や民部大輔を務め、一八七〇年からは参議。七三年大蔵卿。八二年には後の早稲田大学に発展する東京専門学校を創立。八八年には外務大臣に就任し、九八年と一九一四年には内閣総理大臣を務めた。著書に『大隈伯昔日譚』『東西文明之調和』など。

＊岡倉天心（一八六二〜一九一三）　日本の思想家・美術指導者。フェノロサと共に東京美術学校（東京藝術大学美術学部の前身）の設立に大きく貢献し、一八九〇年には校長に就任。九八年に日本美術院を創設。日本の伝統美術の振興に指導的役割を果たし、日本美術を海外に紹介した。著書に『東洋の理想』『茶の本』など。

＊オカンポ　ビクトリア・オカンポ（一八九〇〜一九七九）　アルゼンチンの批評家・ジャーナリスト。アルゼンチンの女流詩人シルビナ・オカンポの姉。「西欧評論」誌に触発を受け、「スル（南）」誌を創刊。ヨーロッパの前衛的な文学を紹介し新人発掘にも努め、ラテン・アメリカ文学に多大な影響を与えた。

〈か行〉

＊カイザーリング　ヘルマン・フォン・カイザーリング（一八八〇〜一九四六）　ドイツの哲学者。地質学を学び、やがて哲学への関心を深めた。世界各地を旅行した記録と考察を『或る哲学者の旅日記』として著し、ドイツでベストセラーとなる。ダルムシュタットに「知恵の学園」を設立。〝生と知の統合〟と〝魂と精神の統一〟を訴えた。

＊カースト　ヒンズー教と結びついたインド古来の身分制度。親から子へ継承され、職業・結婚や日常生活の隅々を規定。バラモン（司祭）、クシャトリヤ（王侯・武士）、ヴァイシャ（平民・商人）、シュードラ（被征服民・農民等）の四階層（四種姓、四ヴァルナ）と、さらに差別される不可触民に大別されるが、実

際には、地縁・血縁・職業等によって二千数百に細分化されている。

＊カーソン　レイチェル・ルイーズ・カーソン（一九〇七～六四）　アメリカの海洋生物学者・作家。ジョンズ・ホプキンス大学で学び、商務省漁業水産局に勤務し、政府刊行物の執筆・編集などを行う。一九六二年に発表した『沈黙の春』では、化学物質が環境に与える危険性を警告し、全世界に衝撃を与えた。科学と文学の双方で優れた業績を残し、全米女性評議会文芸賞など多くの賞を受賞している。

＊加藤周一（一九一九～二〇〇八）　日本の評論家・作家。医学博士。東京帝国大学医学部在学中から詩作を試み、卒業後も評論集、小説などを発表。一九五一年、医学留学生として渡仏。帰国後、医業を離れ、評論家として独立。ベルリン自由大学や上智大学など国内外の大学で教授として教壇に立ちながら執筆活動を続け、文学・文化の面で幅広く活躍した。著書に『羊の歌』『日本文学史序説』など多数。

＊カナ（前一五〇～五〇頃、諸説あり）　インドの哲学者。インド六派哲学の一つであるヴァイシェーシカ学派の開祖。多元的実在論を展開し、他の学問にも影響を与えた。カナーダ、カナブジュ、ウルーカなどの異称がある。

＊カビール（一三九八～一四四八頃、諸説あり）　北インドの宗教家・詩人。ヒンズー社会の下層である織工カーストの家で生まれ育ったとされる。織工として生涯を送りながら教条主義や差別を批判し、人間にもともと備わる神性の覚醒・帰依について平易な言葉で民衆に説いた。中期ヒンズー文学の祖とも評される。

＊カーマラージ（一九〇三～七五）　クマーラースワーミー・カーマラージ　インドの政治家。国民会議派に参加しマハトマ・ガンジーの信奉者となる。州会議派の総裁やマドラス州首相を務める。ネルー首相死後はシャストリやインディラ・ガンジーの選出に尽力し、中央政治の中核として大きな影響を与え

た。

＊ガリソン　ジム・ガリソン（一九四九〜）アメリカの教育者。バージニア工科大学教育哲学教授、アメリカ哲学振興協会執行委員。ジョン・デューイ協会会長、教育哲学協会会長などを歴任。教育哲学分野での研究を評価され、ジム・メリット賞など受賞。著作・編著に『民主主義の復興とデューイ哲学の再構成』『デューイ生誕百五十年』、池田SGI会長とラリー・ヒックマン氏とのてい談『人間教育への新しき潮流』（小社刊）などがある。

＊カーリダーサ　生没年不詳。古代インドの詩人・劇作家。その生涯は諸説あり、グプタ王朝の四、五世紀頃に活躍したと推定され、サンスクリット文化の精髄ともいわれる作品を著した。最も有名な作品『シャクンタラー』は古くから西欧にも紹介され、ロマン主義の文人やゲーテなどにも多大な影響を与えた。

＊ガンジー　マハトマ・ガンジー（一八六九〜一九四八）「インド独立の父」と呼ばれる。本名はモーハンダース・カラムチャンド・ガンジーで、マハトマは「偉大なる魂」という意味を持つ尊称。イギリスに留学し、弁護士資格を取得。南アフリカで弁護士活動を行うとともに、人種差別の撤廃運動に参加。インド帰国後は、「非暴力・不服従」を提唱して独立運動をリードした。

＊ガンジー主義　インド独立運動の指導者マハトマ・ガンジーが提唱した非暴力・不服従を中心とする考え方。

＊『ギタンジャリ』　インドの詩人タゴールの詩集。一九一〇年にベンガル語で発表したものを一二年に自ら英訳し、出版。これによってタゴールは一三年にノーベル文学賞を受賞した。

＊キーツ　ジョン・キーツ（一七九五〜一八二一）イギリスの詩人。医学を学ぶが開業せず、詩人を志す。作品に『エンディミオン』『ギリシア古甕の賦』『ナイチンゲールに寄せる』など。精緻な構成と豊

かな想像力で知られる。

＊キュリー　マリー・キュリー（一八六七〜一九三四）　ポーランド出身のフランスの物理学者・化学者。キュリー夫人として有名。一九〇三年に、夫のピエールと共に女性として史上初のノーベル物理学賞を受賞し、さらに夫亡き後も研究を続け、一一年、ノーベル化学賞を単独受賞した。

＊キング　マーチン・ルーサー・キング・ジュニア（一九二九〜六八）　米国の黒人（アフリカ系アメリカ人）解放運動家・牧師。非暴力直接行動主義に立ち、公民権運動を指導した。一九六四年、ノーベル平和賞を受賞。六八年、テネシー州で遊説活動中に凶弾に倒れる。公民権運動への貢献を称え、キングの誕生日に近い一月の第三月曜日は「マーチン・ルーサー・キング・ジュニア・デー」として米国の祝日とされている。

＊クーデンホーフ＝カレルギー　リヒャルト・クーデンホーフ＝カレルギー（一八九四〜一九七二）　オーストリアの政治学者・平和運動家。国際汎ヨーロッパ連合の初代会長。汎ヨーロッパ主義を提唱し、後世の欧州連合の先駆けとなった。「欧州統合の父」と称えられる。一九六七年の来日時に池田SGI会長と会見。さらに七〇年にも対談し、対談集『文明・西と東』（『池田大作全集』102収録）を刊行。母は日本生まれのクーデンホーフ＝カレルギー光子。

＊ゲーテ　ヨハン・ヴォルフガング・フォン・ゲーテ（一七四九〜一八三二）　ドイツを代表する世界的な文豪で、詩人・小説家・劇作家・自然科学者、さらには政治家・法律家でもあった。二十五歳で刊行した『若きウェルテルの悩み』が大ベストセラーとなる。以降、旺盛な執筆活動を続け、ライフワークともなった『ファウスト』をはじめ、『詩と真実』『ヴィルヘルム・マイスターの修業時代』『色彩論』など多くの作品を残す。

＊ケネディ　ジョン・フィッツジェラルド・ケネディ（一九一七〜六三）　アメリカ合衆国第三十五代大

統領（六一～六三）。穏健な進歩派としてニュー・フロンティア政策を唱え、世界平和のための外交を展開。テキサス州ダラスで暗殺された。

＊ケラー　ヘレン・アダムス・ケラー（一八八〇～一九六八）アメリカの作家・社会福祉家。生後十九カ月で熱病のため視力・聴力・言葉を失う。家庭教師サリバンの教育によって指の話法や点字などを習得。ラドクリフ・カレッジ（現・ハーバード大学）を卒業後、世界各地を歴訪し身体障がい者の福祉・教育に大きな貢献をした。著書に『私の生涯』など。

＊国連環境計画（UNEP）　一九七二年の国連総会決議によって設立された常設機関。環境分野における国連諸機関の活動調整や国際協力の推進などを行う。本部はケニアのナイロビにある。

＊国連持続可能な開発会議　二〇一二年六月にブラジルのリオデジャネイロで開かれた国連主催の国際会議。国連加盟各国の首脳や閣僚をはじめ、企業やNGOの代表が参加。一九九二年にリオデジャネイロで開かれた地球サミットから二十年にあたるため、「リオ＋20」と呼ばれた。

＊コスイギン　アレクセイ・ニコラエヴィチ・コスイギン（一九〇四～八〇）ソ連の政治家。サンクトペテルブルクに生まれ、ロシア革命の後、赤軍に志願し、一九二七年にソ連共産党に入党。陰謀とは無縁な高潔な政治家といわれ、六四～八〇年までソ連の首相を務めた。

＊コックス　ハービー・ギャラガー・コックス・ジュニア（一九二九～）アメリカの宗教学者。ハーバード大学で博士号を取得後、一九六五年より同大学で教壇に立つ。応用神学部の学部長などを歴任し、キング博士の友人として公民権運動にも取り組んだ。アメリカでの宗教研究における第一人者。著書に『世俗都市』など多数。池田SGI会長との対談集に『二十一世紀の平和と宗教を語る』（『池田大作全集』141収録）がある。

＊コミュナル暴動　共通の言語や宗教、生活様式な

どで結びついた社会集団間で起きる、排他的な対立紛争のこと。インドにおいては特に、ヒンズー教徒とイスラム教徒との衝突を指す場合が多い。

＊コルチャック　ヤヌシュ・コルチャック（一八七八〜一九四二）　ポーランドの教育者・児童文学作家・小児科医。本名は、ヘンリク・ゴルドシュミットで、コルチャックはペンネーム。ワルシャワ大学に学び小児科医になる。その頃、作家活動を開始。孤児院院長も務め、生涯を子どもにささげた。ナチスによる「ユダヤ人絶滅政策」で、与えられた特赦で自分だけが助かることを拒絶し、二百人の子どもたちと共に強制収容所に送られ殺害された。著書に『マチウシ少年王一世』など。

＊ゴルバチョフ　ミハイル・セルゲーヴィッチ・ゴルバチョフ（一九三一〜）　旧ソビエト連邦およびロシアの政治家。一九八五年、ソ連共産党書記長に就任。ペレストロイカ（改革）やグラスノスチ（情報公開）を推進し、冷戦の終結に尽力。九〇年、初代のソ連大統領に就任（〜九一年）。同年、ノーベル平和賞を受賞。池田SGI会長と対談集『二十世紀の精神の教訓』（『池田大作全集』105収録）を刊行。

＊コンスタンティヌス　（二八〇頃〜三三七）　ローマ帝国の皇帝（在位三〇六〜三三七）。ローマ皇帝であるコンスタンティウス一世の長子として生まれる。皇帝となってからはキリスト教を公認し、統一の政策としてキリスト教を重視。専制体制の確立などを通じ、帝国再建を行った。

〈さ行〉

＊サドーヴニチィ　ヴィクトル・アントノヴィッチ・サドーヴニチィ（一九三九〜）　ロシアの数学者。機械・数学の機能理論・機能分析学における世界的権威として知られる。一九九二年、モスクワ大学総長に就任。日本とロシアの諸問題を解決するため発足した「日露賢人会議」メンバー。池田SGI会長と対談集『新しき人類を　新しき世界を』『学は光』

（以上『池田大作全集』113収録）『明日の世界　教育の使命』（潮出版社）を刊行。

＊サーマン　ロバート・アレクサンダー・ファーラー・サーマン（一九四一〜）　アメリカの宗教学者。コロンビア大学教授。ハーバード大学で哲学を学んだのち、インドにて得度を受ける。帰国後、インド哲学の博士号を取得。八七年にチベットの窮状と文化を広く訴えるための「チベットハウス」を設立し、代表を務めながら講演や展覧会など活発に活動。

＊釈尊　仏教の開祖。生没年については、前四六三〜前三八三年説や前五六六〜前四八六年の説などがある。釈尊とは釈迦族の聖者との意味である釈迦牟尼世尊の略。現在のネパールに釈迦族の王子として生誕。生老病死の問題の解決を目指して、二十九歳で王宮を出て出家（十九歳説もある）。三十五歳で宇宙と生命の根源の法を悟った（三十歳説もある）。八十歳で入滅するまで各地に赴き、法を説き続けた。

＊シャストリ　ラルバドゥール・シャストリ（一九〇四〜六六）　インドの政治家。十代で独立運動に参加。ネルー内閣で運輸・通商・自治の各大臣を歴任。ネルー初代首相のあとを受けて一九六四年より首相を務める。パキスタンとの不戦協定に調印した翌日、心臓病で急逝した。

＊ジャリヤーンワーラー・バーグの虐殺事件　一九一九年にインド西北部のアムリッツァルで起こったので「アムリッツァル虐殺事件」とも呼ばれる。イギリス統治下のインドにおいて発布された法律・ローラット法に対する抗議のために集まった非武装のインド市民を、軍隊が無差別発砲し、千人以上の死傷者を出した。この事件以降、反英運動は激化した。

＊シャンティニケタン　インド北東部、西ベンガル州にある町。「平和の郷」の意。行政的にはボルプル町の一部。タゴールがこの地に創立した学園は、後にヴィシュヴァ・バラティ大学（タゴール国際大学）へと発展した。

＊周恩来（一八九八〜一九七六）　中国の政治家。日本

留学から帰国後、一九一九年の「五・四運動」に参加。天津の運動を指導。フランス、ドイツ留学中に中国共産党に入党。抗日戦争や過酷な長征を戦い抜き、戦後は新中国の総理兼外相として内政・外交に指導力を発揮。七一年の米中和解、七二年の日中国交正常化などを実現。「人民の宰相」として国民から尊敬を集めた。七四年、訪中した池田SGI会長と会見。夫人は鄧穎超。

＊『自由の流れ』 一九二二年作のタゴールの戯曲。大国による小国支配に非暴力で抵抗する姿が描かれている。祖国解放の願いとマハトマ・ガンジーへの祝福が込められているとされる。

＊シュバイツァー アルベルト・シュバイツァー（一八七五〜一九六五） ドイツ出身（出生時、現在はフランス領）の神学者・音楽家・医師。ストラスブール大学で哲学・神学の博士号を取得し、献身の決意を立て医学博士にもなる。医師としてアフリカのガボンのランバレネで医療事業を展開。「生命への畏敬」を説き、世界平和を呼びかけた。一九五二年ノーベル平和賞受賞。著書に『イエス伝研究史』『文化哲学』『インド思想家の世界観』など。

＊『シュリーマド・バガヴァッド・ギーター』 ヒンズー教の聖典の一つ。古代インドの大長編叙事詩『マハーバーラタ』の一部で、クリシュナと主人公のアルジュナ王子の対話形式で構成される。シュリーマドは「大きな尊敬」の意。文学的にも評価が高く、インド古典のなかで最も世界に知られている。現在もヒンズー教徒によって日夜唱え親しまれている。

＊ショー ジョージ・バーナード・ショー（一八五六〜一九五〇） イギリスの劇作家。近代演劇の確立者として数多くの優れた戯曲を執筆し、批評・評論活動も積極的に行った。一九二五年、ノーベル文学賞を受賞。代表作に『シーザーとクレオパトラ』『人と超人』『ピグマリオン』『聖女ジョーン』など。

＊勝鬘夫人 女性の仏弟子。釈尊在世当時の舎衛

国・波斯匿王の娘。大乗仏教経典『勝鬘経』の主人公として登場する。非常に聡明で仏教に深く帰依し、多くの衆生を仏門に導いたとされる。

＊ジョラサンコ　インド北東部の中心都市であるコルカタにある地区。タゴールの生家が往時のまま残され、そこは現在、ラビンドラ・バラティ大学となっている。

＊シライドホ　東ベンガル（現在のバングラデシュ）のタゴール家の領地があった農村。タゴールは二十九歳から三十一歳頃、領地を管理のため度々訪れ、近代以前のベンガル文学の担い手であったベンガルの吟遊詩人バウルら、イスラム主義者ダルビーシュらと出会った。

＊真我　アートマンの漢訳。↓アートマン

＊『神曲』　イタリアの詩人ダンテの長編叙事詩。「地獄編」「煉獄編」「天国編」の三部から構成される。三行韻詩の詩形で綴られ、世界文学を代表する作品として最大級の賛辞を受けている。

＊「ステーツマン」　インドの英字新聞。一八七五年に創刊された日刊紙。インドにおける五大英字紙の一つで、発行地をニューデリーとコルカタに置く。主に西ベンガル州を中心とした東部インドの情報をカバーし提供。

＊スムリティ文献　インド古代の師伝口授による聖伝文学群を指す。ヒンズー教の聖典は二種に大別され、一つは天啓聖典＝シュルティ（聞かれたもの）とされ、もう一方は聖仙たちが作ったとされる伝承聖典＝スムリティ（記憶されたもの）とされる。スムリティには、インドの二大叙事詩『マハーバーラタ』『ラーマーヤナ』や『マヌ法典』、「プラーナ文献」などが含まれるとされる。

＊スワミナサン　モンコンブ・サンバシバン・スワミナサン（一九二五～）　インドの農学者。小麦や米などの品種改良によって農業の生産性を飛躍的に向上させ、インドやアジア諸国の多くの人々を飢餓から救い「緑の革命」の父と称されている。平和へ行

動する科学者の国際組織「パグウォッシュ会議」会長も務めた。池田SGI会長と対談集『「緑の革命」と「心の革命」』（『池田大作全集』140収録）を刊行。

＊聖紐式　ヒンズー教の入門儀礼。高位ヴァルナ（バラモン、クシャトリヤ、ヴァイシャ）の少年が青年期を迎え「聖なる紐」を授けられる重要な儀式。これにより上位ヴァルナ社会の一人前の男性として認められる。

＊セポイの乱　一八五七年～五九年にかけて起こった、インドにおける反乱。今日では「インド大反乱」と呼ばれ、最初の民族解放運動とされる。イギリス支配に対して、英国東インド会社に雇われていたインド人の傭兵（セポイ／シパーヒー）が起こした反乱は、やがて農民も合流し拡大したが、イギリスは強力な軍隊を投入し鎮圧した。ムガル皇帝は廃され、以後インドはイギリス直轄領となった。

＊セン（アマルティア）　アマルティア・セン（一九三三～）　インドの経済学者。西ベンガル州シャンティニケタンの生まれで、名付け親はタゴール。経済の分配・公正と貧困・飢餓の研究など「厚生経済学」への貢献により、アジア初のノーベル経済学賞を受賞。ケンブリッジ大学トリニティ・カレッジ学寮長などを務めたほか、「人間の安全保障委員会」の共同議長としても活躍した。主著に『貧困と飢餓』『自由と経済開発』『貧困の克服』など。

＊セン（ディネシュ）　ディネシュ・チャンドラ・セン（一八六六～一九三九）　インドの作家・教育者・民俗研究者。ダッカ大学に学び、一八九一年にはビクトリア学校の校長に就任。一九〇九年からはカルカッタ大学の文学の講師などを務め、同大学の文学の博士号を取得。ベンガルの民話研究に努めた。著書に『Glimpses of Bengal Life』など。

〈た行〉

＊大乗仏教　紀元前後頃からインドに起こった改革派の仏教。従来の出家者中心の仏教を批判し、一切

衆生を成仏させるために利他の菩薩道を説いた教えをいう。大乗とは「大きな乗り物」の意。

＊ダ・ヴィンチ　レオナルド・ダ・ヴィンチ（一四五二〜一五一九）イタリアの芸術家・科学者。絵画・彫刻・建築・技術・科学・医学等で多彩な業績を残し、ルネサンス時代を代表する「万能の巨人」といわれる。絵画作品に「モナリザ」「最後の晩餐」など。

＊ダードゥ　ダードゥ・ダヤール（一五四四〜一六〇三）インドの宗教家。バラモンの家に生まれ、カビールの直弟子カマルに師事したとされる。バーニー（詩語）と呼ばれる宗教詩集が弟子によって編さんされ、ダードゥ派の開祖となる。寺院ではバーニーの写本が崇拝の対象。ラージャスターン地方を拠点に活動を広げた。

＊脱亜入欧　アジアから離れ、欧米諸国の仲間入りをすること。また近代化への道を進むためにアジア諸国から脱し、積極的に欧米諸国の文明を取り入れようとした思想や行動のこと。明治から第二次世界大戦までの日本の近代化政策を指す。

＊ダンテ　ダンテ・アリギエーリ（一二六五〜一三二一）イタリアの都市国家フィレンツェ生まれの詩人・哲学者・政治家。ボローニャ大学で修辞学を学び、『新生』を発表して詩人としての名声を得る。一二九五年から一三〇二年まで政治活動に没頭するが、政争に敗れフィレンツェから永久追放される。以後、各地を流浪しながら『神曲』など不朽の名作を残した。

＊治安維持委員会（ローラット委員会）　一九一七年に設置されたイギリス領インド帝国での治安・対策調査の委員会。委員長はローラット。一九一九年に施行されたインドの治安維持法は、この委員会の報告と原案による。この治安維持法によって民衆運動を法外に弾圧した。

＊チェルムスフォード　フレデリック・ジョン・ネイピア・セシジャー、チェルムスフォード子爵（一

八六八〜一九三二）　イギリスの政治家。オーストラリアのクイーンズランド知事などを経てインド総督に就任。インド事務相モンタギューと改革案を完成させ、イギリス支配下におけるインド人の自治拡大をしたが、その他の重要事項の保留をしたため、インド各地で不満の声が高まった。退職して帰国後、労働党内閣の海相を務めた。

＊チャウリー・チャウラー事件　一九二二年二月、インドのチャウリー・チャウラーという町で起こったインド人群衆とイギリス警官との衝突事件。非武装で行進していたデモ隊に、数人の警官が罵声を浴びせ、暴行を加えた。激怒したデモ隊は暴徒と化し、二十人以上の警官を殺害。この事件により、マハトマ・ガンジーは計画していた非暴力・不服従運動の開始を中止した。

＊チャットパディヤーイ　バンキムチャンドラ・チャットパディヤーイ（一八三八〜九四）　インドの作家・思想家。カルカッタ大学における初の文学士試験に最優秀で合格。イギリス植民地政府の官吏として副治安判事などを歴任。ベンガル語で歴史小説『城主の娘』などを発表し、若きタゴールをはじめとする多くのベンガル人に影響を与えるなど、ベンガル語の近代散文の確立に貢献した。著書に『クリシュノカントの遺書』など多数。

＊チャンドラ　ロケッシュ・チャンドラ（一九二七〜）　インドの政治家・教育者。パキスタンのパンジャブ大学で言語学修士号、オランダ・ユトレヒト大学で博士号を取得。インド国会議員などを歴任。サンスクリット、パーリ語等二十二の言語に精通。インド文化国際アカデミー理事長。父ラグ・ヴィラは著名なヴェーダ学者。著書・編書に『シャタピタカ（百蔵）』（アジアの文献集）など多数。池田SGI会長との対談集に『東洋の哲学を語る』（『池田大作全集』115収録）がある。

＊チョウドリ　アンワルル・カリム・チョウドリ（一九四三〜）　バングラデシュ生まれ。同国の国連代

表、国連の後発開発途上国・内陸開発途上国・小島嶼開発途上国担当高等代表（事務次長）などを歴任し、「平和の文化」の普及をはじめ、貧困問題の解決や女性の地位向上のために尽力した。ウ・タント平和賞、国連の精神賞などを受賞。池田SGI会長との対談集に『新しき地球社会の創造へ』（潮出版社）がある。

＊チンギス・カン（一一六二頃～一二二七）　モンゴル帝国初代皇帝。在位一二〇六～二七。幼名はテムジン。十三歳で父のあとを継ぎ、モンゴル草原を統一。〇六年にモンゴル帝国統治者として即位し、チンギス・カンと称される。中国北部、中央アジア、東ヨーロッパなどを次々に侵略し人類史上最大規模の帝国の基盤を築いた。

＊ティラク　バール・ガンガーダル・ティラク（一八五六～一九二〇）　インドの政治家・思想家。教育者を経て、インド民族運動のなかでの急進的民族派グループの指導者として活躍。主宰する新聞『ケーサリー』はインドの代表的な民族紙になった。インドの自治を意味する「スワラージ」を最初に唱えたことでも有名。著書に『ギーター・ラハスヤ（ギーター奥義）』など。

＊デューイ　ジョン・デューイ（一八五九～一九五二）　アメリカの哲学者・教育学者。プラグマティズム（実用主義哲学）を発展させ、アメリカ哲学界をリードした。児童教育に関心を持ち、シカゴ大学在職中に後に附属小学校となる「実験学校」を創設。一九〇四年以降、コロンビア大学教授。著書に『民主主義と教育』『学校と社会』『論理学』など多数。

＊トインビー　アーノルド・ジョーゼフ・トインビー（一八八九～一九七五）　「二十世紀最大の歴史家」と評されるイギリスの歴史学者・文明批評家。従来の西欧中心の歴史観を脱し、世界全体を総合的な視点からとらえた独自の歴史観を提唱した。仏教に強い関心を示し、一九七二、七三年に池田SGI会長と対談。対談集『二十一世紀への対話』（『池田大作全

集』3）は、これまでに二十八言語で発刊され、世界の識者に大きな影響を与えている。

＊戸田城聖（一九〇〇～五八）　創価学会第二代会長。小学校教員時代に牧口常三郎と出会い、師事。一九三〇年、牧口と共に創価教育学会（のちの創価学会）を創立した。戦時中、軍国主義の精神的支柱となった国家神道を批判し、不敬罪並びに治安維持法違反の容疑で逮捕・投獄された。四五年に出獄し、創価学会を再建。五一年、第二代会長に就任し、創価学会発展の基盤を築いた。

＊トリヴェディ　ラメンドラ・スンダル・トリヴェディ（一八六四～一九一九）　インドの作家。学士号を取得し、奨学金を得て物理学や化学を学ぶ。後にカルカッタ（現・コルカタ）にあるリポン・カレッジ（現・スレンドラナート・カレッジ）の教授、校長を務める。作家として主に科学と哲学に基づいた作品を著した。著書に『Bangalakshmir Bratakatha』など。

＊トルストイ　レフ・ニコラエヴィッチ・トルストイ（一八二八～一九一〇）　ロシアの作家・思想家。帝政ロシアの矛盾と現実を鋭く描き出す一方、人道主義に貫かれた文学を確立して、国境や時代を超えて多くの人々の共感を得た。代表作に『戦争と平和』『アンナ・カレーニナ』『復活』など。

〈な行〉

＊ナーナク（一四六九～一五三八）　中世インドの宗教家。ヒンズー教とイスラームの教えを融合したシーク教の開祖。形骸化した既成宗教を糾弾し、宗教による差別を否定した。その思想はカビールの影響が多くみられる。自身の信仰を詩の形で表現し、日々詠唱し教えを説いた。

＊ニュー・エコノミー　製造業などを中心とした従来の「オールド・エコノミー」の対義語として、ITやバイオテクノロジーなど新しい技術を基にした産業や経済構造を指す言葉。

＊ニュートン　アイザック・ニュートン（一六四二～

一七二七）　イギリスの数学者・物理学者・天文学者。ケンブリッジ大学に学ぶ。物理学における力学体系を構築し、万有引力の原理を発見した。数学においても、二項定理を発見し、さらに微積分学の基礎を築いた。幅広い分野において、近代科学文明の成立に大きな影響を与えた。現在も、その名にちなみ、国際単位系の力の単位として「ニュートン（N）」が用いられている。

＊『人形の家』　ノルウェーの詩人・劇作家イプセンの代表作の戯曲。近代劇の扉を開いた。弁護士ヘルメルの妻ノラを主人公にした全三幕からなり、新時代の女性の姿を描いた。この作品によってイプセンは一躍世界的な劇作家となった。

＊ネルー　ジャワハルラール・ネルー（一八八九～一九六四）　インドの政治家。裕福なバラモン階級の家庭に生まれ、ケンブリッジ大学で学び弁護士となる。イギリスからの独立運動に参加し、マハトマ・ガンジーらと行動を共にした。投獄経験は九度に及び、著書『インドの発見』『自伝』『父が子に語る世界の歴史』は、その獄中で書かれた。第二次大戦後の一九四七年、インドの独立に伴い初代首相に就任。五五年には「バンドン会議」を主導するなど、第三世界の勢力の結集に貢献した。

＊野口米次郎（一八七五～一九四七）　日本の詩人。慶應義塾大学中退後に渡米。詩人ホアキン・ミラーに認められ詩作を始める。一八九六年に詩集『Seen and Unseen』を刊行。以後、欧米の詩壇で評価され活躍した。一九三〇年代半ば以降、インドや中国を訪れてタゴールらとも交流したが、軍国主義化する日本の立場を擁護した。著書に『From the Eastern Sea』『二重国籍者の詩』など。

〈は行〉

＊『バガヴァッド・ギーター』　↓『シュリーマド・バガヴァッド・ギーター』

＊バスー　スジット・K・バスー（一九四六～）　イ

ンドの統計学者。ヴィシュヴァ・バラティ大学（タゴール国際大学）の元副総長。インド経営大学の評議員、インド工科大学の理事職を歴任。インド政府が採択した新教育政策の文案作成にも携わる。韓国の慶熙大学、インド科学ニュース協会などから顕彰を受けている。

＊**バースカラーチャーリヤ**（一一一四～没年不詳）　インドの天文学者・数学者。バラモン階級の出身で家系には優れた学者が多く、数学は父から教授された。三十六歳で数学と天文学の四部作を完成。インド科学界において大きな功績を残した。

＊**ハーディ**　ゴッドフレイ・ハロルド・ハーディ（一八七七～一九四七）　イギリスの数学者。ケンブリッジ大学で学びオックスフォード大学で講師を務めた後、ケンブリッジの教授となる。共同研究をしたリトルウッドと共に解析学で世界的な影響を与えた。インドの数学者ラーマヌジャンを援助したことでも有名。著書に『ある数学者の生涯と弁明』など。

＊**バラモン**　インド古来の身分制度であるカースト制の最上位に位置し、祭祀を司る階級。

＊**バナルジー（S）**　シュレンドロナト・バナルジー（一八四八～一九二五）　インドの政治家。カルカッタ大学などを卒業後、公務員試験に合格し採用されるものの解雇された。この決定に抗議するためイギリスに赴くが人種差別のため受け入れられなかった。一八七九年にはベンガル語の新聞社を設立し、八三年に発表した論文により逮捕。インド国民会議派の創設後は、指導的立場でインド政治において大きな役割を担った。

＊**バナルジー（W・C）**　ウメシュ・チャンドラ・バナルジー（一八四四～一九〇六）　インドの政治家。インド国民会議派の初代総裁。西ベンガル生まれ。カルカッタ最高裁判所の弁護士事務所で働きながら法律の知識を身につけ、イギリスに留学。帰国後の一八八五年にボンベイ（現・ムンバイ）にてインド国民会議派の初めての会議を主宰。八六年の会議では常

任委員会を組織することを提案するなど、初期のインド国民会議派の活動を大きく推進した。

＊バーブル（一四八三～一五三〇）　インドのムガル帝国初代皇帝。在位一五二六～三〇。サマルカンドで地位を固めることに失敗し、インドに遠征。二六年にはパーニーパットの戦いでイブラーヒーム・ローディーに勝利。翌年にはラージプート連合軍などを破り、北インド主要部を統治した。

＊パール　ビピン・チャンドラ・パール（一八五八～一九三二）　インドのジャーナリスト・民族運動家。宗教団体ブラフマ・サマージの活動に従事し、また国民会議派内では急進派としてティラクやラージパット・ラーイと共に中心的な役割を果たす。イギリスによるインドの植民地政策に対して抗議運動を盛り上げ、一九〇六年には「バンデー・マータラム・ジャーナル」を発刊。インドでは革命思想の父として知られている。

＊パンディ　ビシャンバル・ナーツ・パンディ（一九〇六～九八）　インドの人権の闘士、政治家。十四歳の時、タゴールの紹介状を携えマハトマ・ガンジーのもとを訪れる。以降、ガンジーの非暴力・不服従運動を生涯を通して実践。オリッサ州知事、全インド作家協会会長、インド国立ガンジー記念館副議長などを務めた。一九九二年にインドと日本で池田SGI会長と会見。

＊「バンデー・マータラム」　英国植民地時代に作られたインドの国民歌。作詞は、ベンガル文学の著名な作家バンキムチャンドラ・チャットパディヤーイによる。

＊東インド会社　アジア地域との貿易やインド支配などを行った会社。イギリス東インド会社やオランダ東インド会社などがある。イギリスの東インド会社は一六〇〇年に設立され、インドを植民地化して地税徴収制度などの支配機構をつくりあげ、イギリスによるインド支配を進めた。

＊ビクトリア女王（一八一九～一九〇一）　イギリスの

女王（在位一八三七～一九〇一）。十八歳で即位し、首相のメルバーン卿を信頼し、助言を求めて政治を行った。一八四〇年にザクセンコーブルクゴータ公アルバートと結婚し四男五女をもうける。七七年に初代インド女帝。

＊菱田春草（一八七四～一九一一）　日本画家。東京美術学校を卒業後、同校教員などを経て、東京美術学校校長だった岡倉天心に従い日本美術院創立に参加。横山大観とインドへ渡航。その後、欧米を巡遊し帰国。近代日本画の発展に貢献した。代表作に「落葉」など。

＊ヒックマン　ラリー・A・ヒックマン（一九四二～）　アメリカの教育者。南イリノイ大学カーボンデール校哲学教授、デューイ研究センター所長。アメリカ哲学振興協会会長、ジョン・デューイ協会会長などを歴任。著書に『ジョン・デューイのプラグマティック・テクノロジー』、池田SGI会長、ジム・ガリソン氏とのてい談『人間教育への新しき潮流』（小社刊）などがある。

＊『ファウスト』　ドイツの詩人・作家ゲーテの代表作の長編劇詩。十五～十六世紀頃に実在したといわれている魔術師の伝説を下敷きにして書かれ、構成は二部からなる。一部は一八〇八年、二部は三二年に発表された。世界文学を代表する名著と評価されている。

＊仏陀　仏のこと。宇宙と生命を貫く根本の真理に目覚めた人という意味。サンスクリットでbuddha（ブッダ）の音写。通常、仏教の開祖である釈迦を指す。

＊プラーナ文献　ヒンズー教聖典の一群を指す。プラーナとは古い物語の意。ヴェーダの編纂やマハーバーラタを著述したとされる聖仙ヴィヤーサの作とされている。第五のヴェーダとも呼ばれ、多様な側面を持つプラーナの原型はバラモン教からヒンズー教へという社会変化のなかで身分の低い僧職の人々に受け継がれる。現形の諸プラーナには四世紀～十

四世紀の間で定着された。

*ブラフマン　ヒンズー教およびインド哲学における宇宙の根本原理、最高原理。また、それを神格化した最高神。もともとは「ヴェーダ」の讃歌や祭詞などに内在する神秘的な力を指した。梵、梵天と訳される。

*ブラフマ・サマージ（ブラフマ協会）　インドの宗教団体。一八二八年にラームモーハン・ローイにより前身の組織がカルカッタ（現・コルカタ）で設立。ローイの渡英以降、運動は一時停滞したがタゴールの創設した「真理にめざめる会」との合併により運動が活発化。その後も近代インドにおいて宗教・社会改革運動に重要な役割を果たした。

*フランクリン　ベンジャミン・フランクリン（一七〇六～九〇）　アメリカの政治家・科学者。印刷業で成功を収めた後、政界に進出。独立宣言の起草に関わりアメリカ独立に貢献。合衆国憲法制定会議でも大きな役割を果たした。現在の米百ドル紙幣には肖像が描かれている。著書に『フランクリン自伝』がある。

*フランス学士院　フランスの学術機関。フランス革命で廃止されたアカデミーが、一七九五年に五つのアカデミーを備えてフランス学士院として発足。五つあるアカデミーのなかでも最も歴史があるアカデミー・フランセーズへの入会は、フランス国民の最高の栄誉とされている。

*フロスト　ロバート・リー・フロスト（一八七四～一九六三）　アメリカの詩人。ハーバード大学に学び、教師や農夫などを経て家族とイギリスへ渡る。そこで発表された『少年の心』などが国際的に認められ、帰国後はアマースト大学やミシガン大学で教壇に立つ。その後、『ニューハンプシャー』や『遥かな山並』などでピュリッツァー賞を受賞。

*ベサント　アニー・ベサント（一八四七～一九三三）　イギリスの神智学者。夫のフランク・ベサント牧師と離別後、思想の自由や女性の権利のために運動

し講演や執筆を行った。のちにインドに渡り独立運動にも尽力した。著書に『思いは生きている』など。

＊ペッチェイ　アウレリオ・ペッチェイ（一九〇八～八四）　イタリアの実業家、経済学博士。第二次世界大戦中、レジスタンス運動に身を投じ、政治犯として約一年にわたって投獄される。戦後、フィアット社を再建し、オリベッティ社の経営にも参画。民間のシンクタンクであるローマクラブを設立し、人類の直面する危機に警鐘を鳴らした。池田ＳＧＩ会長との対談集に『二十一世紀への警鐘』（『池田大作全集』４収録）がある。

＊ベルクソン　アンリ＝ルイ・ベルクソン（一八五九～一九四一）　フランスの哲学者。高等師範学校を卒業後、高等中学校の教授やコレージュ・ド・フランス教授などを経て、国際連盟国際知的協力委員会の議長などを務めた。生命の哲学または直感の哲学として独創的な哲学を唱え、フランス社会思想や医学にまで強く影響を及ぼした。一九二七年にノーベル文学賞受賞。代表作に『時間と自由』『物質と記憶』など。

＊ベンガル人　インドの西ベンガル州やバングラデシュ人民共和国などのベンガル地方を中心に住む民族。主要言語はベンガル語。十九世紀後半、積極的に西欧文化や民主主義などを受け入れ、タゴールなどの文化人の輩出や経済発展への貢献が著しい。

＊ベンガル・ルネサンス　十九世紀、インドのベンガル地方から起こった社会変革運動。イギリスによる植民地支配の拠点だったベンガル地方カルカッタ（現・コルカタ）には、西洋の文化と思想が多く流入した。その影響を受けたラームモーハン・ローイ等は、ヒンズー教の偶像崇拝や寡婦殉死の悪習を批判するなど、インドの近代化と近代思想の普及に努めた。この時代のインドは、後世に名を残す思想家・宗教家や芸術家などを多く輩出した。

＊ホイットマン　ウォルト・ホイットマン（一八一九～九二）　アメリカの詩人。植字工、新聞記者など

を務めながら詩作など文筆活動に取り組む。詩集『草の葉』の増補・改訂を生涯続けた。自由な形式で人間讃歌を謳い、米国の思想・文学に大きな影響を与えた。

＊法華経　大乗仏教の経典。漢訳で鳩摩羅什訳『妙法蓮華経』が広く用いられ、一般に法華経といえば『妙法蓮華経』を指す。諸経典のなかで最高の経典とされ、大乗仏教を代表する経典として、中国や日本の文化にも影響を与えた。

＊ボース　スバス・チャンドラ・ボース（一八九七〜一九四五）　インドの独立運動家。カルカッタの大学を卒業後、イギリスのケンブリッジ大学に留学。一九二一年にマハトマ・ガンジーの指導による反英非協力運動に参加。インド独立を呼びかけ、度重なる投獄にも屈せず、三八年インド国民会議派議長となる。第二次世界大戦中にはインド国民軍最高司令官も務めた。

＊ホッブズ　トマス・ホッブズ（一五八八〜一六七九）　イギリスの政治哲学者。オックスフォード大学に学んだ。当時の混乱した社会状況を憂い、政治に関する著作を数冊著した。パリに亡命中に代表作である『リヴァイアサン』を執筆。近代政治思想の基礎に影響を与えた。

＊ホメーロス（ホメロス）　紀元前八世紀頃とされる、古代ギリシャの叙事詩人。生没年不詳。古代ギリシャの二大叙事詩『イリアス』と『オデュッセイア』の作者とされているが、諸説ある。詩聖としてギリシャ民族のみならずローマ、中世、近世に多大な影響を与えた。

〈ま行〉

＊マウリヤ朝　前三一七頃〜前一八〇頃。インド初となる統一帝国の王朝。マガダ国のチャンドラグプタがナンダ朝を倒して建国。第三代のアショーカ王の時代に領土は最大となったが、アショーカ王滅後約五十年にシュンガ朝によって滅ぼされた。

＊牧口常三郎（一八七一～一九四四）　創価学会初代会長。地理学者として『人生地理学』を著し、教育者として美・利・善の価値観に基づいた「創価教育学説」を創始し、実践した。日蓮仏法と出合った後、一九三〇年に『創価教育学体系』を発刊し、創価教育学会（のちの創価学会）を創立。戦時中、軍国主義の精神的支柱となった国家神道を批判し、四三年、不敬罪並びに治安維持法違反の容疑で逮捕・投獄され、翌年、獄死した。

＊マグサイサイ　ラモン・マグサイサイ・イ・デル・フィエロ（一九〇七～五七）　フィリピン共和国第七代大統領（五三～五七）。ルソン島に生まれ、ホセ・リサール大学を卒業。第二次大戦時は、抗日ゲリラ活動に参加。独立後は、国防相などを歴任し、五三年、大統領に就任。庶民的で清廉潔白な政治姿勢は国民の強い支持を集めたが、四十九歳の時、航空機事故で急死。没後、その功績を称えて、マグサイサイ賞が創設された。

＊マータイ　ワンガリ・ムタ・マータイ（一九四〇～二〇一一）　ケニアの環境保護活動家。一九七七年にNGO「グリーンベルト運動」を設立し、植樹運動で四千万本の木を植えた。ナイロビ大学教授、ケニアの環境副大臣などを歴任。二〇〇四年にアフリカ女性初のノーベル平和賞を受賞した。

＊『マハーバーラタ』　古代インドの叙事詩。十八編、十万頌（偈）。「バラタ族の戦争を物語る大歴史叙事詩」の意で、ヒンズー教の聖典にもなっている。文芸・美術作品等の題材として、インド文化に多大な影響を与えた。

＊マーラヴィーヤ　マダン・モーハン・マーラヴィーヤ（一八六一～一九四六）　インドの政治家、教育者。ジャーナリストとして活躍したのち国民会議派議長、ヒンズー・マハーサバー議長等を歴任した。また、ベナレス・ヒンドゥー大学を創立し総長を務めた。

＊マルクス　カール・ハインリッヒ・マルクス（一

八一八〜八三）　ドイツの革命家・哲学者・経済学者。富裕な弁護士の子として生まれる。一八四七年、共産主義者同盟に参加し、その委嘱によって「共産党宣言」を起草。亡命を繰り返し、貧困のなか生涯の盟友エンゲルスの財政的支援によって生計を保ち、大著『資本論』に取り組むが、未完のまま死去。

＊マン　パウル・トーマス・マン（一八七五〜一九五五）ドイツの小説家。『ブッデンブローク家の人々』『トーニオ・クレーガー』『ヴェニスに死す』『魔の山』などを発表し、一九二九年にノーベル文学賞受賞。三〇年代にはナチス政権に対抗して論陣を張り、ドイツを追われ亡命。三八年、アメリカに移住しプリンストン大学客員教授に就任。作品は各国語に翻訳され、日本でも多くの作家に影響を与えた。

＊ミューズ　ギリシャ神話の女神。詩歌、文芸、音楽、舞踊、学問等をつかさどる。Music（音楽）やMuseum（博物館・美術館）の語源でもある。

＊ミル　ジョン・スチュアート・ミル（一八〇六〜七三）　イギリスの哲学者・経済学者。ベンサムの功利主義思想の大成者。父のジェームズ・ミルも功利主義者で、幼い頃から父によって厳格な教育を受けた。著書に『論理学体系』『自由論』『女性の解放』『ミル自伝』など。

＊ミレニアム開発目標　二〇〇〇年九月の「国連ミレニアム宣言」などにより設定された、国際社会が二〇一五年までに達成すべき目標で、次の八つの分野で構成される。①極度の貧困と飢餓の撲滅②初等教育の完全普及の達成③ジェンダーの平等推進と女性の地位向上④乳幼児死亡率の削減⑤妊産婦の健康の改善⑥エイズやマラリア、その他の疾病の蔓延の防止⑦環境の持続可能性の確保⑧開発のためのグローバルなパートナーシップの推進。

＊ムガル帝国　インド史上最大のムスリム王朝。一五二六〜一八五八年。バーブルによって建国され、

三代皇帝アクバル統治時代に王朝は安定。一五七〇年代から十八世紀初頭までが最盛期となる。その後、国は弱体化し事実上崩壊状態になる。イギリス東インド会社による植民地支配に対するインド大反乱（セポイの乱）が制圧されるなか、イギリスによってムガル帝国そのものも解体・消滅させられた。

＊ムッソリーニ　ベニート・ムッソリーニ（一八八三〜一九四五）　イタリアの政治家。兵役後に社会党連盟書記や党機関紙『アバンティ』の編集長などを務めたが第一次大戦で参戦論を唱え除名。その後『イタリア人民』を発刊し、ファシスト党を組織して一九二二年、首相に就任。ドイツとの軍事同盟を結び第二次大戦に参戦したが敗色濃厚になり失脚。パルチザンにより処刑された。

＊メニューイン　ユーディー・メニューイン（一九一六〜九九）　世界的なユダヤ系バイオリン奏者、指揮者。アメリカ・ニューヨークに生まれ、七歳で独奏者としてデビュー。以後、有名な交響楽団との共演をはじめ、ユーディー・メニューイン・スクールなどを設立し後進の育成にも尽力。音楽界に多大な功績を残した。

＊毛沢東（一八九三〜一九七六）　中国の政治家。湖南省湘潭生まれ。中国共産党の指導者として、抗日戦と内戦に勝利を収める。一九四九年、中華人民共和国を建国するとともに政府主席に選出。また五四年、国家主席に就任して、新中国の建設を指導した。

＊モンセラーテ　アントニオ・モンセラーテ（一五三六〜一六〇〇）　スペイン出身のイエズス会士。一五七四年からインドにて布教に従事。八〇〜八三年はイエズス会がアクバル大帝へ派遣した使節団の記録係を務めた。この時の様子などは使節記として詳細に残された。八九年からはエチオピアへ布教のため派遣されるが、イスラム教徒に捕らえられ、九六年まで監禁生活を送った。

〈や行〉

＊ヤスパース　カール・テオドール・ヤスパース（一八八三〜一九六九）ドイツの哲学者・精神病理学者。精神医学を学び医師となるが、のちに哲学に転じハイデルベルク大学哲学教授、バーゼル大学哲学教授などを歴任。第二次世界大戦中は妻がユダヤ人であったことから、ナチスによる迫害を受ける。実存主義哲学の第一人者として現代思想、精神医学等に大きな影響を与えた。著書に『哲学』『哲学入門』『精神病理学原論』など。

＊ユゴー　ヴィクトル・マリー・ユゴー（一八〇二〜八五）フランスの小説家・詩人・劇作家。ロマン主義を掲げ、不正を糾弾し弱者を支えるヒューマニズム精神を貫いた。ナポレオン三世のクーデターに抗して亡命生活を送る。代表作に『レ・ミゼラブル』『ノートルダム・ド・パリ』『静観詩集』『東方詩集』など。一九九一年、池田SGI会長はユゴーゆかりの地に「ヴィクトル・ユゴー文学記念館」を設立。

＊横山大観（一八六八〜一九五八）日本を代表する画家。岡倉天心、橋本雅邦に師事し東京美術学校助教授を経て日本美術院創立に参加。菱田春草と渡印。岡倉天心らと欧米で展覧会を開催し帰国。一九一四年には事実上解散状態だった日本美術院を再興。日本画の近代化に大きく貢献した。帝国美術院会員。第一回文化勲章受章。代表作に「生々流転」など。

〈ら行〉

＊ラクシャー・バンダン　ヒンズー教の祭礼。ヒンディー語で「庇護の絆」の意。インドの暦であるシュラーヴァナ月、最後の満月の日に兄弟姉妹の絆を確認する祭り。姉妹が兄弟の右手首にラーキーと呼ばれる吉兆としての紐を結び、兄弟はその返礼に贈り物を与えて姉妹の庇護を誓う。

＊ラダクリシュナン　ニーラカンタ・ラダクリシュナン（一九四四〜）インドの教育者。マハトマ・ガ

ンジー非暴力開発センター所長。アンナマライ大学で博士号を取得。一九九〇年、ガンジーグラム・ルーラル大学総長代行。九〇年〜二〇〇一年、国立ガンジー記念館館長を務める。ガンジー研究の第一人者として知られる。著書に『ガンジーと青年と非暴力』など多数。池田SGI会長との対談集に『人道の世紀へ』(小社刊)がある。

＊ラッセル　バートランド・アーサー・ウィリアム・ラッセル(一八七二〜一九七〇)　イギリスの哲学者・数学者。ケンブリッジ大学で講師を務めていたが、第一次世界大戦中に反戦活動を行って大学を追われ投獄される。以降、社会評論の執筆に従事。一九五〇年、ノーベル文学賞を受賞。核兵器による人類の危機に警鐘を鳴らした「ラッセル＝アインシュタイン宣言」を発表。主著に『西洋哲学史』『数学原理』『数理哲学序説』など。

＊ラヴィダース(一四五〇〜一五二〇)　インドの宗教家。靴職人のカーストに生まれ、身分制度や男女の差別を批判する宗教詩を著し、バクティ運動をする人々に影響を与えた。後に、その詩の一部はシク教の五代教主によってシク教の聖典にも加えられた。

＊ラジブ　ラジブ・ラトナ・ガンジー(一九四四〜九一)　インド首相(在任＝一九八四〜八九)。インディラ・ガンジーの長男。パイロットを経て、母の後継者とされた弟の事故死を機に政界入り。八四年、暗殺された母に代わって首相に就任。自由・解放路線を打ち出し、対話を重視したが、九一年、総選挙の遊説中に爆弾テロで暗殺された。

＊ラーマクリシュナ　シュリ・ラーマクリシュナ・パラマハンサ(一八三六〜八六)　インドの宗教家。過酷な修行や他宗の体験を経て、近代のヒンズー普遍主義の礎を築いた。思想は神秘主義や不二一元論などを根本とする。イギリス植民地のインドにおいて伝統豊かな精神文化を再生する気運を促した。

＊ラマチャンドラン　ゴヴィンダン・ラマチャンドラン(一九〇四〜九五)　マハトマ・ガンジーの高弟

で、独立運動の闘士。十一回の逮捕により七年間を牢獄で過ごした。閣僚・国会議員、大学の創立者、平和思想家など多彩な活動で、〝近代インドの建設者〟の一人として知られる。

＊ラーマヌジャン　シュリニバーサ・アイヤンガー・ラーマヌジャン（一八八七〜一九二〇）　インドの数学者。貧しい両親の元に生まれ、大学に入学したものの卒業はしなかった。商社の会計担当として務めている時に、自分が発見した百個の定理をケンブリッジ大学のハーディ教授に送り、感銘を受けたハーディ教授がケンブリッジへ招聘した。

＊『ラーマーヤナ』「ラーマ王の行伝」の意の古代インドの叙事詩。七編、二万四千頌（偈）。多くの神話や説話が含まれ、インド、東南アジア各国の文学、演劇、舞踊、美術などに大きな影響を及ぼした。

＊『リヴァイアサン』　トマス・ホッブズが著した政治哲学書。一六五一年刊行。前著『市民論』とともに合わせ、人間の自然状態を「万人の万人に対する闘争」と指摘。この混乱状態を避けるために人間が持つ権利を国家に譲渡するという社会契約をすべきであると主張した。

＊リトルウッド　ジョン・エデンサー・リトルウッド（一八八五〜一九七七）　イギリスの数学者。ケンブリッジ大学で学びマンチェスター大学講師の後に、ケンブリッジのトリニティ・カレッジの特別研究員となり、一九二八年にはケンブリッジ大学教授に就任。終生大学にとどまりハーディと共同研究を進め、可積分論などの論文を発表した。

＊ルナン　ジョゼフ・エルネスト・ルナン（一八二三〜九二）　フランスの宗教史家・思想家。サン・シュルピス神学校在学中にヘーゲルなどに影響を受け、キリスト教の歴史的研究で数多くの著作を残した。近代合理主義的観点で著された『イエス伝』は多くの議論を呼んだ。著書に『キリスト教起源史』や『イスラエル民族史』など多数。

＊ローイ　ラームモーハン・ローイ（一七七二〜一八

（三三）　インドの思想家・社会改革家。ヒンズー経典を真理の源であるとして、その精神に帰るように訴えブラフマ・サマージを設立した。ヒンズー教のカースト制度や寡婦殉死の廃止などインドの近代化に努めた。経典をベンガル語訳し、ベンガル語の新聞や文学の発展、近代思想の普及にも尽力した。

***ローゼンシュタイン**　ウィリアム・ローゼンシュタイン（一八七二〜一九四五）　イギリスの画家。ロンドンのスレイド美術学校やパリで絵画を学ぶ。その後、肖像画家としての名声を得て、イギリス王立芸術カレッジの校長を務めた。

***『ロビンソン・クルーソー』**　イギリスの作家ダニエル・デフォーの小説。一七一九年に発表され、好評を得たため続編も刊行された。ロビンソン・クルーソーの船が難破し、無人島に漂着しながらも、合理的な行動と信仰深さによって二十八年間にも及ぶ孤独な生活を生き抜く冒険物語。

***ロラン**　ロマン・ロラン（一八六六〜一九四四）　フランスの作家・評論家。エコール・ノルマル（国立高等師範学校）卒業後、母校およびパリ大学で音楽史の教授を務める。大作『ジャン・クリストフ』が高く評価され、一九一五年、ノーベル文学賞受賞。反戦、反ファシズムの活動でも知られる。ガンジー、タゴールとも親交を持ち、評伝『マハトマ・ガンジー』などの著作もある。

〈引用・参照文献〉

【第一章　1】

（1）『最後のうた』森本達雄訳、『タゴール著作集＝以下、著作集と表記＝』2所収、第三文明社
（2）『芸術についての対談』森本達雄訳、『著作集』9所収
（3）『わが回想』山室静訳、『著作集』10所収
（4）「『エンディミオン』より」、宮崎雄行編『対訳　キーツ詩集』岩波文庫
（5）『友への手紙』福田陸太郎訳、『著作集』11所収
（6）『創価教育学体系梗概』、『牧口常三郎全集』8所収、第三文明社
（7）タゴール『東洋の大学《ユニバーシティ》』弘中和彦訳、『万物帰一の教育』所収、明治図書
（8）『中国の学生におくる』森本達雄訳、『著作集』9所収

【第一章　2】

（1）前掲『わが回想』
（2）『先生方へ』三浦愛明訳、『著作集』9所収
（3）『タゴール国際大学《ビッショ・バロティ》の教育的使命』我妻和男訳、『著作集』9所収
（4）我妻和男「タゴール詩の全体像」、『著作集』別巻所収
（5）高橋健二編訳『ゲーテ格言集』新潮文庫
（6）『自伝的エッセイ』我妻和男訳、『著作集』10所収

【第一章　3】
（1）V・A・サドーヴニチィ／池田大作『新しき人類を　新しき世界を』、『池田大作全集』113所収、聖教新聞社
（2）B・C・バーント／R・A・ランキン編著『ラマヌジャン書簡集』細川尋史訳、シュプリンガー・フェアラーク東京
（3）久保尋二『宮廷人レオナルド・ダ・ヴィンチ』平凡社
（4）『教育の問題』馬場俊彦訳、『著作集』9所収
（5）アンワルル・K・チョウドリ／池田大作『新しき地球社会の創造へ』潮出版社
（6）「民族主義歌　第五」、我妻和男『タゴール――詩・思想・生涯』麗澤大学出版会
（7）*Conversations and Interviews* in *The English Writings of Rabindranath Tagore*（Atlantic Publishers & Distributors（P）Ltd.）

【第二章　1】
（1）*The Collected Works of Mahatma Gandhi*, vol. 83（GandhiServe Foundation）
（2）『佛陀と龍樹』峰島旭雄訳、『ヤスパース選集』5、理想社
（3）Raghavan N. Iyer, *The Moral and Political Thought of Mahatma Gandhi*（Oxford University Press）
（4）ネール「インド独立の日に」坂本徳松・大類純訳、『世界大思想全集』22所収、河出書房新社
（5）『主の御意志』森本達雄訳、『著作集』8所収
（6）「律蔵大品」、『南伝大蔵経』3、大正新脩大蔵経刊行会、参照

【第二章　2】

（1）『赤い夾竹桃』芝山幹郎訳、『著作集』6所収。引用・参照

（2）ミハイル・S・ゴルバチョフ／池田大作「連載対談　新世紀の曙　平和と共生の世界へ」、月刊「潮」二〇〇九年四月号

（3）『UNBOWED　へこたれない　ワンガリ・マータイ自伝』小池百合子訳、小学館。引用・参照

（4）『創価教育学体系』下、『牧口常三郎全集』6、第三文明社

【第二章　3】

（1）ビパン・チャンドラ『近代インドの歴史』粟屋利江訳、山川出版社

（2）ヴァルシャ・ダス「タゴールと女性」森本素世子訳、『著作集』別巻所収

（3）『非戦《アヒンサー》を生きる──高良とみ自伝』ドメス出版

（4）前掲『わが回想』

（5）『迷える小鳥』藤原定訳、『著作集』1所収

（6）『人格論』山口三夫訳、『著作集』9所収

（7）「勝鬘経」、『大正新脩大蔵経』12所収、大正一切経刊行会、参照

（8）『妻の手紙』春日井真英訳、『著作集』5所収

（9）『ファウスト』山下肇訳、『ゲーテ全集』3所収、潮出版社

【第三章　1】

（1）前掲『迷える小鳥』

(2)クリシュナ・クリパラーニ『タゴールの生涯』上、森本達雄訳、第三文明社
(3)前掲『新しき地球社会の創造へ』
(4)『自由の流れ』芝山幹郎訳、『著作集』6所収
(5)前掲『タゴールの生涯』下
(6)前掲「民族主義歌　第五」

【第三章　2】

(1)前掲『創価教育学体系』下
(2)ニーラカンタ・ラダクリシュナン／池田大作『人道の世紀へ』第三文明社
(3)前掲『タゴールの生涯』下
(4)前掲『新しき地球社会の創造へ』
(5)「21世紀工房　アマーティア・セン　インタビュー」、「東京新聞」一九九九年一月一日付
(6)『真理の呼び声』蛯原徳夫訳、『著作集』8所収
(7)『協調』森本達雄訳、『著作集』8所収
(8)『仏陀』奈良毅訳、『著作集』7所収

【第三章　3】

(1)『トルストイ全集』64、テラ社（ロシア語版）
(2)前掲『新しき地球社会の創造へ』
(3)R・タゴール『家と世界』下、大西正幸訳、第三文明社

（4）M・S・スワミナサン／池田大作『「緑の革命」と「心の革命」』、『池田大作全集』140所収、聖教新聞社

【第四章　1】

（1）『サーダナ――生の実現』美田稔訳、『著作集』8所収
（2）『瞑想録』蛯原徳夫訳、『著作集』7所収
（3）『戸田城聖全集』2、聖教新聞社
（4）『人格論』山口三夫訳、『著作集』9所収
（5）「聖教新聞」二〇〇二年十月十三日付
（6）『ギタンジャリ』森本達雄訳、『著作集』1所収

【第四章　2】

（1）『文明の危機』森本達雄訳、『著作集』8所収
（2）前掲『新しき地球社会の創造へ』
（3）エッカーマン『ゲーテとの対話』下、山下肇訳、岩波文庫
（4）アブラハム・パイス『アインシュタインここに生きる』村上陽一郎・板垣良一訳、産業図書
（5）『人間の宗教』森本達雄訳、『著作集』7所収
（6）『ロマン・ロランへの手紙』森本達雄訳、『著作集』11所収
（7）『友情と鑽仰』森本達雄選訳、『著作集』別巻所収
（8）前掲『タゴールの生涯』上
（9）A・J・トインビー「歴史における自由と法則」、松本重治編訳『歴史の教訓』所収、岩波書店

【第四章　3】

(1) 前掲『人間の宗教』
(2) カーリダーサ「シャクンタラー」田中於菟弥訳、『世界文学大系4　インド集』所収、筑摩書房。引用・参照
(3)『ファウスト』大山定一訳、『ゲーテ全集』2、人文書院
(4) レイチェル・カーソン『センス・オブ・ワンダー』上遠恵子訳、佑学社
(5) 前掲『タゴール――詩・思想・生涯』

【第五章　1】

(1)『創価教育学体系』上、『牧口常三郎全集』5、第三文明社
(2) 我妻和男『人類の知的遺産61　タゴール』講談社
(3) J・デューイ『今日の世界における民主主義と教育』三浦典郎訳、『海外名著選71　人間の問題（デューイ）』所収、明治図書
(4) J・デューイ『学校と社会・子どもとカリキュラム』市村尚久訳、講談社
(5) ジム・ガリソン／ラリー・ヒックマン／池田大作『人間教育への新しき潮流』第三文明社
(6) アーノルド・J・トインビー／池田大作『二十一世紀への対話』、『池田大作全集』3、聖教新聞社
(7)『創価教育学緒論』、『牧口常三郎全集』8所収、第三文明社
(8)『創価教育学大系概論』、『牧口常三郎全集』8所収、第三文明社
(9)「平和よ！　幸福よ！　永遠なる世界平和を祈り詩《うた》う」、『池田大作全集』49所収、聖教新聞社

【第五章　2】

（1）『病床にて』森本達雄訳、『著作集』2所収
（2）『恢復期』森本達雄訳、『著作集』2所収
（3）C・F・アンドルーズ編『友への手紙』福田陸太郎訳、『著作集』11所収
（4）ハヤト・マームード「バングラデシュにおけるタゴール研究」渡辺一弘訳、『著作集』別巻所収
（5）前掲「民主主義歌　第五」
（6）『日本紀行』森本達雄訳、『著作集』10所収、参照
（7）「百年後」森本達雄訳、『著作集』1所収
（8）前掲『タゴールの生涯』下

【第五章　3】

（1）『中村元選集〔決定版〕6　インド史Ⅱ』春秋社
（2）「読売新聞」二〇〇一年七月四日付
（3）マハトマ・ガンディー『わたしの非暴力Ⅰ』森本達雄訳、みすず書房
（4）前掲『仏陀』

【第五章　4】

（1）前掲『二十一世紀への対話』
（2）アンドレ・クロー『イスラーム文化叢書3　ムガル帝国の興亡』岩永博監訳、杉村裕史訳、法政大学出版局。引用・参照

（3）アントニオ・モンセラーテ『ムガル帝国誌』池上岑夫訳、『大航海時代叢書』第Ⅱ期5所収、岩波書店
（4）ハリーバーウ・ウパッデャイ『バープー物語』池田運訳、講談社
（5）前掲『最後のうた』

※本文中、ムカジー博士引用のタゴールの詩や文言は、博士自身が、直接ベンガル語から英語に訳したものとともに、*The English Writings of Rabindranath Tagore*, vols. 1–4（Sahitya Akademi）, *Selected Letters of Rabindranath Tagore*（Cambridge University）等が用いられている。

り

る

ろ

索引

*写真キャプション内の項目を含む

装幀・本文レイアウト／トッパングラフィックコミュニケーションズ

新《あら》たな地球文明《ちきゅうぶんめい》の詩《うた》を——タゴールと世界市民《せかいしみん》を語《かた》る

2016年10月15日　初版第1刷発行

著　者　バラティ・ムカジー／池田大作《いけだだいさく》

発行者　大島光明

発行所　株式会社　第三文明社
東京都新宿区新宿1－23－5
郵便番号　160-0022
電話番号　03-5269-7144（営業代表）
03-5269-7145（注文専用）
03-5269-7154（編集代表）
振替口座　00150-3-117823
URL　http://www.daisanbunmei.co.jp/

印刷所　凸版印刷株式会社
製本所　牧製本印刷株式会社

©Bharati MUKHERJEE ／ IKEDA Daisaku 2016　Printed in Japan
ISBN 978-4-476-05055-4

乱丁・落丁本はお取り替えいたします。ご面倒ですが、小社営業部宛お送りください。
送料は当方で負担いたします。
法律で認められた場合を除き、本書の無断複写・複製・転載を禁じます。